最新
差別語不快語

著者
小林健治

企画
辛淑玉

にんげん出版

『最新 差別語・不快語』
刊行にあたって

　『差別語・不快語』を刊行したのは、東日本大震災から3カ月後の2011年6月でした。
　今回、改訂版を早急に出版する必要に迫られたのは、何よりも前著『差別語・不快語』に、"ヘイトスピーチ"（差別的憎悪煽動）という言葉について、ひとことも触れていないからです。
　以前からネット上では、在日韓国・朝鮮人をはじめ社会的なマイノリティ集団に対し、口汚い差別的な罵詈雑言（ばぞうごん）が氾濫していましたが、2009年4月、在留資格なしで日本で働いていたフィリピン出身の家族に対する排斥デモ、同年12月の京都朝鮮第一初級学校校門前での差別恫喝街宣を端緒に、街頭にレイシストがあふれ出し、社会的公共圏でのヘイトスピーチが、蠢動をはじめました。
　レイシスト集団によるヘイトスピーチデモが、東京・新大久保や大阪・鶴橋のコリアンタウンをはじめ、全国規模で、毎週のようにくり広げられるという異常な事態が日常化しています。
　前著で私は、【不快語】【差別語】【差別表現】について、その意味する内容と関連について詳述しましたが、当然のことですが、差別表現を法的に取り締まれなどとはひと言も述べていません。
　しかし、ヘイトスピーチは、多くのマスメディアが表記しているような、たんなる「差別表現」でもなければ「差別的憎悪表現」でもありません。すでに「表現の自由」の範疇（はんちゅう）を越えた、ヘイトクライムの一形態であり、諸外国のように法で厳しく規制する必要があります。それゆえ私は、「ヘイトスピーチを『差別的憎悪煽動』と認識すべき」と主張してきました。
　くわしくは本文で解説しますが、このヘイトスピーチで可視化されたのは、日本社会に潜在している、排外主義的レイシズムの危険性です。くり返された世界大戦や戦前の日本を見るまでもなく、すべての戦争が、民族的・宗教

的排外主義と結びついて行われてきたことは、すでに歴史が証明しているところです。
　【不快語】【差別語】【差別表現】【ヘイトスピーチ】とは何かを知ることは、最大の人権侵害である戦争に反対し、平和を希求することでもあります。

　本書でもくり返し強調していますが、「差別語」は確かにあります。しかし、使ってはいけない「差別語」なるものは存在しない、ということです。
　言葉は文化です。その意味で、「差別語」もいわば"負"の文化であり、文化的遺産です。差別語はたんなる「記号」ではありません。差別語の背後には、被差別者の人格と尊厳を踏みにじり侮辱した歴史と現実が刻み込まれています。そこには、生身の人間が生きてきた哀しみと怒りが反映しています。
　差別語問題を考えることは、伝統的な社会的価値観や人間的価値観を、現代の基準にみあった価値観に転換することをも意味しています。
　本書が、前著同様に活用されることを願います。

[追記]
　この「刊行にあたって」を書き終えた直後、恐れていた戦慄すべき戦後最悪のヘイトクライム（差別的憎悪犯罪）事件が起きました。
　2016年7月26日未明、相模原の重度知的障害者施設が襲われ、入所者19名が殺害され、26名が負傷した事件です。
　動機について容疑者は「障害者はいない方がいい」「障害者のみを意図的に狙った」と供述しています。
　容疑者が、排外主義的な人種差別者のヘイトスピーチに煽られ、障害者差別思想をもつに至ったこともわかっています。
　マスコミは、オウム真理教のサリン事件、教育大付属池田小学校事件、秋

葉原通り魔事件などの延長線上で今回の犯罪を報道していますが、それはうわべの類似性＝猟奇性にとらわれて、この事件の本質である社会的な被差別マイノリティに対する攻撃性と目的意識性、そして計画性をもった、ヘイトクライム（差別的憎悪犯罪）である点を見逃しています。

　事件の背景に、被差別マイノリティに対するヘイトスピーチが日本のみならず世界に蔓延している社会情況があります。

　2015年6月、9名が殺害されたアメリカ・サウスカロライナ州チャールストンの黒人教会銃乱射事件。2016年6月、アメリカ史上最悪と言われる、50名以上が殺害されたフロリダの同性愛者ナイトクラブ銃撃事件。いずれもヘイトクライム（差別憎悪犯罪）として裁かれています。

　今回の障害者殺害事件も、この文脈で理解する必要があります。

　【ヘイトスピーチ（差別的憎悪煽動）】～【ヘイトクライム（差別的憎悪犯罪）】～【ジェノサイド（集団殺戮）】の連鎖を断ち切ることは、本書刊行の目的です。

2016年7月　小林健治

はじめに

　社会生活や企業活動を営むうえで、コミュニケーションは極めて大切な事柄です。コミュニケーションの巧拙（こうせつ）は、その人の人生を大きく左右する、といっても過言ではありません。コミュニケーションがうまくとれないことが原因となって、身近な人とのつきあいや、職場の人間関係がギクシャクし、気まずい思いをすることは、日常よく経験するところです。
　コミュニケーションにはさまざまなかたちがありますが、基本は"言葉"です。言葉（表現）のもつ役割は重要なものです。
　言葉は話者（話し手）の人間性を媒介にして発せられます。つまり、言葉はたんに情報を伝達し、相手と意思疎通をはかる手段であるだけではなく、話者の人格と品格をも、同時に相手に伝えるのです。どんな言葉を選んで話すかが、肝腎（かんじん）といわれるゆえんです。
　せっかく築きあげた信頼関係が、ひとことで、もろくも崩れた経験をしたことはありませんか。話者には、なにげない言葉であっても、受けとる側（他者・社会）にとっては、深く傷つき許しがたい言葉である場合が往々にしてあるのです。仕事のうえでのことになると、取引が失敗し、会社に損失を与えることにもなりかねません。話者の不見識ですまされる事態ではなくなります。上司や部下とコミュニケーションをとる場合をふくめ、要は、企業人である以前の社会人としての資質を問われる問題です。企業のCSRやコンプライアンスの根幹に言葉（表現）があることを理解する必要があります。
　とある大手百貨店の役員が、新規出店のため沖縄に出張し、その報告をおこなった役員会の席で、「1週間も沖縄にいたので、現地人みたいに黒くなりましたよ」と語ったことにより、即刻、任を解かれたという例があります。経営者は、その役員の言葉に、沖縄の人々に対する差別的なニュアンスを感じとったのでした。
　同じ時期、当時、大阪商工会議所会頭を務めていた大手酒造メーカーの社

長が、東京からの首都機能移転問題をテーマにした報道番組で、「仙台遷都などアホなことを考える人がおるそうやけど…（中略）…、東北は熊襲(クマソ)の産地。文化的程度も極めて低い」と発言し、東北地方出身者から大ひんしゅくを買うという事件がありました。美術館やコンサートホールを運営するなど、企業メセナに積極的にとりくんでいる文化的企業という社会的評価が、このひとことで一挙に崩れ去り、名ざしされた仙台はもとより、東北のある県では、県の関連施設からその酒造メーカーの製品をすべて撤去し、仕入が停止されるなどの混乱をきたし、甚大な経済的損失がもたらされました。

　社長の発言に対する反感はさらにひろがり、「東北は熊襲の産地」などと、熊襲（クマソ）と蝦夷（エミシ）を混同している点をつかれ、「"文化的程度"が低いのはだれのことか」、と嘲笑(ちょうしょう)さえされました。東北は蝦夷の里ではあっても、熊襲の「産地」ではありません。熊襲とは九州南部に居住した大和政権にまつろはぬ民のことです。（「まつろはぬ」は「服従しない」という意味で、大和政権から異人視され"化外(けがい)の民"とされた人々でした）ちなみに、蝦夷も熊襲も、大和政権側が名づけた"蔑称(べっしょう)"です。

　このように、たったひとことの不用意な発言が、国会でもとりあげられる事態となり、企業価値を大きく損なうことになったわけです。

　とりわけ、マスメディアのもつ社会的影響力の大きさを考えるとき、その大きさゆえに、ささいな言葉づかいやちょっとした表現であっても、厳密な言葉の使用と、細やかな配慮と慎重さが要求されます。

　いっぽう、グローバル化がすすむ現在、多くの企業が海外に進出し、企業活動を展開しています。しかし、日本企業の駐在員が進出先の国でセクシュアルハラスメントやパワーハラスメントで訴えられている事例も少なくありません。また、民族感情や宗教に無理解な言動が、当該国から非難された例も、1つや2つではありません。「貿易は黒字国だが、人権は赤字国」「日本の

常識は世界の非常識」といわれるゆえんです。
　言葉にふくまれるさまざまな要素のうちで、とくに注意しなければならないのは、差別語・不快語と呼ばれるものです。
　つい、うっかり、差別を意図したものでなくても、差別語・不快語の使用は、拙劣な文章・稚拙な表現というレベルの問題ではすまされず、厳しい社会的指弾を浴び、場合によっては、国際的な非難も覚悟しなければなりません。差別語・不快語を使用することは、話者の文化程度や人権意識の低さを露呈するばかりでなく、他者の心身を痛め、傷つけ、とりかえしのつかない事態を招きかねません。そして結局は、その発した言葉の責任を、話者自身がとらねばならなくなるのです。ビジネスパーソンとして、また社会人として、最低限の基礎的知識をもち、最大限に注意をはらうべき事柄です。それにはまず、なによりも豊かな言語をもつ人的資源を開発し、たしかなコミュニケーションを社内外で発展させることが大切です。
　本書は、とくにマスメディアと企業・公共団体の広報関係者には必修すべき知識といえるでしょう。各企業・団体が発行する広報紙(誌)・社内報・ホームページについても同じことがいえます。文章によって、言葉によって社会に発信された情報の責任は、まず第一に媒体に発生します。本書は、広報関係者にとどまらず、すべての企業・社会団体・公共機関および公共団体の管理職、一般職員にとって、職場の人間関係、対外的な企業・団体活動を円滑にすすめ、企業・団体の社会的評価を高めるために不可欠なものと信じています。

差別語認識度テスト

下記の言葉をより適切な言葉にするとすればどれでしょうか。選択肢から選んでください。なお複数回答可です。

問題1……「精神分裂病」

A 精神狂乱	B パラノイア
C 発達障害	D 統合失調症
E 人格破綻者	

問題2……「文盲」

A 識字者	B 非識字者
C 文字をもたない人	D 無学の人
E 読み書きできない人	

問題3……「不具者」

A 障害者	B 不具合な人
C 肢体不具者	D いざり
E ちんば	

問題4……「精神薄弱」

A 白痴	B 精神障害
C 知的障害	D 精神発達遅滞
E 知恵遅れ	

問題5……「きちがい」

A 精神異常者	B 精神障害者
C 常軌を逸した人	D 正気を失った人
E 人格異常	

問題6……「色盲」

A 色覚異常	B 色覚障害
C 色弱	D 色覚特性
E 犬の目	

問題7……「発狂する」

A 常軌を逸する	B 正気を失う
C 精神に異常をきたす	D 狂人になる
E 気が狂う	

問題8……「サイコパス」

A 人格障害	B 性格障害
C 発達障害	D パーソナリティ障害
E 変質者	

問題9……「びっこ」

A 身体障害者	B 肢体不自由者
C 足の不自由な人	D 足に障害をもつ人
E シンショー	

問題10……「めくら（盲）」

A 目の見えない人	B 目暗
C 視覚障害者	D 点字利用者
E 判断力のない人	

問題11……「白子」

A 白人	B 先天性白皮症
C 白児	D アルビノ
E 奇形	

問題12……「みつくち」

A 口唇・口蓋裂	B 兎唇
C ユニークフェイス	D 三つの口
E 口裂人間	

問題13……「混血児」

A 合いの子	B ハーフ
C ダブル	D 毛唐の子
E 国際児	

問題14……「ゴミ取り屋」

A リサイクル業者	B クリーニング屋
C 廃品回収業者	D 清掃作業員
E バタ屋	

問題15……「ニグロ」

A アフロアメリカン	B ブラック
C ニガー	D 有色人種
E 黒人	

問題16……「外人（ガイジン）」

A 毛唐	B 夷人
C 外国人	D 渡来人
E 異人	

問題17……「保母」

A 保育師	B 保護者
C 保父	D 保育士
E 助産婦	

問題18……「私生児」

A 婚外子	B 落とし種
C はみご	D 非嫡出子
E 父なし子	

問題19……「看護婦」

A 看護士	B 介助士
C 看護夫	D 看護師
E 保健婦	

問題20……「みなしご」

A 孤児	B 捨て子
C 私生児	D 家なき子
E ネグレクト	

問題21……「特殊部落」

A 集落	B 同和部落
C 被差別部落	D 未解放部落
E 細民部落	

問題22……「屠殺場」

A 屠畜場	B 死刑場
C 食肉処理場	D 食肉センター
E ミートセンター	

回答は313頁

©にんげん出版

本テスト及び回答の一部あるいはすべてを無断で複写複製転載（デジタルデータ化含む）、配信等することは著作権の侵害となります。

最新　差別語・不快語■目次

『最新　差別語・不快語』刊行にあたって　3

はじめに　7
差別語認識度テスト　10

１ 基礎編

① 差別語 ……………………………………………………………………… 20
差別語とは／新たに生みだされる差別語／差別語はかならず差別的実態をともなう／差別とはなにか／〈差異〉が差別の理由づけにされる／差異をなくす≠差別をなくす／人はなぜ差別するのか／差別感情に隠された恐怖心／障害者差別／部落差別／ケガレを再生するキヨメの仕事／女性・障害者・元受刑者差別とケガレ／島崎藤村『破戒』はなぜ抗議されたか／差別語が生みだされる背景／江戸時代の差別、現代の差別／いい換えはナンセンスか／言葉は社会意識に働きかける／言葉を通して歴史と文化を学ぶ／すべての人は差別意識をもたされている／「昔はみんな使ってたじゃないか」

② 不快語 ……………………………………………………………………… 42
不快語と差別語にちがいはあるのか／差別する社会構造を前提に使われる差別語

③ 差別語と差別表現 ………………………………………………………… 44
差別表現とはなにか／動作・まなざしによる差別表現／差別語を使用する必要性がある場合／言葉は文化／差異化と差別化

4 避けたい差別語・不快語の使用 ……………………… 50
差別語・不快語を使用するとき／日常的に使用されている不快語

5 ヘイトスピーチ …………………………………………… 54
ヘイトスピーチと差別表現の違い／ヘイトスピーチは「差別的憎悪煽動」／関東大震災と朝鮮人虐殺／ヘイトスピーチは悪態やケンカ言葉ではない／差別表現もヘイトスピーチも被差別マイノリティ集団に向けられる

6 まとめ ……………………………………………………… 59
差別語と差別表現

2 実践編

【差別語】
1 障害者差別 ………………………………………………… 66
障害者に対する差別語／「障害とはなにか」から差別語問題を考える／障害者像のコペルニクス的転換／障害者差別解消法／障害は個人ではなく社会に存在する／「障害者だから不幸」なのではない／「精神薄弱」→「知的障害」への変更／発達障害とは／人を変えるのでなく、人をとりまく環境を変える／てんかんをもつ人々への差別／欠格条項に見える障害者へのまなざし

2 病気（HIV・ハンセン病・被爆者）差別 …………… 97
HIV陽性者への差別／無関心と偏見、貧困が感染拡大をもたらした／ハンセン病、ハンセン病回復者への差別／差別的病名の変更をもとめて／被爆者差別

3 性差別 …………………………………………………… 106
男性中心の価値観から発せられる表現／日本の女性差別と家制度／無意識に使われる「入籍」／婚外子差別に最高裁違憲判決／「嫡出子」「非嫡出子」という言葉／嫡出子の「嫡」／女偏の漢字にこめられた意味／セクハラは女性差別表現／まだまだ甘い？セクハラへの認識／日本の"常識"は世界で通用しない／女性管理職への門戸を広げた男女雇用機会均等法／女らしさ・男らしさ／身体機能のちがいを差別に転化／英語にくみこまれた性差別／ジェンダー／文化的性別／「男女差別」でなく「性にまつわるあらゆる差別」／性的マイノリティをめぐる差別／

性的指向の自己決定権／性別／性自認／性的指向／コミック・イラストにおける差別表現／「性同一性障害」から「性別違和」へ／複合差別

④ 部落差別 ……………………………………………………… 136
部落差別とは／社会問題としての部落問題の成立／差別的言動への抗議からはじまった／部落問題にかかわる差別語と差別表現／被差別部落を世間はどう考えているか／「士農工商〇〇」表現の問題点

⑤ 職業差別 ……………………………………………………… 169
職業への貴賤感覚／屠場差別、清掃労働者への差別／人の嫌がる仕事？

⑥ 地域差別 ……………………………………………………… 178
文化的優越意識が生みだす地域差別／「ガラケー」は「フィーチャーフォン」に／不動産広告と「土地差別調査」

⑦ 人種・民族にかかわる差別語 …………………………………… 181
人種差別とはなにか／民族差別とはなにか／人種・民族にかかわる差別語を考える視点／ガイジン（外人）という言葉／アイヌ民族差別／アイヌ民族にかかわる差別表現／アイヌ民族の半数が「職場で差別を受けた」と回答／アイヌ民族とは／アイヌ民族の歴史／アイヌを「土人」、戸籍に「旧土人」と記載／**[アメリカ大陸の先住民族]**「アメリカ・インディアン」差別と呼称の由来／中南米先住民族／**[アジア・オセアニアの先住民族]**／**[極北圏の先住民族]** エスキモーとイヌイト／先住民族と少数民族／**[ロマ民族差別]** ロマ民族への迫害／差別的な他称を非難した「世界ロマ会議」／「劣等民族」「泥棒」「不道徳」の比喩／「ジプシー」という呼称／**[在日外国人差別　在日韓国・朝鮮人差別]** 在日韓国・朝鮮人に対するヘイトスピーチ（差別的憎悪煽動）／在日韓国・朝鮮人をめぐる差別表現／「第三国人」／「京城（昔のソウル）」の誤り／「北朝鮮籍」の誤り／「日韓併合条約」の誤り／「朝鮮征伐」／「バカチョン」「チョン」という言葉／在日韓国・朝鮮人の歴史／不安定な法的地位／**[在日外国人差別　中国人差別]** シナ／チャンコロ／差別語は戦争・侵略と結びついて生まれる／**[黒人差別]** 1968/2015 何が変わって何が変わっていないのか／アメリカ合衆国の黒人差別／黒人差別にかかわる言葉／批判された黒人キャラクター商品／ちびくろサンボ／黒人のステレオタイプ像／**[人種差別とスポーツ]**「黒人は天性のアスリート」というステレオタイプ／**[「混血」差別とアメラジアン]** 日

本企業だけが使う「現地○○」

⑧宗教差別 ……………………………………………… 246
[ユダヤ教] ユダヤ教の歴史／ユダヤ陰謀論とユダヤ人像のステレオタイプ／**[イスラーム（イスラム教）]** イスラムフォビアの増幅／**[イスラームとは]** 反イスラム感情とムハンマド風刺画事件／浄土宗・浄土真宗における[他力本願]

⑨ヘイトスピーチ ……………………………………… 263
ヘイトスピーチ／ヘイトスピーチと沈黙効果／ヘイトスピーチの矢はマイノリティに向けられる／表現の自由を奪われているのは誰か／人種差別撤廃条約における「人種差別」の定義／ヘイトスピーチと差別表現の違い／「表現の自由」をしりぞけた京都地裁判決／大阪市のヘイトスピーチ抑止条例／ヘイトスピーチ解消法成立／ヘイトスピーチの被害をどう止めるのか／ヘイトスピーチとヘイトクライム／在特会ら「行動する保守」を掲げた排外主義団体のおもな動き

【不快語】
①精神的 ……………………………………………………… 281
精神障害・知的障害にかかわる不快語／話者と相手との関係性に注意を／当事者性の問題

②肉体的 ……………………………………………………… 284
肉体的なことにかかわる不快語

③文化的 ……………………………………………………… 285
文化的優越主義にもとづく不快語

④性的 ………………………………………………………… 287
女性、性的マイノリティにかかわる不快語

⑤高齢者 ……………………………………………………… 289
老人の尊厳を傷つける不快語

3 具体的な対応策

1 抗議を受けたときにどう向きあうか（差別表現問題解決の基本）…292
「なにが差別か」をだれが決めるのか／抗議を受けたときの対応

2 「断り書き」について ……………………………………………… 298
どのような場合に「断り書き」が必要か／「解説」「断り書き」を付ける意味／映画／落語／復刻版／翻訳本

おわりに 〜成熟した人間関係とコミュニケーションをめざして〜　311

差別語認識度テスト（回答）　313
参考文献リスト　317
キーワード索引　319

コラム一覧

1　気づかない「上から目線」　32
2　部落と集落　46
3　JAP（ジャップ）　51
4　シナ人と朝鮮人　53
5　「朝鮮人は帰れ！」と「レイシストは帰れ！」は同じか　58
6　特殊部落と被差別部落　61
7　水平社宣言と「特殊部落民」　63
8　ポリティカル・コレクトネスとは　64
9　障害者差別の本質とは　71
10　視覚障害者は、差別語についてどう考えているか　73
11　「アホウドリ」の呼称　79
12　「狂」と「狂う（くるう）」　80
13　「クレージー」と「レーム・ダック」　81
14　なぜか差別的な貝の名前　84
15　ワイツゼッカー氏・名演説の中の「盲目」　84
16　ある自己批判　91
17　筒井康隆氏の「断筆宣言」　95

18	てんかん患者と事故報道	95
19	古典的名著の差別語と差別表現	96
20	映画のワンシーンと字幕〜レプラ（ハンセン病）〜	102
21	セクハラ裁判——問われる使用者責任	114
22	マタニティ・ハラスメントに当たる言動	116
23	ゲイとホモセクシュアル	124
24	多様なセクシュアリティと「レズビアン」	125
25	「オカマ」は差別語か	133
26	水平社宣言の見直し	135
27	部落問題は民族問題か	139
28	ケガレとは	142
29	六曜カレンダーは差別を助長する「迷信」か	144
30	「士農工商」表現のルーツ	148
31	猟奇的事件と差別問題	162
32	差別戒名（さべつかいみょう）・差別法名（さべつほうみょう）	163
33	「四ツ」という言葉について	164
34	ネット上の差別書き込み・ヘイトスピーチ動画に新たな展開	165
35	ネット上にさらされた被差別部落地名リスト	166
36	「殺処分（さつしょぶん）」と「屠畜」のちがい	171
37	多数派に属する者は自分に名づけをしない	189
38	映画のワンシーンと字幕〜ジプシー（ロマ）〜	211
39	「北鮮」は国名を略しただけ？	218
40	「チョッパリ」と「パン（半）チョッパリ」	228
41	沖縄差別と琉球処分	231
42	「I have a dream」（わたしには夢がある）	234
43	「ハックルベリー・フィンの冒険」の「ニガー」表現	241
44	キング牧師の反シオニズム演説	249
45	聖書・仏典のなかの差別語	259
46	経典に刻まれた「旃蛇羅」差別に抗議	260
47	「欧米の人種差別と日本のヘイトスピーチは違う」？	268
48	反差別集団・男組の非暴力超圧力	279
49	"兄弟（ニグロ）"	283
50	"言葉狩り"をしたのは誰か？	295

1 基礎編

❶基礎編

1 差別語

■差別語とは

　差別語とはなんでしょうか。ひとことでいえば、他者の人格を個人的にも集団的にも傷つけ、蔑(さげす)み社会的に排除し、侮蔑(ぶべつ)・抹殺(まっさつ)する暴力性をもつ言葉のことです。しかも、もっぱら自己選択できない自然的・社会的属性を差別の対象とされた人や集団を卑(いや)しめていう賤称(せんしょう)語です。

　たとえば、身体が不自由で生まれること（先天的に目が見えない、耳が聴こえない、口が利けない、四肢が不自由など）や、被差別部落民、在日韓国・朝鮮人として生まれることは、いずれも自分では選択できない自然的・社会的事柄です。わたしたちは、どんな親のもとに、どのような身体的特徴をもって、どこの国籍のもとに生まれてくるのかを、自分で選ぶことはできません。

　にもかかわらず「シンショー（身障）」「四ツ」「チョン公」などとおとしめ、排除する言葉を投げつける人がいます。これらの言葉が差別語です。

　差別語の特徴は、大きく次の3点にまとめることができます。

❶**差別語は2つの側面をもつ**　差別語と呼ばれる言葉には、それが意味する原意と差別性という2つの側面があります。原意とは、その言葉がさししめす対象の存在・状態です。たとえば、「めくら（盲）」という言葉は、まずもって"目の見えない人"を意味し、その存在をあらわしています。と同時に"めくら"という言葉があらわすもうひとつの側面が差別性です。つまり「五体満足でない」「人間として欠陥がある」「役に立たない」という蔑視(べっし)感が"めくら"という言葉にこめられているわけです。いわば差別語は、原意と差別性の両面をあわせもつ言葉であるということができます。

❷**差別語がもつ歴史的・社会的背景**　差別語は、その言葉自身にそれぞれ固有の歴史的、社会的背景をもっています。そのときどきの歴史状況の

なかから生みだされ、社会的な偏見にもとづく差別性（マイナスの価値）をふくんでいる言葉といえるでしょう。「差別語がもつ差別性の側面」とのべたのはそのことです。身近に聞く例としてあげられるのが、障害者にかかわる言葉かもしれません。とくに精神障害者にかかわる「きちがい（気狂い・気違い）」という言葉や、身体障害者についての「めくら（盲）」、「つんぼ（聾）」、「おし（唖）」、さらに、「びっこ・ちんば（跛）」などがよく知られています。日本の精神文化に深く根をはっている"障害者"に対する差別観が、こうした差別語を生みだすにいたったことは理解していただけると思います。

※なお本書では「障害者」という言葉を社会的障壁によって不利益をもたらされている人と理解して使用しています。

❸**差別が可視化されるとき**　なにが差別なのか、なにが差別語なのかは、社会の進展によって大きく変化していきます。たとえば「めくら」にこめられた差別性は、近代になって、当事者みずからが声をあげることによってはじめて意識され、"差別語"として問題視されることになりました。当事者から抗議されるまで、障害者に対する差別語を無自覚に使用していたテレビ・ラジオ・新聞に対して、大阪府の精神障害者団体などから、「『キチガイ』といったことばをテレビやラジオ等でもちいないでほしい」という要望がなされたのは、1974年のことでした。その主旨を下記に抜粋します。

　「すべての障害者とその家族は、心身障害にかかわりのある表現が、興味本位やその欠陥を無能悲惨な状態を示すものとしてあつかわれることに対し、被差別者としての憤りを感じている。……興味本位のゼスチャーゲームはろうあ者に対する軽蔑であり、メクラ判、メクラ縞ということばは無能悲惨な状態を示すものと受けとっており、今まではそうした放送があるたびに、チャンネルを切り替えるといった消極的な態度を続けてきたが、今後は、社会の公器としての放送・新聞に対し、用語のもつ意味と与える影響を訴えていきたい。不用意に『きちがい』という用語がもちいられると家族は萎縮し、回復期にある患者にはショックを与える結果を招いている。どうか被差別者の心の痛みを、みずからの痛みと感じとってほしい。」

　　　　　　（1974年／全国精神障害者家族連合会の申し入れより抜粋）

1 基礎編

　1970年ごろのテレビ・ラジオや新聞では、障害者に対する差別表現が、まだまだ無自覚に使用されていた様子がうかがえます。それから45年を経た今日では、"障害者"という言葉自体も差別性をふくむとして、「障害者」から「障がい者」へといった見直し作業がはじまっています。わたしたちは、「昔から使われてきた言葉だから」「辞書に載っているから」よしとするのではなく、いまの時代や社会意識状況に照らして、差別語の問題を絶えず問いつづけなければなりません。

> **ポイント** 差別語とは………その1
>
> 　差別語は、他者の人格を個人的にも集団的にも傷つけ、蔑（さげす）み、社会的に排除し、侮蔑・抹殺する暴力性をもつ言葉をいう。

> **ポイント** 差別語とは………その2
>
> 　差別語は、それ自身に固有の歴史的、社会的背景をもつ。そのときどきの歴史状況から生みだされ、社会的偏見にもとづく差別性（マイナスの価値）をふくんだ言葉である。

> **ポイント** 差別語とは………その3
>
> 　なにが差別なのか、なにが差別語であるのかは、社会の進展によって大きく変化する。

■新たに生みだされる差別語

　差別語、賤称（せんしょう）語は、かなり昔からある言葉と思われがちですが、古い時代にだけ見られるものではありません。身体障害者を「シンショー（身障）」と侮辱（ぶじょく）的に呼ぶなどは、つい最近のことです。アイヌ民族を「旧土人」と表記した公文書は、驚くべきことに1997年まで、法律の名称として存在していました。
　また、部落差別にかかわる昔からの言葉に、「エタ（穢多※）」「ヒニン（非人※）」があります。これらの言葉も、明治のはじめにはすでに、おおやけには使用されなくなっていたのですが、それに代わって「一般の部落とはちがう」と

いう意味で「特殊(種)部落」とか、新たに平民になったことを揶揄して、「新平民」などの蔑称が生まれたのです。

　江戸時代は、身分が法制度によって決められていた時代で、いわば「差別が当然の社会」でした。明治維新後、"四民平等"をかかげた政府のいわゆる「賤民解放令※」によって、差別の政治的制度的根拠がなくなり、「差別が不当なもの」とされる社会になりました。にもかかわらず、新たに差別語が生みだされてきたわけです。

　このことは、差別語は、その言葉がさししめす人々をめぐる差別的実態が変わらないかぎり、時代の社会的、文化的状況に照応して、新たに生みだされるものであることをしめしています。

　近代になって、身分上のしがらみや束縛は法制度上なくなったはずなのに、被差別部落の人々を差別・排除する社会状況は解消されず、生活に困窮する部落もふえていきました。現実には、明治以降の社会も「差別が存在する社会」であったことは歴史が教えているところです。

語彙解説

穢多　中世・近世における賤民身分のひとつ。近世になって、賤民身分の中心的存在となった。「穢多」の語の初出は、13世紀、鎌倉時代に編纂された「キヨメヲエタト云フハ何ナル詞ハゾ」ではじまる『塵袋』に見いだすことができる。

非人　中世では多様な被差別民を包括する総称。ケガレをキヨメる仕事の分業化にともなって、賤民身分（ケガレ身分）として編成されていき、近世には、穢多・非人・雑賤民にわかれていく。近世では、穢多と並ぶ主要な被差別身分をさす語としてもちいられる。

賤民解放令　1871（明治4）年に明治新政府がだした布告。賤民廃止令といい、「穢多・非人等ノ称被廃候条、自今身分職業共平民同様タルヘキ事」、つまり江戸時代に差別されていた賤民の称を廃止して、賤民を平民と同様にするという、賤民制度の廃止を布告したもので、このときから穢多・非人などは平民となった。

　さきに、差別語とはなにかについて、3つの定義をあげましたが、部落差別についてのべたことを加えると、さらにつぎのように差別語を定義することができるでしょう。

1 基礎編

> **ポイント** 差別語とは………その4
>
> 差別語は、それぞれの時代の社会的・文化的状況に照応して生まれる。ある言葉に差別性が付与されて、新たに生みだされる差別語もある。

■差別語はかならず差別的実態をともなう

では、差別語はどのようにして生まれるのでしょうか。大きく2つの要素があります。

まず1つめです。差別語は、さまざまな〈差異〉を手がかりにし、排他性をもってつくりあげられます。〈差異〉とは、たとえば人種、民族、宗教、性、性的指向、職業、国籍、身体的、精神的特徴といったもの。これらを差別するための手がかりとするわけです。

2つめは、差別語には、その言葉がさししめす差別的実態と社会的現実が反映されている、ということです。逆にいえば、差別的実態をともなわない差別語はありません。〈差別的実態〉の存在が、マイナスイメージで表現され、認識されるとき、差別語といわれる言葉が生みだされるのです。

いっぽうで、昔、差別的な言葉として生みだされたが、現在ではそういう意識をもたれずに使われている言葉もあります。つまり、照応する差別的実態を失った「差別的言葉」です。

たとえば「可坊」(べらぼう)という言葉があります。「べらぼうな値段をつける」「べらぼうな話」など、今日でも日常的に使用される言葉ですが、その原意を『広辞苑』(第6版)で見てみましょう。

● **「可坊・便乱坊」(べらぼう)**
①寛文(1661〜1673)年間に見世物にでた、全身まっくろで頭がとがり目は赤く丸く、あごは猿のような姿の人間。この見世物から「ばか」「たわけ」の意になったという。
②人をののしりあざけるときにいう語。ばか、たわけ、あほう。
③異常なさま。はなはだしくて、信じがたいさま。

①の差別的な原意に対して、今日使用されているのは③の意です。
つぎに、差別的な実態をともなう言葉を具体的に考えてみましょう。

1 差別語

たとえば、「めくら（盲）」という言葉。この語が、ただ"目の見える人"との差異だけを意味しており、そこにマイナスイメージが与えられていなければ、差別語とはいわれなかったでしょう。「つんぼ（聾）」や「おし（唖）」という言葉についても同じです。ではなぜ、「めくら」「つんぼ」「おし」は差別語とされたのでしょうか。実は、この点が、差別語問題を理解するうえでの大きなカギとなります。

さきに、差別語といわれる言葉は、近代になって人権意識の高まりとともに"意識"され、"発見"されたとのべました。

部落差別でいえば、1871（明治4）年にだされた「賤民解放令」によって、法的に「差別は不当なもの」とされました。さらに欧米の人権思想が社会に浸透していくなかで、部落出身者を揶揄し、蔑む世間の言動があまりにも多いことに異議申し立てがされるようになったわけです。（もちろん、明治4年以前の江戸時代においても、「穢多」という呼称の返上や、渋染一揆※のように差別政策に反対する闘いはありました。）「穢多」「非人」「新平民」「特殊部落」といった言葉にこめられている差別意識が、当事者によって問題視され、水平社※結成によって、本格的な差別語・差別表現への抗議・糾弾運動がはじまったのです。同時に、世間の側も強く意識することとなったわけです。

しかし、その前提には、差別語に対応する差別的実態があるはずです。かんたんにいえば、"差別"があるから、"差別語"といわれる言葉（賤称語）が、存在するわけです。つまり、差別される人々の抗議・糾弾行動は、差別という現実を目に見えるものにするためのとりくみにほかなりません。それゆえ、差別語問題を考えることは、とりもなおさず、その差別語がさししめす差別の現実と向きあうことを意味しています。

語彙解説

渋染一揆（しぶぞめいっき）　1856（安政3）年、岡山藩の「倹約令」に反対して被差別部落民が起こした一揆。被差別部落住民にのみ、「紋付の着物や渋染・藍染以外の着物の着用を禁止」する差別的なおふれに反発し、撤回を求めたことが「渋染一揆」の由来。

水平社　1922（大正11）年に結成された部落解放運動の全国組織。正式名称は、全国水平社。「全国に散在する吾が特殊部落民よ団結せよ」ではじまる水平社宣言は、日本ではじめての人権宣言といわれる。現部落解放同盟の前身。

> **ポイント 差別語とは………その5**
>
> 　差別語は、人種・民族・宗教・性・職業・国籍・身体的・精神的特徴など、さまざまな〈差異〉を手がかりに排他性をもってつくられる。

> **ポイント 差別語とは………その6**
>
> 　それぞれの差別語には、その言葉がさししめす差別的実態が反映されている。〈差別的実態〉の存在が、マイナスイメージによって表現され、認識されるとき、差別語が生みだされる。照応する差別的実態がなくなったために差別的意味を失った言葉もある。

■差別とはなにか

　ではいったい、差別とはどういうことでしょうか。人種差別から考えてみましょう。〈人類は肌の色によって黒・黄・白という3つの人種にわけられる〉〈科学的にいう人種には生物学的な確たる根拠がある〉と思いこんでいる人が多いのですが、そもそも人類には、1つの種しかなく、明確な区別の根拠はありません。差別することを前提として人類を分類する考え方や表現は、今日、レイシズム（人種差別主義）とみなされています。

　肌の色による差別は、古代ギリシャやローマ時代にはありませんでした。大航海時代がはじまった15世紀ごろから「人種」という観念が生みだされ、つづいて16世紀、ヨーロッパ列強が植民地経営に乗りだすとともに、おもに肌の色によって人類を分類し優劣をつけるという、いわゆる近代人種論の素地がつくられたのです。つまり、近代奴隷制やヨーロッパ列強の拡張政策を正当化する根拠として、肌の色を基準とした身体的特徴によって人類を分類する考え方や制度が生まれてきました。

　アメリカでは、南北戦争で北軍が勝利し、奴隷制度が法的に廃止された1865年以後も、黒人は結婚・移住・集会・通行の自由などを厳しく制限・禁止されていました。道で白人に帽子をとってあいさつしなかったという理由で私刑（リンチ）にあい、殺されても訴えは無視されました。20世紀初頭「人種分離法」が制定され、これらの法（「ジム・クロウ法」と総称）は、交通機関やトイレ等の公共施設のみならず、ホテルやレストランなどで、白人と黒人を分離

するものでした。20世紀後半、キング牧師をリーダーとする黒人差別反対運動が高揚し、公民権法が1964年に成立しました。しかし、それから半世紀を経たいまも、全米各地で人種差別的感情にもとづく、白人による黒人に対する暴力事件や冤罪事件、また人種差別的な発言は少なくありません。クー・クラックス・クラン（KKK）などの白人至上主義団体は今なお南部を中心に各地で活動をつづけています。

これらをふまえて、差別とはなにか、その一般的規定をしめしてみます。

> **ポイント　差別とは………その1**
>
> 　差別とは、差異がある条件のもとで、つまり、ある一定の社会関係（人間関係）のもとで、意図的にレッテルを貼られ、ステレオタイプ化され、排除、忌避、抑圧、攻撃、軽蔑の対象とされ、基本的人権や市民的権利が侵害されるなど、社会的な不利益を被る状態のこと。

■〈差異〉が差別の理由づけにされる

　黒人差別の場合、黒人は肌の色が黒いから差別されたのではありません。社会の内部で、1つの社会集団が別の社会集団を支配・抑圧しようとしたとき、肌の色が黒いという差異が、その差別を合理化する理由づけにされたといえます。いい換えるなら、欧米の文化規範のなかで、肌の色のちがいを根拠として、意図的に差別の対象とされたのです。

　白人集団が、アフリカから連れてきた人々を奴隷とし、差別していたわけですが、肌の色が黒いということは、たんなる後づけの理由にほかなりません。つまり、皮膚の色のちがい（黒さ）に差別される原因があるのではなく、差別する側（肌の色が黒くない集団）の社会的規範（予断と偏見をふくむ）のなかに、差別の根源があるのです。これは、女性差別の原因が女性にあるのではなく、また、障害者差別の原因が障害者にないのとまったく同様です。

　要するに、なにがしかのちがいが、差別する理由づけに使われるわけで、どんなちがいも差別する理由になりえるのです。肌の色の代わりに、目の色や髪の毛の色や形のちがいを根拠に、意図的に差別することも可能です。アフリカの黒人国家では、肌の色が黒いからといって差別されることはありえません。そこには、肌の色の黒さを理由に差別する文化規範が存在しないからです。

いっぽう、同じアフリカ大陸のなかでも、全人口の70%以上を黒人が占める南アフリカ共和国では、国を支配する15%の白人が、法律で「人種」を4通りにわけていました。劣悪な黒人居住区に押しこめられた人々は、白人との結婚、公共機関への立ち入り禁止、参政権の剝奪、学校教育や、雇用における差別など、ありとあらゆる差別政策（アパルトヘイト）のもとで苦しめられ、虐げられてきました。制度上での差別が廃止されたのは1991年のことでした。

このように、差別は、第一義的には、国家による政治的イデオロギーや、社会制度にもとづいて意識的につくりだされていますが、それを維持し、強化するのは、なによりもその国における文化規範です。つまり、差別問題はその国の社会意識の問題であり、文化の問題であるということができます。これは、すべての差別問題に共通していることです。

> **ポイント 差別とは………その2**
>
> 　差別は、第一義的に、国家によるイデオロギーや社会制度にもとづいて意識的につくりだされる。どのような内容（差異）が差別のしるし（徴）になるかは、その国の支配的文化によって決定される。また、差別を維持し強化するのは、その国の文化規範である。

■差異をなくす≠差別をなくす

ここで注意しておきたいのは、差別をなくすことを差異をなくすことと同列にとらえることの危険性です。たとえば、運動会で、1等・2等を決めるのは差別だとする考え方はまちがっています。差別をなくし平等を希求することは、差異をなくすことではありません。差別をなくすことは、逆に差異を尊重し、認めることを意味しています。つまり、**平等は差異を認めあう関係**にほかなりません。

まったく同一の人間や集団が存在しない以上、差異は自然の様態であり、他者（他集団）との区別という以上の意味をもちません。それを差別の対象とするには、そこに人為的、かつ意図的なイデオロギー操作の必要があります。

第二次世界大戦中、ヒトラーに率いられたナチスのおこなった、600万人にものぼるユダヤ人大量虐殺（ホロコースト※）を考えれば、そのことはよくわかります。ユダヤ教を信仰するユダヤ人を絶滅させることを企図したナチス

の主義・主張は、ダーウィンの進化論を悪用した社会ダーウィニズム※や人種優越主義にもとづく「血の純潔」「ゲルマン民族の優秀性」という極めて非科学的、非合理的で排外主義的、主観的なものでした。

このような人道にもとる非人間的行為が、1人の煽動者ヒトラーによる反ユダヤ主義のプロパガンダに洗脳されたドイツ国民と国家によって実行されたわけです。このユダヤ人大虐殺は、洗脳された差別意識の恐ろしさを、まざまざとわたしたちに教えてくれます。

語彙解説

ナチスによるユダヤ人大虐殺（ホロコースト）　1941年以降、ナチス占領下の各地でユダヤ系住民はゲットー（隔離移住地区・強制収容所）に集められ、絶滅収容所に送られ、実数不詳（600万にのぼるといわれる）の人々が毒ガスなどによって虐殺された。

社会ダーウィニズム　自然界におけるダーウィンの進化論を社会にあてはめたもの。社会進化論ともいう。社会にも自然界と同じく優勝劣敗の法則が適用され、適者生存つまり優秀な者のみが生き残るとする考え方であり、ナチズムによるユダヤ人をはじめとする社会的弱者の虐殺に利用された。人種差別・障害者差別を正当化する優生学思想につながる。

> **ポイント　差別とは………その3**
>
> 　差別をなくすことと差異をなくすことはまったくちがう。差別をなくし平等を希求することは、差異を尊重し、認めることである。

■人はなぜ差別するのか

"差別とはなにか" について考えてきましたが、より根本的な問題は "人はなぜ差別するのか" ということです。それがあきらかにされれば、差別をなくすためのカギを手にすることができるでしょう。しかし、この点の解明は、人間の本性そのものにかかわる、非常に難解で神学・哲学・文学・心理学・倫理学をふくむ、すべての学問の根源に達する問題でもあります。

いまここで考えたいのは、「人は差別する心をもつ存在だ」などという、高邁でつかみどころのない抽象的な「性善説」や「性悪説」などの話ではなく、

日常的に経験する差別心が湧き起こる源についてです。

〈人はなぜ差別するのか〉——まず1つめに、差別心は、利害関係が衝突した場面で湧き起こります。経済的利害から、政治的・社会的利害まで、日常生活における利害の衝突（たとえば「恋敵」のような存在もそのうちに入るでしょう）を自分に有利に解決するために、相手をおとしめ、非難し、孤立させる意図をもつとき、差別心は生みだされます。

2つめは、生理的な（個人的な嗜好でもある）不快感、嫌悪感にもとづいて軽蔑し、怨念を抱く相手に対する差別心です。肌の色や宗教のちがい、言語・風習など文化的要素のちがいに不快と嫌悪をもつことにより、人種差別や民族差別など、さまざまな差別が生みだされてきます。ここには、「普通」「多数」でないもの、「標準的」でないものに対する排除意識の感情もふくまれます。身体と精神に"ちがい"をもつことを理由とした障害者差別もそのひとつです。

それは、方言を〈標準的でない言葉〉として嘲う日常的な蔑視感情のなかに見てとれます。目鼻立ちや身長の高低と体重の軽重、髪の毛や体毛の多寡などのちがいに着目して、不快語や差別語が生まれてきた経緯もあります。極めて個人的な嗜好、生理的な問題でもある事柄を、普通・標準とみなされるものに画一化しようとする感情のなかに、差別心は宿るといえるでしょう。いい換えれば、ステレオタイプ化され、カテゴライズされたものの見方・とらえ方のなかに差別心が芽生えるわけです。

3つめは、いじめに典型的なように、自分が差別の対象とならないために"他者"を差別する行為に加担し、同調する、付和雷同型の〈強制された差別心〉とでもいうべきものです。"他者"に、人種・民族・宗教・言語・文化、そして異形・奇形という言葉をあてはめて考えればよくわかるでしょう。

いまあげた3つのうち、1つめと2つめが、自己の内部から湧きでてくる差別心なのに対し、3つめは、自分が差別されないための防御として強制された差別心とでもいいうる心性です。戦争に突きすすむ過程で起こった民族排外主義的心情は、この典型です。"非国民"とあなどられないために、"鬼畜米英"と叫び、「チャンコロ」「鮮人」と蔑む必要があったわけです。

■差別感情に隠された恐怖心

これら3つの差別心（ほかにも、ねたみや嫉妬、価値観のちがいなど、その源泉はいろいろあると思いますが）に共通するのは、その根底に恐怖心が隠されているという点です。すべての差別感情は、その裏に恐怖心をともなっています。

利害の対立により敗北し、利益を喪失することへの恐怖、得体の知れない「異形(いぎょう)」や「奇形(きけい)」、異なる文化（言語・宗教・習俗）に対する恐怖です。

　差別する心に貼りついた恐怖心があらわになり、暴発した顕著(けんちょ)な例として、関東大震災時における朝鮮人虐殺(ぎゃくさつ)、ベトナム戦争時におけるソンミ村虐殺などの非道な行為をあげることができます。また、この恐怖心は、かつては畏怖(いふ)すべき者に対する感情として、つまり畏(オソレ)としても存在していました。日本の部落差別は、この畏(オソレ)と穢(ケガレ)の感情抜きには理解できません。

　〈人はなぜ差別するのか〉という問いを解くキーワードのひとつに"恐怖心"があることはたしかなように思います。万人に等しく到来する"死"への不安は、意識するしないにかかわらず、すべての"恐怖心"の根源といってよいでしょう。"死"にかかわる職業が、古来より怖（畏）れられてきたゆえんです。"文化は差別を内包する"といわれますが、いい換えれば、文化は恐怖心（死）を内包するともいえるわけです。巨大なピラミッドも日本の御陵(ごりょう)も、偉大な文化遺産ですが、逆にいえば、それだけ"死"に対する恐怖の大きさを物語っているともいえます。

　〈人はなぜ人を差別するのか〉という難問を考えるための手がかりは、日々、差別語や差別表現と向かいあうなかに見いだせるように思われます。

■障害者差別

　差別の対象とされた差異には、とくに障害者にかかわる労働能力の「喪失」ないし、「毀損(きそん)」があげられます。労働力として"役に立たない者"とみなされ、社会的な偏見と差別が生みだされてきました。目が見えない、耳が聴こえない、口が利けない、そして、統合失調症などの「障害」を理由として雇用しないことが正当化され、差別とみなされてきませんでした。

　とくに、精神障害者は、"家族の恥"といった厳しい差別的状況下におかれていました。1930～40年代にかけて、ナチスが、知的障害者や精神障害者を、ユダヤ人とともに虐殺の対象とした歴史があります。くわしくは、2章の実践編で見ていきますが、障害者を、同情され、あわれみを受ける存在としてではなく、社会的に肯定されるべき存在者として見る障害者観に学ぶことがもとめられます。それは、障害をもつ人々を、社会福祉の"ほどこしを受ける対象"としてではなく、社会福祉を含め"あらゆる権利を有する主体"として見るという観点です。いい換えれば、多くの人々がすでに獲得し、行使している社会的・市民的権利を、障害をもつ人々も同じく保障され、行使

1 基礎編

する権利があることを理解することです。障害の有無によって人間としての価値をはかる愚かさを知らねばなりません。

このように、労働する能力の有無、あるいは優劣（この場合、障害者を社会の劣者とみなすこと）による社会的差別が、身体的、精神的差異にもとづいていることは、障害者差別問題を考えるうえでの出発点です。

> **ポイント　障害者差別を考える出発点**
>
> 障害をもつ人々を、社会福祉の"ほどこしを受ける対象"としてではなく、社会福祉を含め"あらゆる権利を有する主体"として理解する。

コラム1　気づかない「上から目線」

街を歩くと、さまざまな障害をもった人に出会います。電車や地下鉄で隣同士になることもあります。

ある日、地下鉄に乗っていたときのこと。小さな子どもを連れたお母さんが、真向かいに座っている白い杖をもつ視覚障害者を見て、子どもに向かっていっていました。「目が見えないのに1人で地下鉄に乗って、エライ人だね。がんばってくださいと声をかけようね。」

一見、微笑ましい車内風景に見えますが、実はこの「優しさ」に秘められた、「上から目線」ほど、差別問題を考えるうえで厄介なものはありません。障害者に対する心の底からの同情や哀れみの涙のなかに、まさにそこに障害者を「かわいそうな存在」として「上から見下す」優越感情がひそんでいるからです。

一般に「よくがんばっているな」「努力しているな」という言葉は、目上の人や尊敬している人に対しては使いません。しかし、なぜ街で見かける障害者に対しては、そのように感じ、そのような言葉を思いつくのでしょうか。話者の善意になんの疑いもありませんが、いわれた障害者が、その言葉にどう反応し、どう思うかはまったく別の事柄です。問題は、潜在している優越感に気づくこと、そして障害は障害者を排除して成立した、「健常者」中心の社会構造によってもたらされているという、反省の契機をつかむことの重要性です。「障害者」に配慮し、社会生活上

> の不便さを解決することも大事なことですが、まずなによりも、ほどこしを受ける対象としてではなく、社会的権利を享受する主体として「障害者」を見る視点です。そして「障害」が「障害」となるのは、健常者中心につくられた社会構造に存在することの理解です。健常者にとって、この視点（反省の契機）を欠いた同情心では、障害者問題の真実は見えてきません。

■部落差別

　他方、精神的なものをよりどころとした差別感情に、ケガレ意識にもとづく差別があげられます。職業と身分の差異に、ケガレ意識を加えたこの差別の代表的な例は、日本の部落差別です。

　江戸時代、死んだ牛馬（斃牛馬といいます）の処理権をもつ被差別民の職業であった牛馬の解体、皮革にたずさわる人々に対する忌避感情は、明治以降、肉食が解禁された今日でも、牛や豚の解体をおこなう屠場の労働と労働者に対する偏見として存在しています。

　江戸時代の被差別民は、幕府や藩の支配のもとで、斃牛馬処理や皮革だけでなく、そのほかにも、下級警察業務（犯罪者の捜索や行刑役、町村の警備など）や神社・仏閣のキヨメ（清掃）役を、公務としてになっていました。主要な被差別民、穢多・非人の職業としてあった、これら3つの公務＝斃牛馬処理、下級警察業務、神社・仏閣のキヨメは、すべてケガレにかかわる業務です。

　ひとことでいえば、ケガレ意識とは〈日常の平穏が脅かされることへの怖れ〉です。古代や中世の人々は、地震や旱魃、火山噴火など天変地異が起きて、自然界と社会の均衡が崩れることや、災いや不幸、人の死や、ケガなどによって日常生活のバランスが崩れることを、たいへん恐れていました。その意味で、政変（反乱）や犯罪、失火もケガレとみなされていました。

　なかでも、もっとも怖れられたのが、死穢と血穢、つまり人間やそのまわりにいる動物が死んだり血を流すことでした。そうした「ケガレ」は人々が暮らすなかで、必ず起きるものですが、当時の社会では、一刻も早く「ケガレ」をキヨメて、平常に戻さなければならないと考えられており、ケガレに触れ、それをとりのぞいて（キヨメて）、秩序と調和をとりもどすことができる者は、〈ケガレにかかわる特別な呪力をもつ畏れるべき存在〉とみなされていました。（「畏れる」とは畏敬の念がこめられた言葉です）。

■ケガレを再生するキヨメの仕事

〈汚れ〉は洗えばきれいになりますが、〈穢れ〉は極めて精神的なものであり、その〈穢れ〉をぬぐうためには、特別の儀式（お祓い・禊ぎ）、つまり"キヨメ（浄め）"が必要とされます。そのキヨメの役割こそ、中世賤民から近世の「穢多」「非人」に引き継がれた、職業（公務）なのです。

ケガレの問題については、ケガレが自然の「規範破り」としての天変地異、人や動物の死、身体からの排泄物（剥落物）、そして、社会の規範破りとしての犯罪に関係していることは、おぼえておいてください。

被差別部落の仕事や産業は、大きくいえば、ケガレのキヨメとかかわってきたのであり、それは社会に必要不可欠なものとして重要な役割をはたしてきました。ところが明治になって、近代国家として出発した日本社会は、封建的身分制度を解体し、四民平等を謳いながらも、旧賤民身分に対する差別を維持してきました。今日の部落問題とは、中世・近世以来の賤民に対する前近代的賤視観念の残滓というだけでなく、近代社会になって新たに形成された社会意識、価値観や社会構造にくみこまれている差別的システムなどがからみあい、社会的矛盾が被差別部落に集中しているという社会問題です。

■女性・障害者・元受刑者差別とケガレ

部落差別だけでなく、日本の歴史においてケガレと差別は、非常に密接なかかわりがあります。人畜の死からでるのは黒不浄、出産にかかわるものは白不浄、それに女性の月経など出血にかかわるものは血穢とされ、赤不浄とも呼び、これらを三不浄といっています。死穢・血穢（産穢）・汚穢を不浄視する迷信にとらわれていては、差別問題は理解できません。

とくに、女性の月経を血穢とし、お産を産穢とする不浄観は、女性差別の根拠となっています。また、〈五体不具〉をケガレとして、〈業の思想〉（前世の因縁、悪業の報いととらえる見方）によって宿命づけ、障害者差別につながっている点も見落としてはなりません。

さきに政変や犯罪もケガレとみなされたとのべましたが、それは、「安定した秩序を攪乱する異分子」「既成の文化体系を破壊する危険な要素」などがケガレとされたことによります。つまり、社会秩序を侵犯する「犯罪者」「異端者」を、ケガレた者とみなす差別思想がうかがえます。現代でも刑期を終えた元受刑者に対する社会的偏見は、犯罪に対するケガレ意識に起因しており、元受刑者の社会復帰を困難にしている大きな要因となっています。

① 差別語

部落差別・女性差別・障害者差別・元受刑者差別などの忌穢(きえ)意識から自由になるためにも、ケガレ問題について正しい知識をもつ必要を強く感じます。

■島崎藤村『破戒』はなぜ抗議されたか

部落問題にかかわる差別語や差別表現についての"糾弾"は、すでに、1922(大正11)年の全国水平社結成以前からおこなわれていましたが、島崎藤村(しまざきとうそん)の『破戒(はかい)』(1906年刊)に対する抗議と問題提起は、今日につながる先駆的内容をもつものでした。

藤村の『破戒』は、被差別部落出身の父が、息子に出自を「隠せ」と命じたにもかかわらず、息子である主人公の丑松(うしまつ)は隠すべきかどうかを悩み、葛藤し、ついには告白にいたるという物語です。

藤村の目を通した部落の姿、部落民の描きかたのなかに、差別を助長する描写があるとして、抗議をうけました。とくに屠場で働く部落民の描写や、主人公が土下座して告白するシーン、テキサスへ逃亡する結末に厳しい批判がなされています。全国水平社は『破戒』に対して、「内容に問題があるのはまちがいないが、それでも部落差別について考えるうえで、大きな影響力を持っている」と評価しています。

戦後、全国水平社の方針を引き継いで、とくに、1960年代なかごろ以降、部落差別にかかわる差別語・差別表現が、部落解放同盟などの抗議により、大きな社会問題となりました。これをきっかけに、障害者、アイヌ民族、在日韓国・朝鮮人、女性、セクシュアル・マイノリティなど、他の被差別者(支配的多数者集団に対する"少数者"＝マイノリティ)に関する差別語・差別表現問題がクローズアップされ、今日にいたっているといっていいでしょう。

■差別語が生みだされる背景

差別語・差別表現をめぐる問題を学ぶうえで重要なことは、差別語が社会構造のなかから生まれてくるものであり、いわば、日本文化の負の遺産を歴史的に継承しているものとして理解することです。

江戸時代は、封建的身分制度をもとに秩序(社会の枠組み)がたもたれていました。差別が法制化(合法化)されていた社会、あるいは、"差異"が固定化され、制度化された社会といってもよいでしょう。それゆえ、今日の差別語といわれるものの多くが、江戸時代に生みだされています。

さらに、礼と秩序を重んじる儒教思想の広範な普及は、尊敬語、丁寧語、謙

譲語など複雑な上下関係、とくに家父長制や社会的身分の序列に対応した言葉を、日本語に付与してきました。江戸時代の社会は、大きくわけて「武士・平人・賤民」（「士・農・工・商・穢多・非人」区分ではない）の身分によって構成されています。しかも、それぞれの身分のなかでまた、こまかく差異化がなされています。その身分差に照応して、日常言語もまた複雑化していったのです。

■江戸時代の差別、現代の差別

　江戸時代の身分制度にもとづく合法的「差別」と異なり、近代以降の差別は、身分差別が法的に禁止されているなかでの、社会的な差別の問題です。

　部落差別を例に考えてみましょう。憲法は、すべての国民は法のもとに平等であると謳っています。ところが実際は、今日でも、被差別部落出身者であることを理由にした結婚差別事件がひんぱんに起きています。つまり、憲法や法律および条約には基本的人権の尊重が謳われているにもかかわらず、現実には、差別があるわけです。いい換えれば、憲法と矛盾する社会関係（社会的差別）があるということです。このような「権利を侵害する社会関係」が、すなわち現代の差別であり、部落差別、女性差別をはじめ、あらゆる差別の根本です。

　そして、このような社会的差別を支えているのが社会意識です。その社会意識は文字や動作をふくむ言葉によって発信され、差別的な文化規範を強めているのです。

ポイント　差別語への向きあいかた………その1

　差別をささえる社会意識は、言葉によって伝えられ、醸成される。したがって、差別語は文化の問題である。差別語を抹消するのではなく、社会の負の遺産ととらえ、それを継承しつつ文化や社会意識を変えていかなくてはならない。

■いい換えはナンセンスか

　差別語や差別表現をめぐっては、1970年代以降、"「言葉狩り」論争"など、さまざまな議論がかわされてきました。そのような論争で必ずだされるのがつぎのような意見です。

1 差別語

「差別語をいくらいい換えても、差別的実態が変わらなければ意味がない。だから、差別語や差別表現に抗議するのは皮相(ひそう)で無意味なことだ」

しかし、決してそうではありません。言葉は、時代や社会の価値観を表現し、伝えます。それだけでなく、わたしたちの思考や行動を規定するのも言葉です。差別語や差別表現は、現実にある差別の実態を容認している社会意識を固定化させ、結果として社会的差別を強める作用をします。重要なことは、マニュアル的ないい換えではなく、差別の実態と言葉のもつ差別性を理解したうえで、代替(だいたい)表現を模索することです。つまり、差別語の問題を考えることは、新たな言語の創造をともなう文化的営みでもあるわけです。

差別的実態は言語(差別語)によって表現され、負のイメージで認知されます。しかし、新たに積極的で肯定的な言語を生みだすことによって、差別を逆照射し、差別的実態を改善していく力ともなるのです。

- 「ニグロ」→「アフロアメリカン」(ブラックメン・ウィメン)
- 「アンタッチャブル(不可触賤民(ふかしょくせんみん))」→「ハリジャン(神の子)」→「ダリット(抑圧された人々)」(インドのアウトカーストをさす言葉として)

■言葉は社会意識に働きかける

差別的に表現されてきた字句を改正することで社会の差別意識をも変えてきた例として、「癩病」から「ハンセン病」への変更、「北海道旧土人保護法」から「アイヌ文化振興法」(1997年成立)などがあります。

前者は、当事者からの抗議にもかかわらず、「癩」をたんに平仮名にした「らい病」表記に替えただけでした(1953年)。1996年、差別的な「らい予防法」の廃止にともなって、やっと"ハンセン病"を正式名称として法的に確立した歴史をもちます。部落差別にかんしても「特殊(種)部落」→「細民部落」→「後進部落」→運動団体が使用した「被圧迫部落」、「未解放部落」、そして"被差別部落"と、差別的な呼称からの変遷の歴史があります。

江戸時代に「穢多村」などと呼ばれていた被差別部落は、1871(明治4)年の「解放令」以降、差別的な意味をこめて「特殊(種)部落」、そして生活困窮者地域を意味する「細民(さいみん)部落」「後進部落」という官製用語で表記されてきました。それに対して、差別撤廃を掲げる運動団体は、戦後すぐに「被圧迫部落」や「未解放部落」と呼称し、さらに、今日使用されている「被差別部

落」へと、呼称変更をおこなってきています。

　また、被差別部落をさす言葉として、一般に使われている「同和」ないし、「同和地区」という呼称がありますが、これはもともと「同胞融和（どうほうゆうわ）」あるいは「同胞一和（どうほういちわ）」を略称したもので、とくに「同和地区」とは、同和事業の対象地域をさししめす行政用語であり、かならずしも被差別部落と同義語ではありません。語感的にも明治以降の「特殊部落」という官製用語の否定的内容を引き継いだ側面があることは否めません。

　同じく"癩病（らい）"から"ハンセン病"への病名変更も、たんなるいい換えではなく、医学の進歩と人権意識の向上を背景として、病気に対する差別と偏見を除去する積極的な意味での呼称変更です。「盲（めくら）」「聾（つんぼ）」という差別的呼称が、それぞれ視覚障害者・聴覚障害者にいい換えられたことも、上記の文脈で理解することができるでしょう。

> **ポイント　差別語と差別的実態**
>
> 　言葉をいい換えただけでは現実の差別的実態は変わらない。しかし、差別的実態は言語（差別語）によって表現される。それゆえ新たに積極的・肯定的な言語を生みだすことは、社会意識に働きかけ、差別を容認している現実社会に影響を与え、その変革を推進する力ともなる。

■言葉を通して歴史と文化を学ぶ

　言葉には時代や社会の価値観が織りこまれています。したがって、差別語問題を考えることは、言葉を通してその時代の歴史と文化を学ぶこと、つまり、時代の社会関係と人間関係を理解することにほかなりません。

　差別語には、その言葉が意味する社会的環境や現実が反映されています。差別語にひそむ、凝縮された差別意識、差別感情（文化）を認識することが大切です。それを理解せずに、安易に使用することは、その言葉によって痛み、傷つく人だけでなく、その言葉の意味を理解している第三者にも不快感をもたらし、最終的には、話者の人格と文化程度が問われることになります。

　無知と無関心こそが差別意識の温床であるといわれるように、話者が意識する、しないにかかわらず、差別的な言葉を無批判にもちいることは、その言葉を発した人の人権感覚が問題にされます。言葉の受け手と社会から、現

実に存在する差別的な実態を容認しているとみなされかねません。

　差別語を使用してしか自己の意思を伝えられない人は、言語表現能力の貧しさだけでなく、人間性をも問われます。差別語の使用や差別表現を指摘されたとき、「たんなる言葉のアヤなのに」と軽視するのではなく、なぜその言葉を選択したのかを自問してほしいと思います。

　つぎにのべる不快語と対比していえば、差別語は日本の社会構造、文化の深層から生みだされるもので、差異化された一定の社会集団（社会階層）に対する差別意識＝嫌悪感を共有する社会性をもっています。たとえば、かつて日本が中国大陸を侵略したさい、中国人を差別するために日本人が発した「チャンコロ」という言葉は、個人に対してではなく、中国人総体をおとしめる差別語です。

　不快語は個人の生理的な感覚にもとづくもの、ともいえますが、差別語は、集団的で社会的な蔑視感情をともなっています。差別意識・差別感情・差別観念は、社会観念として意識するしないにかかわらず、個人の内面に入りこみ、血肉化します。つまり、"社会的刷りこみ"です。

　差別語を発して注意されたとき、ほとんどの人は、"ついうっかり、なにげなく口をすべらせたのであって、決して差別意識をもって言ったのではない"と弁解します。しかしそれは自分に刷りこまれた差別意識を自覚していないことを吐露しているにすぎません。つい、うっかり口からでた言葉でも（たとえ悪意がなくても）、いわれた相手は深く傷つきます。主観的にどうであれ、客観的には、他者とその集団を侮蔑しているのです。ひとつ言葉をまちがえば、人の生命を危険にさらすことにもなりかねません。言葉には人間の全存在がかかっていることを自覚しましょう。

　そして、差別的に使用されてきた言葉をいい換える創造力によって、わたしたちは差別が許されないものであることを学んでいくことができるのです。

ポイント　差別語・差別表現を指摘されたとき

　「たんなる言葉のアヤ」と軽視せず、さまざまな言葉の選択肢があるなかで、なぜ、この言葉で伝えようとしたのか、なぜ自分がその言葉を選択したのかを自問してみる。主観的にどうであれ、客観的にその言葉が、他者と、その集団を侮蔑する表現かどうかを考える姿勢が大切。

1 基礎編

■すべての人は差別意識をもたされている

　差別意識をもたない人はいません。差別意識をもたされていることを"自覚"することが大切です。ここで典型的な例を紹介します。

1986年9月22日から同年10月における中曽根首相（当時）の発言

　「日本はこれだけ高学歴社会になって、相当インテリジェントなソサエティーになってきておる。アメリカなんかより、はるかにそうだ。平均点からみたらアメリカには黒人とかプエルトリコとか、メキシカンとか、そういうのが相当おって、平均的にみたら非常にまだ低い」と発言し、2日後、米議会トーレス下院議員や、黒人議員連盟から抗議を受けた。これに対して中曽根首相は「アメリカは複合民族なので、教育など手の届かないところもある。日本は単一民族だから手が届きやすい」と弁明したが、その弁明に対してアイヌ民族団体である、北海道ウタリ協会（現北海道アイヌ協会）などが、アイヌ民族や、在日韓国・朝鮮人の存在を無視した発言として抗議。それに対し、中曽根首相は「私もまゆやひげが濃いし、アイヌの血が相当入っている」と発言、さらに抗議を受けた。

　一国の総理の発言は、アメリカの公民権団体や議会でも激しい反発を呼び起こし、国際問題にまで発展しました。それに対して中曽根首相は、自分には差別する意図はなかったとして、上記のような釈明をおこなったのですが、そこで発した「日本は単一民族」という発言は、国内のアイヌ民族などマイノリティグループの存在を無視する言葉でした。さらに、この「単一民族」発言への抗議に対する弁明は、「まゆやひげが濃い」という身体的特徴をもって、アイヌ民族差別がおこなわれてきた歴史に対する無知をさらけだしています。

　さまざまな言葉の選択肢があるなかで、なぜ差別的な言葉で、それを伝えようとしたのか。そこで問われるのは、話者の人権意識、社会意識です。つまり、社会に対する認識力、表現力が問われているわけです。

　人は、その生育過程で、程度の差はあれ、時代と社会の価値観や文化を空気を吸うように吸収し、内面化しています。つまり、"社会的刷りこみ"がなされているわけです。そんな自己の内面をもう一度見直す作業が、本書で学ぶ大きな目的です。

■「昔はみんな使ってたじゃないか」

　差別語問題にとって重要なことがもう1つあります。かつては、だれもが日常的に使用していた言葉、とくに差別語と意識されていなかった言葉が、なぜいま差別語として、その当事者から厳しい批判と抗議にさらされるようになったのかについて、考えをめぐらすことです。

　差別語問題（用語の規制と見直し）の根底には、社会の価値観の変化（人権意識の発展）があります。

　今日、差別語に換わる新たな言葉の創造によって、差別的な文化規範を変革しようとするとりくみも活発になっています。（たとえば、「ルンペン」・「浮浪者」→「野宿者」・「ホームレス」・「路上生活者」など）

　差別語問題への認識を深めながら会話をおこなうことは、人権意識を高める社会的活動でもあるのです。差別語問題にとりくむことは、近代以前の日本社会がもっていた差別的な「古い価値観」から、現行憲法が謳う個人の尊厳・人権尊重を第一とする「新しい価値観」への転換を社会的に促進させることでもあり、メディアはもちろんのこと企業や団体、そして行政機関に課せられた社会的責任を実現するうえでも、大きな課題なのです。

　そして、無意識に差別発言をしてしまう自己と、意識的にそれを抑制し、積極的で肯定的な言葉を創造しようとする自己との葛藤こそ、差別語・不快語問題理解への第一歩なのです。

ポイント 差別語とは………その7

　差別語は、近代になって人権意識の高揚とともに"意識"され、"発見"された。差別語問題の根底には、社会の価値観の変化（人権意識の発展）がある。

ポイント 差別語問題のポイント

　差別語問題で問われるのは、社会に対する認識力、表現力。それは、無意識に差別発言をしてしまう自己と、刷りこまれた価値観を検証し、積極的で肯定的な言葉を選択（創造）しようと葛藤する自己との、絶え間ない対話のなかで獲得される。

② 不快語

■不快語と差別語にちがいはあるか

　ほんらい、差別語と不快語をわけることに大きな意味はありません。その境界はあいまいですが、不快語は、差別語をふくむ、より大きな概念として、とりあえず理解しておきましょう。

　差別語が一定の社会構造を背景に歴史性と社会性をもっているのに対し、不快語は、生理的不快に代表されるように、個々人の嗜好の領域にもとづく極めて主観的なものであるという点に、ちがいがあるように思われます。

　不快な言葉は、その人にとって普通（標準的）でないこと、差異に不快・嫌悪を抱き、相手を見下し、「ののしり」「あなどり」「いたぶる」ときに発せられます。

　以前、ある全国的に名の知られた書店が、人事採用時の注意事項に「チビ・ブス・カッペ・メガネの女性は採用しないように」というマル秘文書を人事部で作成していたことが発覚し、大問題になったことがあります。とても文化を商う書店の人事採用マニュアルとは思えません。マスコミにも大きく報道され、社会的な批判を浴び、書店（企業）の社会的評価を著しく損ないました。

　いじめが教育現場の枠を超えて、大きな社会問題となっていますが、身体的な特徴や、精神的な性質・気質について、"普通"（社会の〈多数派〉が標準的とみなす）とはちがう点に着目して、それをあげつらう言葉を投げつけ、排除する行為も、いじめのひとつです。不快語はいじめと密接な関係をもっています。とくに、発達障害への無理解からなる不快語に注意しましょう。不快語を投げかけられた当人は深く傷つきます。いった本人は軽い冗談や、からかいのつもりであっても、それを受け止める側がどう感じるかは別の事柄です。

　「チビ・バカ・カッペ・メガネ」や、「デブ・ブタ・ハゲ」など、日常的に使用されている不快語は、数えあげればきりがありませんが、それが表出しやすい状況は、気がゆるんでいるとき、または利害が衝突したり、対立した

りしたときの精神状態、いわば、"ケンカ状態"のときといえるでしょう。感情的になり、自制心を失ったときに、相手をののしる言葉として、差別語・不快語が速射砲のように口から飛びでてくる経験はだれしもあるはずです。感情にとらわれた感覚は、正しい状況判断をくだせません。そして、怒りは理性に先立って、行動を起こさせてしまいます。後でとりかえしがつかない事態をもたらすのは、こういう冷静さを失っているときであることを肝に銘じておかなければなりません。

■差別する社会構造を前提に使われる差別語

不快語と差別語との相違は、不快語が人をあなどる悪意をもった言葉であるものの、社会的差別という要素が欠けている点です。

たとえば、「デブ」は、『広辞苑』（第6版）では、「肥えていること、また、その人をあざけっていう語」と記され、歴史性や社会性にはふれていません。つまり、不快語は、排他的な社会構造のなかから生まれてきた言葉ではないのです。

極端ないい方をすれば、「チビ」でも「ハゲ」でも「デブ」でも総理大臣にはなれます。それを社会的に排除する構造がないからです。しかし、在日韓国・朝鮮人、中国人をはじめ、「帰化」（日本国籍を取得）した人々が大臣になった例は、寡聞にして知りません。国民としての義務を果たし、同じ権利を有しているにもかかわらず排除（社会的不利）されているとすれば、それは差別にほかなりません。それゆえに、「鮮人」「第三国人」「半島人」「チャンコロ」「シナ人」などは、たんに不快語であるばかりでなく、差別語なのです。

自分がいわれて嫌なこと、心痛む言葉を、まず使用しないことが第一です。相手の立場に立ってものごとを考える習慣を身につけることは、不快語問題にとりくむさいのポイントです。

> **ポイント 不快語と差別語**
>
> 不快語は、人をあなどる悪意をもった言葉であるが、排他的な社会構造のなかから生まれてきた言葉ではない。個人の生理的な感覚にもとづくものともいえる。それに対して差別語は、差異化された一定の社会集団（社会階層）に対する差別意識＝嫌悪感を共有する社会性をもつ。

1 基礎編

③ 差別語と差別表現

■差別表現とはなにか

　差別表現とは、話し手、あるいは書き手のいいあらわし方、書きあらわし方、つまり、文脈のなかに差別性が存在する表現といってよいでしょう。

　差別表現は、多くの場合、差別語をともなって表出しますが、差別語が使われているかいないかとは直接関係しません。差別表現は、あくまで、**表現における差別性（侮辱の意志）の問題**です。

　つぎの2つの表現例を比べてみてください。

- 「金属バットをふりまわして人に危害を加えるような奴は、キチガイだ」
- 「金属バットをふりまわして人に危害を加えるような奴は、統合失調症だ」

　上記2つの表現のちがいは、差別語の使用の有無だけであって、表現に差別性があるという点では、どちらも差別表現です。「金属バットをふりまわすアブナイ奴＝統合失調症だ」となんの根拠もなく断定するところに、予断と偏見にとらわれた、統合失調症患者に対する差別性がひそんでいます。「キチガイに刃物」という、広く流布している差別表現は、その典型です。それを「統合失調症患者に刃物」とマニュアル的にいい換えても、表現の差別性になんのちがいもないことは、容易に理解できるでしょう。

> **ポイント 差別表現とは………その1**
>
> 　話し手のいいあらわし方、書き手の書きあらわし方のなかに差別性が存在するもの。差別語が使われているか否かを問わず、文脈のなかに差別性（侮辱の意志）が存在している表現のこと。

差別表現は、それによって、相手を傷つけ、最悪の場合は死にいたらしめる凶器であることは、さきにのべた差別語と同じです。言葉の意味を認識し、合理性・必然性がある場合にかぎって使用すべきであり、無意識に軽い気持ちで表現することは、絶対に避けなければなりません。
　差別的な言葉や表現が日常的に飛び交う状況は、コミュニケーション不足以前の問題です。差別語や差別表現（動作をふくむ）が横行する職場環境は、メンタルヘルスや、企業倫理に照らして考えても、あきらかに不健全な状態といわざるをえません。企業の人権感覚と社会的責任が問われます。

■動作・まなざしによる差別表現
　差別表現は、被差別者に対して、直接または間接的なメタファー（隠喩）によって、否定的価値を付与し、おとしめ、侮蔑する行為です。またそれは、言語表現だけにとどまらず、身体表現（動作）を通しても、日常的におこなわれています。とくに、精神障害者や身体障害者について顕著です。被差別部落出身者を蔑む「四ツ」という言葉を、親指を曲げて四本指でしめすなどは、典型的な動作です。もっとも悪質なのは、"差別的まなざし"です。蔑視感情をふくみもつ視線を投げかけられる側の心の痛みは、言語表現、身体表現以上につらく、きついものがあります。
　部落解放同盟の前身・全国水平社は、その創立大会、1922（大正11）年で、闘いの基本となる差別行為（差別的「言行」）の糾弾についてつぎのように決議しています。

　　「一、吾々に対し穢多及び特殊部落民等の言行によって侮辱の意志を表示したる時は、徹底的糾弾を為す。」
　　　　　　　　　　　　　　　　　　　　　　　　　　　（大会決議冒頭）

　この決議から、2つのことが読みとれます。
　1つめは、「吾々に対し…侮辱の意志を表示したる時は徹底的糾弾を為す」ということです。つまり、「穢多及び特殊部落民等」の言葉を直接使用していなくても、「言行」（言葉やしぐさ・まなざし）に「侮辱の意志」がこめられていれば糾弾するという表明です。2つめは、「穢多及び特殊部落民等」の言葉を使用していても、そこに「侮辱の意志」がふくまれていない場合には糾弾すべきでない、という考えです。重要なポイントは、**抗議・糾弾するか否かを、差別語の使用ではなく「侮辱の意志」の有無を基準にして考えているところ**

にあります。このことは、あらゆる差別表現問題に通底する原則的な立場といってよいでしょう。

> **ポイント 差別表現とは………その2**
>
> 　言葉だけでなく、まなざしやジェスチャーなど、しぐさや態度による差別表現もある。直接的な差別語を使わず隠喩・隠語・動作などで侮蔑する行為も差別表現にふくまれる。

コラム2 部落と集落

　部落という言葉は、昔は、農村・都市にかぎらず、地縁団体をしめす一般的な言葉で、農村では村落と同じような共同体のことを意味していました。しかし、「特殊部落」という、明治以降に使用された官製用語の"特殊"が略され、たんに部落といえば、とくに西日本地域では被差別部落を意味するようになった経緯があります。しかし、東日本では"部落"は"村落"と同じように理解されていました。

　1992年、「べにばな国体」が開催されたとき、山形県は、国体が開催される地域にあった標識を、いっせいに「部落」から「地区（集落）」に変更するという不可解な挙にでました。理由は、「西日本では"部落"という呼称が被差別地域を意味していることを知ったので、西日本からの来県者に誤解されないように」との配慮であったことを、後に運動団体の抗議のなかで認めています。標識に〈○○部落〉と書くと、被差別部落とまちがわれて差別されるかもしれないという浅薄（せんぱく）な知恵にもとづくおろかな行為ですが、同じようなことはマスメディアでも起こっています。

　全国紙のひとつ（東京本社版）が、部落問題をとりあげた記事を支社・支局に配信したところ、その大阪本社から、「"部落"という表記はまずいので"集落"に変更すべき」との注意が東京本社に寄せられたというのです。というのも、その前年、大阪本社が別のある記事内容をめぐって関係団体から抗議を受けており、「部落」という文字にかなりナーバスになっていたという背景がありました。しかし、部落問題を語るとき、それを「集落問題」に名称変更したら、文意がまったく伝わらなくなり

ます。「羹に懲りて膾を吹く」ことは、ジャーナリストとして恥ずべき行為でしょう。

■差別語を使用する必要性がある場合

　つぎにのべるように、差別語を使用しても差別表現にならないケースもあります。差別語を使用することによって、その言葉のもつ歴史性や社会性、つまり、リアルな現実を描きだす必要がある場合、時代の差別意識を帯びた差別語は、その表現に欠かせない言葉となります。

　「昔〈どめくら〉と罵られ悔しい思いをした……」

　目が見えないために、社会的な不利益を被り、差別的言辞を投げつけられた古老が、みずからの生い立ちをふり返って、上のように語ったとしても、なんら差別表現ではないことは理解できるでしょう。それを「どめくら」という言葉が差別語だからという理由で「目の見えない人」といい換えることは、逆にその言葉のもつ差別の歴史をおおい隠すだけであり、決して、視覚障害者の権利確立に役立つとは思えません。差別語は、その差別をなくすためには、使用されなければならない場合があるのです。たんに禁句にして、いい換えですまそうとする対応は、現実にある差別の実態から目をそむけ、差別を無くすのではなく、隠すことに手を貸すだけであり、差別撤廃に逆行する行為といわねばなりません。
　さらに、差別問題・人権問題を研究する学術書や、差別問題を題材とした文学書などに差別語が記述されるのも、同様に理解する必要があります。つまり、**差別語を使用する場合、そこに合理性と必然性があるかないかが、重要な指標となる**わけです。

■言葉は文化

　ここで、誤解のないように断っておきますが、いかなる言葉であれ、使用してはならない言葉は存在しません。たとえ、それが差別語・不快語であっても、使用禁止とか放送禁止になるわけではありません。言葉は文化です。言葉を否定することは、文化を否定することにつながります。差別語は抹消すべき対象ではなく、今日の時点において、過去を知る重要な手がかりであり、

文化でもあるのです。言葉のもつ文化遺産としての価値を無視し、禁句やいい換えでこと足れりとすることは、人間として、組織として、怠惰といわれてもやむを得ません。とくに、言論のにない手であるマスメディアが、被差別マイノリティ団体からの抗議を"言葉狩り"ととらえ、被差別当事者の声に真摯に耳を傾けるのではなく、たんなる"いい換え"や"自主規制"でマニュアル的に対応してきた姿勢は、厳しく問われるべきでしょう。

いい換えをする場合には、**なぜいい換えるのかという目的意識をもっておこなう**ことが大切です。たんに「抗議されると面倒だから」「臭いものにはふたをする」といった程度の意識では、意味がありません。

差別語や差別表現の問題を考えることは、社会と人間を見る眼をやしない、感性を研ぎ澄ますことであり、その個人や企業の人権意識（モラル）をはかるバロメーターとなります。

企業・団体が差別語・差別表現にとりくむことは、社内における人的資源の開発にとどまらず、働く者にとっては自己の感受性をみがくこと、つまり、他者の立場を理解する感性＝人間性を獲得することであり、人間力を高め、企業・団体の組織力を強める源となります。

まさに、「初めに言ありき」（新約聖書ヨハネによる福音書第1章）なのです。

> **ポイント 差別語への向きあいかた………その2**
>
> いかなる言葉であれ、使用してはならない言葉は存在しない。たとえ差別語・不快語であっても、使用禁止・放送禁止になるわけではない。言葉は文化であり、歴史を知る手がかりであるから、抹消すればいいわけではない。差別語を禁句にすることは、実際にある差別を隠すことに手を貸すだけであり、差別をなくすことにはつながらない。

■差異化と差別化

本書では、差別を利用して利益を得ようとする行為の犯罪性について認識することも重要な柱としています。

一般に、利益は差異にもとづいて得られるものと考えられます。その昔の重商主義時代（15世紀半ばから18世紀、ヨーロッパの絶対王政国家が経済政策として海外貿易に乗りだした商人を支援。香辛料や金・銀などの貿易で富をたくわえた）の商人は、

インドをはじめ、諸大陸・諸海域からの輸出入で利益をあげていました。これは地理的・空間的差異を利用していたといえます。いい換えると、それは価値体系の差異あるいは貨幣価値体系の差異です。いまでいうなら為替レートの差がそれにあたるでしょう。つづく18世紀、イギリスにはじまる産業革命によって近代資本主義が確立されましたが、その利益の源泉は、技術革新による時間的差異を利用したと見ることもできます。

今日の情報を中心とする産業構造においても、利益はやはり差異から得られます。イノベーションの推進はもちろんですが、ほかの商品との「差別化」によって、より多くの利益がもたらされます。

このように、差異にもとづいて利益を得ることは、当然の商行為とされてきましたが、しかしながら、不当な差別的環境や、社会的に不利な条件を利用して利益を追求することは、ビジネスコンプライアンスに反しているといえます。女性だから、障害者だから、被差別部落出身者だから、移住（外国人）労働者だからなどという理由で、法を逸脱する行為は、大きな社会的指弾を受けます。

1988年、アメリカに進出していた日本企業が、アフリカ系アメリカ人と女性による雇用差別の訴えに600万ドル（当時、約9億円）の和解金を支払った事件をはじめ、2006年には史上最大のセクハラ訴訟をアメリカの日本企業が経験したように、海外での企業活動を展開するうえで、差別問題に対する無知、無関心は、致命的なダメージを企業にあたえます。

CSRとコンプライアンスを遵守し、社会貢献をめざす経営姿勢をもたない企業に、未来はありません。「差別化」は「差異化」「個性化」であって、決して社会的差別を利用した利潤追求であってはならないことを自覚しましょう。

> **ポイント 「差別化」と差異化**
>
> 経済活動における「差別化」とは、商品・サービスの差異化・個性化であって、差別・排除することによって利益を得ようとする社会的「差別化」であってはならない。

1 基礎編

4 避けたい差別語・不快語の使用

■差別語・不快語を使用するとき

　前項で、使用してはいけない言葉はないとのべました。差別語であっても、必要があれば使用すべきと説明しましたが、それは、あくまで、その言葉を使用する合理的理由、必然性がある場合にかぎられます。T（time）、P（place）、O（occasion）を考えず、むやみやたらに使用してよいというものではありません。差別語には、その言葉を生みだした歴史的・社会的背景と、厳しい差別的実態が反映され、含意されていることを理解したうえで使用する必要があります。

　差別語を使用する場面は、日常的にそうそうあるものではありません。悪意をもって、差別する意志をもって使う場合は論外ですが、話者が言葉のもつほんらいの意味をよく知らずに使用した場合には、その誤りを正すとともに、キチンとした説明を求め、毅然とした態度でのぞむことが重要です。

　また、どうしても使用する必要がある場合には、TPOを考慮したうえで、「これは差別語、差別的表現ですが、」と事前に断りを入れる必要があるでしょう。さらに、差別語を使用した理由を、明確にすることが求められます。

　自分では差別する意図がなかったにもかかわらず、ついうっかり、なにげなく、悪意もなく発言しただけなのに、差別表現（差別語）だと非難された経験を、多くの人がもっているのではないでしょうか。そして、非難された瞬間、動揺すると同時に、反発を覚えたはずです。

　そのとき大切なのは、あらゆる差別は許されない、差別は社会的犯罪だという今日の社会における人権基準と、自己の内面に刷りこまれた意識とのズレが差別表現（差別語）として表出し抗議されたのだと、理解する姿勢です。現代社会に生きるわたしたちは、このズレをつねに意識しながら発言し、行動することが求められます。

　逆にいえば、近代以前の社会では、このズレが存在していませんでした。そ

れゆえ、現代社会において、差別表現（差別語）を発することは、意識するしないにかかわらず、自分が前近代的で差別的な精神構造の持ち主であることを表明しているにほかなりません。

　言葉は歴史とともに生まれ、歴史とともに変化し、その意味内容も変わります。かつては、きつい差別語であった言葉が、いまはその起源すら忘れられ、使用されている例も往々にしてあります。

　たとえば"あぜん（唖然）""ぼうぜん（呆然）"といった言葉がこれにあたります。非常に使用頻度の高い言葉ですが、"唖"は「おし」であり、"呆"は「阿呆（あほう）」から援用されており、差別的な響きをもつ言葉といえるでしょう。とくに漢字表記する場合には、注意を要する言葉です。

ポイント　差別語・不快語を使用する場合

　差別語を使用すればただちに差別表現になるわけではない。ただし、使用する場合には、使用した理由を明確にすべき。その言葉にふくまれる意味、反映されている差別的実態、そしてどのような場面で使われてきたか、その言葉を使う合理的必然性があるかどうかが指標となる。

コラム3　JAP（ジャップ）

　もともと侮蔑的意味をもたなかった言葉が、のちに差別語として機能するようになる場合があります。たとえば、「Japanese」を略した"JAP（ジャップ）"という日本人やそれにつながる日系アメリカ人に対する差別語があります。JAPは、アメリカに居住する日本人に対する厳しい人種差別政策「排日移民法」（1924年）をはじめ、強制収容所問題※などが、刻印されている言葉です。アメリカにおいて、日本人をジャップ、中国人をチンク、アイルランド系アメリカ人をミックと呼ぶ話者は、少なくとも相手に敬意をもっていません。これと同じ意味で、日本人が、中国のことを"シナ（支那）"と呼ぶことは、話者の国際感覚と歴史認識が疑われます（53頁参照）。現在、日本の国名（英語表記の国際標準）などの短縮形は、Japan→JPNが使用されています。

1 基礎編

> **語彙解説**
>
> **日系人の強制収容所問題**　第二次大戦中の1942～45年、アメリカ在住日系人12万人が強制立ち退きと強制収容を命じられた。これに対して同じく敵性外国人とされていたドイツ系・イタリア系の人々には強制収容はおこなわれなかった。1988年、強制収容は人種偏見であったとして、アメリカ合衆国政府による公式謝罪と補償がおこなわれた。

■日常的に使用されている不快語

　感情的に怒りをもたらさない言葉であっても、理性的な観点からは軽蔑されるような言葉や表現は厳につつしむべきでしょう。言葉の成り立ちと意味を知ることは、たんに知識としてだけではなく、コミュニケーション能力や人格をきたえるうえで有用です。しかし、差別語とちがって、不快語は、さまざまな場面で日常的に使用されている現実があります。

　さきに見た「チビ・ハゲ・デブ」、さらに、「アホ（阿呆）」「バカ（馬鹿）」などは、毎日の会話にでてくる言葉といっても過言ではないでしょう。しかし、親しい友人や家族、同級生や仲間内でならいざ知らず、ガンの治療で頭髪を失った病者の前で、あなたは「ハゲ」という言葉をギャグとしていえるでしょうか。健康な人に対してはいえても、なぜ病者の前ではいえないのか、そこを自問してほしいと思います。

　不快語問題でいちばん重要なことは、徹底して、いわれた相手の立場に立って、その心中をそんたくする人間的感性をもてるかどうかということです。不快語を無神経にくりだす人の品性の下劣さを非難するより、いわれた相手の心の痛みを共有できる想像力をもつことが大切です。

　重要なことは、不快語に、生理的不快を感じる人々が多数存在しているということです。もし、あなたが職場での会話で、「チビ」「ハゲ」といった不快語を日常的に乱発していたなら、直接その場で指摘されなくても、ビジネスパーソンとしての評価は著しく低下するでしょう。それは当人にとってばかりでなく、企業の社会的評価にも影響を与えます。社内の意識改革を推進することの重要性は、今後ますます強まります。

　文字通り、"企業は人なり"（松下幸之助氏）なのです。

ポイント 不快語問題のポイント

　不快語に対して、生理的に不快に感じる人々が、多数存在している事実に気づくこと。いわれた相手の立場に立って、その心中をそんたくする人間的感性を持てるかどうかが問題である。

コラム4 シナ人と朝鮮人

　中国のことを「シナ（支那）」、中国人のことを「シナ（支那）人」と呼ぶことの差別性については、2章の実践編でも具体的にのべますが、一般に、「シナ（支那）」という言葉（呼称）は「穢多」や「非人」、「盲」や「聾」のように、当初から差別語として流布していたわけではありません。『広辞苑』（第6版）で「支那」を引くと、「『秦（しん）』の転訛、外国人の中国に対する呼称」と書かれています。しかし、歴史的経過をみると1911年の辛亥革命によって清朝が倒れ「中華民国」が成立するや、「中華」という名称が尊大だとして、日本は、西欧列強が使用していた中国に対する呼称を「シナ」「支那」という表記で意識的に使いはじめています。

　「支那」は、まとまることのできないバラバラの国という意味をふくんでおり、だれに統治されても中国人は文句をいわないという、日本の中国侵略の論理を象徴する言葉として使われた歴史があります。それゆえ、日本人が使用した場合、欧米人が「シナ」と呼ぶのとはちがった響きを中国の人々が感じることを理解しなければなりません。

　それと同じことは、「朝鮮人」という言葉にも存在します。「日帝36年の植民地統治下」での差別感情（一等国民意識）が、この「朝鮮人」という言葉にはぬりこめられています。いまでも年配の日本人の多くが、「朝鮮人」といえず、「朝鮮の人たち」といい表すのは、うちなる差別意識との葛藤のあらわれです。「韓国人」とは、なんの抵抗もなく口にだせるのに、なぜ「朝鮮人」とは表現できないのかを考えることは、「シナ人」と同じく差別語問題の核心です。

1基礎編

5 ヘイトスピーチ

■ヘイトスピーチと差別表現の違い

　この数年、「在特会」などネット右翼（ネトウヨ）と呼ばれる、レイシスト（人種差別主義者）集団による、ヘイトスピーチが激化しています。聞くにたえない、差別的な罵詈雑言を叫ぶデモが東京・新大久保や大阪・鶴橋など、在日コリアンが多数居住し生計を営んでいる地域を標的に行なわれてきました。そのいっぽうで、こうした蛮行に対抗するカウンター行動も活発化しています。社会的な関心が高まっているヘイトスピーチの問題は、1から4でみた差別語・差別表現とは、まったく様相が異なっています。

　ヘイトスピーチと差別表現一般との決定的違いは、その攻撃性と目的意識性にあります。標的とした被差別マイノリティ――在日韓国・朝鮮人、アイヌ民族、被差別部落、琉球・沖縄、性的マイノリティなどの人々に対して、憎悪をむき出しにし、「死ね」「殺せ」などの暴言を公然と吐いています。

　これは、"ついうっかり" "何げなく" 差別の実態をよく知らずにおこなわれる一般的な差別表現とは、その悪質さ、犯罪性において質的に違います。

■ヘイトスピーチは「差別的憎悪煽動」

　当初、ヘイトスピーチの和訳が「差別表現」「憎悪表現」などとメディアに表記されることによって、「ヘイトスピーチも差別表現の一つ」と受けとめる人もいました。

　しかし、ヘイトスピーチ（差別的憎悪煽動）は、属性による社会的差別の存在を前提にマイノリティ集団を傷つけ、おとしめ、排除するための言論による暴力であり、犯罪行為です。小学生の子どもらが学ぶ学校の校門前で、「不逞な朝鮮人を叩き出せ」などと怒号を浴びせつづけた2009年の京都朝鮮初級学校襲撃事件[※]に象徴されるように、排外主義的レイシスト集団のヘイトスピーチに、生命の危険さえ感じている在日コリアンの人々からすれば、か

⑤ ヘイトスピーチ

れらの行動はまちがいなくレイシズム（人種差別主義）であり、「排外」デモをくり広げるかれらは、差別的犯罪者なのです。

語彙解説

京都朝鮮初級学校襲撃事件に「ヘイトスピーチは人種差別」判決	京都朝鮮第一初級学校校門前でのレイシスト集団「在特会」らの差別排外主義的街宣行動（2009年12月4日）に対し、学校側が、差別街宣参加者と在特会を相手取り、街宣禁止と3千万円の慰謝料を求め、民事訴訟を提起。刑事訴訟では中心メンバーの有罪が確定（威力業務妨害罪／2011年4月）。民事訴訟では、2013年10月、京都地裁が1226万円の賠償と学校前半径200メートル以内での街宣禁止を命じる判決。「著しく侮蔑的な発言をともない、人種差別撤廃条約が禁ずる人種差別に該当する」と判断した。（同時にヘイトスピーチを表現の自由と主張した在特会の訴えを一蹴している。）2014年7月、大阪高裁が在特会側の控訴を棄却して同地裁判決を維持。上告審においても最高裁が認定し、判決が確定した（2014年12月）。人種・民族や国籍などで差別するヘイトスピーチの違法性を認めた判断が最高裁で確定したのは初めて。

■関東大震災と朝鮮人虐殺

　レイシズムがもたらした最大の惨劇が、ナチスドイツによるユダヤ人（600万人）、ロマ民族（50万人）、障害者・同性愛者（20万人）に対するホロコーストでした。

　日本においても、1923年9月、関東大震災時の朝鮮人虐殺の多くが、戒厳令下「朝鮮人が放火している」「井戸に毒を入れた」などの流言飛語に煽動された、民間自警団によっておこなわれたことを忘れてはなりません。

　言論の暴走はかならず肉体の抹殺にいたります。ナチスによるユダヤ人大虐殺は、ユダヤ人を「シラミ」などと呼ぶ差別的憎悪煽動（ヘイトスピーチ）からはじまりました。

　アフリカ中央部の国ルワンダで1994年に起きた、多数派フツ人による少数派ツチ人のジェノサイド（100日間で80万人以上が殺された）も、その数年前から、雑誌やラジオで、ツチ人に対するヘイトスピーチがくり返されており、それが最大の要因であったことが、あきらかになっています。

1 基礎編

> **ポイント ヘイトスピーチとは**
>
> ❶ヘイトスピーチは差別的憎悪煽動。「スピーチ」の直訳である「差別表現」「憎悪表現」や「差別的憎悪表現」ではない。人種・民族・被差別部落・障害者・性的マイノリティなど、属性による社会的差別の存在を前提に、マイノリティ集団を傷つけ、おとしめ、排除するための言論（ジェスチャーや態度を含む）による暴力で、犯罪行為。
>
> ❷ヘイトスピーチは人種・民族・被差別部落など、変えられない出自や属性に対して向けられる。ヘイトクライム（差別的憎悪犯罪）の一形態である。
>
> ❸ヘイトスピーチの攻撃は、必ず、民族的・宗教的・性的・社会的なマジョリティからマイノリティ（社会的に差別されている集団）に向けられる。
>
> ❹ヘイトスピーチは個別個人になされたとしても、その個人が属する被差別マイノリティ集団に向けられている。（たとえば「朝鮮人〇〇を日本から叩き出せ」の〇〇に個人名が掲げられていても、それは在日韓国・朝鮮人総体に対するヘイトスピーチである。）

■ヘイトスピーチは悪態やケンカ言葉ではない

　ところで、不快語を使った悪態や乱暴な言葉づかいを「ヘイトスピーチ」だとカン違いしている人をよく見かけます。しかし、たとえば言葉は汚いですが、「〇〇大臣のクソ野郎」「ハゲの〇〇社長はカツラかぶるな！」といった悪態や「バカ」「チビ」「ボケ」「メガネ」「カッペ」といった不快語を使った罵詈雑言は、ヘイトスピーチではなく、たんなる暴言です。このような罵詈雑言に、侮辱罪や名誉毀損罪として個人が法的に対処するのは、公共の場で名誉が傷つけられ、侮辱されたことに対する個人救済的な意味をもちます。

　では、排外主義者らが、白昼の公道で「朝鮮人を殺せ」などと叫んでいることに対して、名誉毀損罪や侮辱罪で対応できるでしょうか。あるいは「対抗言論」で対処できるのでしょうか。

> **ポイント ヘイトスピーチと悪態・侮蔑発言のちがい**
>
> 　ヘイトスピーチは、人種・民族・性・被差別部落・障害者などその属性による社会的差別を媒介に、被差別マイノリティに向けてなされる。マジョリティに対する悪態や侮蔑発言とは区別される。

■差別表現もヘイトスピーチも被差別マイノリティ集団に向けられる

　〈差別問題とはなにか〉をめぐる核心もここにあります。パワハラやアカハラ、職場や学校におけるいじめなど、さまざまな人権侵害があるなかで、在日韓国・朝鮮人、被差別部落、性、性的指向、アイヌ民族、ウチナーンチュ、障害者など、その属性によって社会的に差別されているマイノリティ集団に対する人権侵害が、差別問題です。

　つまり、差別表現やヘイトスピーチは、被差別マイノリティに向けてなされた場合のことを意味しています。個別の個人を対象になされたとしても、差別表現やヘイトスピーチは、その個人が属する被差別マイノリティ集団に向けておこなわれている点を忘れてはなりません。

> **ポイント ヘイトスピーチと差別表現のちがい**
>
> 　ヘイトスピーチと一般的差別表現との違いは、その攻撃性と暴力性、目的意識性にある。
> 　ヘイトスピーチは、目的意識をもってマイノリティへの憎悪と排除、殺人をも煽動する犯罪行為。

> **ポイント ヘイトスピーチと差別表現の共通点**
>
> 　ヘイトスピーチと差別表現の共通点は、どちらも、変えられない出自や属性に対する社会的差別を前提に、被差別マイノリティ集団を蔑視していること。

1 基礎編

> **ポイント** 過激な発言はヘイトスピーチ？
>
> 　表現形式の過激さとヘイトスピーチは関係ない。たとえば罵詈雑言を叫ぶことイコール、ヘイトスピーチではない。ヘイトスピーチであるかどうかは、その表現内容に、人種・民族などにかかわる特定の属性を排除（排斥）する目的意識性と攻撃性が含まれているかという点にある。

コラム5　「朝鮮人は帰れ！」と「レイシストは帰れ！」は同じか

　2013年1月「レイシストをしばき隊」（現C.R.A.C.）を結成。新大久保などでおこなわれていた排外デモへのカウンター行動の一翼を担う野間易通さんは、「カウンターを始めた当初は、『在特会もカウンターもどっちもどっち』と思われていた」と話します。

　「つまり、レイシストが『反日朝鮮人は半島へ帰れ！』ということと、カウンターが『ヘイトやめろ！お前らが新大久保から出ていけ！』というのは同じだと言うわけです。われわれカウンターが、レイシストに『帰れ』と言うと、『それも排除の一種だ』と言う。しかし、レイシストが新大久保でヘイトスピーチをしている、あの場でのカウンター側の『帰れ』は、『排外デモを止めて家に帰れ』という意味であって、『外国人は自国へ帰れ』という排外主義者の主張とは、まったく意味が違うんです。そうした何でもかんでも言葉を入れ替えれば同じだというような価値観の混乱こそが、今の日本のレイシズムの温床であり、本体でもあると思っています。

　僕らは、『レイシストはここに来るな』『この場からレイシストを排除する』と、はっきりと言う。それを意識的にやることに意味があると思っている。『レイシストは町から出て行け』というスローガンは、世界標準ですよ」

6 まとめ

　ここまで、差別語と差別表現、ヘイトスピーチについて説明してきましたが、簡略にまとめておきます。

【差別】
〈差異〉や〈属性〉などを手がかりに、特定の個人や集団が意図的に排除・忌避・抑圧・攻撃・軽蔑の対象とされ、基本的人権（市民的権利）が侵害され、社会的に不利益を被る事態をさす。

【差別語】
特定の個人や集団を社会的に排除し、侮辱する暴力性をもつ言葉で、歴史的・社会的背景をもち、現実の差別的実態を反映している。

【不快語】
差別語をふくむより大きな意味内容をもつ言葉で、差別語とちがい社会性をもたず、個人の生理的不快・嫌悪を基礎とする。

【差別表現】
文脈のなかに差別性（侮辱の意志）が存在している表現で、差別語が使用されているか否かとは直接関係しない。

【ヘイトスピーチ】
差別的憎悪煽動。被差別マイノリティ集団への差別を煽動する言論による暴力。差別表現とのちがいは、その攻撃性と目的意識性にある。

■差別語と差別表現

　すでに見てきたように、差別表現は、差別語の使用が問題なのではなく、表現の差別性、いい換えれば「侮辱の意志」の有無が問題になります。つぎの（1）（2）（3）（4）の例から、具体的に考えてみましょう。

（1）差別語を使用した差別表現
　「国会は、魑魅魍魎が巣くう特殊部落だ」
　「芸能界は特殊部落だ」
　「東大を特殊部落にしてはならない」

　『特殊部落』という言葉は、明治政府が被差別部落に対する蔑視感情を付与させてつくりだした官製の差別語です。そして（1）の例文は、ひとことで国会が、東大が、あるいは芸能界がどういうものかをいいあらわそう（隠喩）として使っています。差別語を使用してダーティで否定的なもののたとえとして表現した、極めて悪質な差別表現といえるでしょう。「キチガイに刃物」「あいつはなにも見えていない盲（めくら）と一緒だ」という表現も、これにあてはまります。

（2）差別語を使用していない差別表現
　「国会は、魑魅魍魎が巣くう被差別部落だ」
　「芸能界は被差別部落だ」
　「東大を被差別部落にしてはならない」

　（1）の例文を、『特殊部落』という差別語を使ったために問題にされたととらえてしまうと、特殊部落を被差別部落とマニュアル的にいい換えればよいように思われがちです。しかし、（1）と（2）の例を比べて、表現のもっている差別性にはなんらちがいがないことは、容易に理解できるでしょう。同じように、「統合失調症に刃物」「あいつはなにも見えていない視覚障害者と一緒だ」といい換えても、障害者に対する差別表現であることに変わりはありません。

　差別語の使用＝差別表現でないことをしっかり理解して下さい。

⑥まとめ

コラム6 特殊部落と被差別部落

　1980年代、社会党系の進歩的と目されていた学者が、かつて所属していた共産党を辞めた直後のことを書いた文章のなかに、つぎのような表現があり、部落解放同盟から抗議される事件がありました。

　「Nさんとは、わたしの共産党離れで、つきあいはなくなってしまった。あれは不思議なもので、共産党を出ると、道で会っても、むこうさまのほうで、とても困った顔をされるのだ。こっちは平気で元通り、いや、昨日と同じあいさつをしようと思うのだが、相手は照れくさそうな、もっとはっきりいえば、被差別部落民と出会ってしまったような表情をする。Nさんの奥さんにかぎらず、そういう人たちがそろいもそろって全く善良な日本人なので、余計こっちは弱ってしまう。」

　抗議にさいしての話しあいで、この学者は、「わたしは部落問題はよく知っている。だから"特殊部落"ではなく、解放同盟が使用している"被差別部落"という言葉を選んで使用したのだ」と語ったそうです。この"進歩的"学者は、会いたくない人と出会ったときの嫌な感情を、被差別部落の人間と出会ったときの感情にたとえて説明しているわけです。特殊部落と記しても、被差別部落と記しても、この学者の意識のなかで、「部落の人間は世間から忌避される人たちである」という前提がなければ、この表現は成立しません。差別表現は、差別語の使用とは直接関係しないという典型的な例です。

（3）差別語を使用しているが差別表現ではない表現
　「穢多頭・浅草弾左衛門と非人頭・車善七との確執・争いを中心に描き、今日まで続く差別の根本に迫る劇画…」

　この文章は、ある出版社の新刊書籍広告コピーです。この広告の掲載を予定していた新聞社数社のうち、有力なブロック紙上での掲載が不許可になりました。
　広告代理店によると、掲載不許可の理由は、〈「穢多」「非人」という言葉が

差別語なので広告掲載コードにふれる〉ということでした。

しかし、上記のコピーのどこが差別的なのでしょうか?

「穢多頭・浅草弾左衛門」も「非人頭・車善七」も歴史上の人物で、江戸時代の文化を語るうえで欠かせない被差別民です。

「穢多」や「非人」という言葉だけを文脈全体の意味から切り離して問題にしたり、ましてや、機械的にいい換えをおこなうことは、差別語問題のみならず、部落問題そのものをタブー視している姿といわざるを得ません。

差別問題をテーマにした研究書や小説に差別語が使用されるのは至極、当然のことです。そして、つぎの文例のように、自己の受けた厳しい被差別体験を古老が語る場合にも、差別語が使われるのはあたり前のことです。

「わしら部落の人間は〈エッタ〉といわれて差別されてきた…」

これは差別表現ではありません。要は、その言葉が使われる必然性・合理性が、文脈なり作品のなかにあるかどうかです。さらに、作品の一部で差別語、あるいは差別的表現をもちいていたとしても、しかしその文脈および作品全体は差別に強く反対する内容のものであれば、なんら問題はないでしょう。

「もう夫婦だわ」
「そうか」
「いやなの」
「なに言ってやがる」
「あのね、あたし新平民なの」それでも結婚してくれるかという。
「新平民は人間じゃねえとでもいうのかい」
「四郎さんありがとう」　　　　　（『いやな感じ』高見順　文藝春秋　1963年）

これは、昭和初期の暗い動乱の時代を批判的に生き抜いた1人の男を主人公にした作品の1節です。ここには、あきらかに差別に直感的に反発する主人公の姿が描かれています。もし、この表現を「新平民」という言葉が差別語だからという理由で、「あのね、あたし被差別部落民なの」といい換えたとすれば、時代の差別的情況を的確に描写する言葉とはいえません。なによりも、この時代に「被差別部落民」なる言葉は存在せず、「新平民」という言葉の使用こそ、作品にリアリティを与えているのです。

(4) 差別表現ではないが差別語の使用の仕方が誤っている表現
「〈特殊部落〉の子どもとその他の子どもとの間にある差別感をどう取り除くか」

　この例は、あるエッセイの一文です。教員らが集まる教育研究集会を取材した作家が、「『〈特殊部落〉の子どもとその他の子どもとの間にある差別感をどう取り除くか』ということを論議していた分科会は非常に熱気に満ちていた。」という文脈のなかででてきた表現です。これは差別語を使用していますが、差別表現ではありません。

　しかし、この文章に使われている〈特殊部落〉は、ほんらい被差別部落あるいは、行政用語である同和地区などと表記されるべきでしょう。作者は、この語のもつ歴史的・社会的背景への認識をもち得ないまま、誤って差別語を使用したのでしょう。この作者の思いを活かすには「被差別部落」とすべきです。

　ただし、作者がすでに亡くなっている場合には、この語のもつ歴史的・社会的背景への説明が、注釈などのかたちで必要となるでしょう。

コラム7　水平社宣言と「特殊部落民」

　部落解放同盟の前身、全国水平社の創立大会で読みあげられた「水平社宣言」は冒頭で、「全国に散在する吾が特殊部落民よ団結せよ」と高らかに謳っています。ここで使われている〈特殊部落民〉は、差別語だから使用すべきではないと考える人、あるいは、全国水平社自体が使っているのだから使用してもよいのだと考える人、両者の考え方はともに誤りです。第1に、そこには当事者性の理解が欠如しています。第2に、この水平社宣言での〈特殊部落〉という言葉は、自己を卑下したり、おとしめ、侮辱するために使用しているのではなく、社会が、世間が、差別的意志をもって投げつけてくる〈特殊部落〉という言葉にこめられた差別性への逆襲という、堅忍不抜の意志表示だと理解しなければなりません。宣言のなかにある「犠牲者がその烙印を投げ返す時が来たのだ。」「吾々がエタであることを誇り得る時が来たのだ。」は、そのことを雄弁に物語っています。

1 基礎編

コラム8 ポリティカル・コレクトネスとは

● 言葉における差別をなくす2つの流れ

言葉・表現における差別をなくす動きには、大きく分けて2つの流れがあります。

1つは、ポリティカル・コレクトネス(PC運動)とよばれる言語変革運動です。キング牧師らが闘ったアメリカ公民権運動の高揚の中から生まれ、1970年代に盛んになりました。「政治的に公正な表現」とか「無性化(中性化)」などと訳されるポリティカル・コレクトネスは、言語じたいに含まれている差別・偏見をとりのぞき、公平で中立的な言葉に換えていこうとする言語の民主化運動です。社会全般にある言葉を対象としますが、とくに、性別、非対称(対応する対語が存在しない)の言葉に注意が向けられました。

〈公平で中立的な言語への変換〉

保母 ➡ 保育士		カメラマン ➡	フォトグラファー
看護婦・看護士 ➡ 看護師		キーマン ➡	キーパーソン
父兄 ➡ 保護者		ビジネスマン ➡	ビジネスパーソン
女優 ➡ 俳優		スチュワーデス ➡	客室乗務員(CA)

● 差別語から非差別語へ

もう1つの流れは、差別語を非差別語に変える変革運動です。差別語はマイノリティを社会的に排除し侮辱する言葉です。言葉を変えることで差別意識・差別の実態を問い直すという点はポリティカル・コレクトネス運動と同じですが、歴史的・社会的差別が塗り込められた言葉から、新しい非差別的な言葉を生みだしていくものです。

ニグロ ➡	アフリカ系アメリカ人	白痴 ➡	知的障害者
インディアン ➡	ネイティブアメリカン	聾(つんぼ) ➡	聴覚障害者
土人 ➡	先住民(族)	痴呆症 ➡	認知症
らい病 ➡	ハンセン病	文盲 ➡	非識字者
精神分裂病 ➡	統合失調症	ジプシー ➡	ロマ

2 実践編

❷実践編

【差別語】
1 障害者差別

■障害者に対する差別語

　差別語や差別表現の代表格といわれるほど、障害者に対する蔑視語は非常に多く存在しています。ここでは、日常的に使用頻度の高い言葉をとりあげながら、その差別性と問題点を考えていきます。

　精神的な障害は、身体的な障害（あるいは、状態）とちがって、周囲も気づきにくいものです。（とはいえ、身体的な障害もさまざまです）。さらに精神障害者の場合は、施策の貧困さ、社会の根深い偏見と排除のなかで、たとえようもない生きづらさを強いられている現状があります。いま職場で最大の人事管理問題はうつ病ですが、本書で学習することは、「統合失調症」などの「精神障害者」に対する偏見から生みだされた差別的な言葉の使用についてです。

　現在の日本で心身症・うつ病などの精神疾患で医者にかかっている人の割合は、全人口の2％、およそ260万人と見られています。また、統合失調症の生涯罹患率は全人口の約1％で、およそ130万人といわれています。

　精神病は、決して特別な病気ではなく、100人に1人以上の割合で罹患する身近な病気です。

　にもかかわらず、精神障害者を精神病院に隔離収容するという、日本社会がおこなってきた精神医療のあり方の問題が指摘され、ノーマライゼーション（すべての人がともに生きる社会をつくること）が叫ばれる今日においても、精神障害者は"危険"であり"怠惰"であるといった偏見に当事者たちがさらされている現実は、変わっていません。統合失調症（かつては、「精神分裂病」と呼ばれていた）患者に対しては、「キチガイ（気狂い・気違い）」という、根深い偏見をともなった差別語がありますが、この言葉は、いっさいの積極的で肯定的な要素を剥ぎとられた絶対的差別語です。にもかかわらず、日々いたるところで聞かされるほど日常化している言葉でもあります。「キチガイに刃物」「キチガイ沙汰」などは、精神障害者を根拠もなく犯罪と結びつけた、精神病

精神障害・知的障害にかかわる差別語

> **キーワード**
>
> キチガイ・キチガイ沙汰・キチガイに刃物・精神異常者・サイコパス・狂人・発狂・白痴（はくち）・低能・精薄・精神薄弱・精神遅滞・一億総白痴化・白痴者・あほう・ノータリン・うすのろ・魯鈍（ろどん）・軽愚（けいぐ）・痴愚（ちぐ）・狂気の沙汰（きょうきのさた）
>
> - 「刃物をもった男が通行人をつぎつぎに切りつけた。警察の調べでは、男は精神病院への入退院をくりかえしていた…」など動機不可解な事件と病歴を結びつける表現
> - 話の通じない、いつなにをするかわからない危険な人物のたとえに病名を使用すること
> - 精神病に罹患している人々を危険・凶暴などのステレオタイプで表現すること
> - 混乱状態をいいあらわすために「まるで精神病院で患者が走りまわっているようだ」などの比喩をもちいること
> - ファジーな言葉……「もの狂おしい」「熱狂的」「狂信的」「狂おしいほど…」「トラ（虎）キチ」「釣りキチ」

者に対する予断と偏見の最たるものとして、日本社会に深く根づいています。

精神障害があるとされた人々に対して、1874年（明治7）年の「狂病者厳重監護の布達」以降、1900年の「精神病者監護法」をはじめ、精神病者を治安維持の管理対象（保安処分）とし、監置を是としてきた歴史があります。「隔離収容」という、当事者の人権をズタズタに切り裂いた処遇が、「キチガイ」という差別語に反映されてきたことを知るべきです。

■「障害とはなにか」から差別語問題を考える

精神障害は、さまざまな要因がかさなって罹患する病気で、脳の器質的、機能的障害などがあげられているものの、現在のところ根本的な原因はわかっていません。それに対し、身体障害は、文字通り、先天的であれ後天的であ

れ、「身体機能の一部に障害（欠損）が生じている状態のこと」といわれてきました。（「目に見える部分」だけでなく、心臓ペースメーカーを装着している人、人工透析患者など、内部障害をもつ身体障害者もいる。）

一般に「身体や精神が正常に機能しない状態、または人」のことを「障害」もしくは「障害者」と呼んできましたが、障害者問題に対する認識の深まりを反映して、現在の障害者観は大きな変貌をとげています。

■障害者像のコペルニクス的転換

2006年12月に国連総会で採択された、「障害者の権利に関する条約」は、その前文で、**障害者が社会生活を送るうえでの不便や困難は、障害者の「障害」に起因するのではなく、障害者と社会環境との相互の関係によって生じる障壁にある**という理解をしめしています。つまり、「障害」による不便や困難さを生じさせているのは、社会環境の側であるという主張です。

たとえば、車いすでの移動が困難な原因は、車いすに乗っている障害者の側にあるのではなく、段差のある歩道や、エレベーターのない施設、スロープのない入り口、スムーズに通行できない駅の通路・階段など、社会環境の整備不足にこそ責任があるという考え方です。そして、この権利条約第2条では、「障害を理由とするあらゆる区別、排除又は制限」は差別である、と指摘しているだけでなく、「障害」による不便さや困難さを除去し、改善するための「必要かつ適当な変更及び調整」＝「合理的配慮」をおこなわないことも、障害者に対する差別である、と定義しています。

この定義は、「障害」による不便や困難からの脱却は、医療や機能回復のためのリハビリなどによって「障害」を克服する自助努力で実現すべきもの、という従来の認識から、社会環境の改善によって「障害」は「障害」でなくなるという考え方への大転換をなすものでした。

■障害者差別解消法

この「障害者権利条約」を2014年に批准した日本政府は、国内法整備の一環として、「障害を理由とする差別の解消の推進に関する法律」（「障害者差別解消法」）を2016年4月に施行しました。障害を理由とした差別として禁じられるのは、つぎの「不当な差別的取り扱い」[※]「障害者への合理的配慮の不提供」[※]の2つです。

不当な差別的取扱い		合理的配慮
国の行政機関・地方公共団体など	禁止	法定義務
民間事業者	禁止	努力義務

※合理的配慮の不提供とは、障害者が日常生活や社会生活を送る上で妨げとなる社会的障壁に対し、当事者から何らかの配慮を求める意思の表明があったにもかかわらず、それをとりのぞくための合理的配慮をしないこと。また、社会的障壁とは次の４つ。①社会における事物（通行や利用のしにくい施設・設備）②制度（利用しにくい制度）③慣行（障害者の存在を意識していない慣習・文化など）④観念（障害をもつ人への偏見）

■障害は個人ではなく社会に存在する

　障害者問題を考えるうえで、まず出発点となるのは、「障害」とは、たんに身体的制約や能力不足を意味しているのではなく、その結果生じる社会生活上の困難や不利益を被る状態のことである、という理解です。

　つまり、**障害者が被る社会的不利益や社会的制約（障害者が生きていくうえで出会う差別や偏見、さまざまなバリア）などは、障害をもつ個人に帰せられる問題ではなく、障害のない人にあわせてつくられた社会環境や社会制度に、いい換えるなら健常者中心に構成された社会の側にこそ、障害者差別の核心がある**ということです。

　障害者に対する差別語問題を考えるうえで、もっとも重要な視点は、現代の人権思想にもとづいて、憲法や法律、国際条約に反映されている、すべての人権を尊重するという立場から正しい障害者観をもつことです。

　障害者は社会の役に立たない、労働能力が劣っているなどの旧態依然とした障害者観にとらわれているかぎり、障害者差別問題は理解できません。

　かつてヘレン・ケラーは、「**障害は不自由であるが、不幸ではない。障害者を不幸にしているのは、社会である**」と喝破しました。すでにアメリカでは、障害者差別を厳禁したADA（障害をもつアメリカ市民法）という法律が1990年に制定され、障害者が社会的不利にならない、すべての人にやさしい社会をめざして、大きな変革をとげています。

■「障害者だから不幸」なのではない

　障害者をあわれみや同情の観点で眺め、無関心を装う人が、現実には多数存在しています。

　子どもを授かるときに「五体満足でありますように」と願う親の心の底に

は、障害者に対する社会的な偏見が刷りこまれていると同時に、障害者であることで不利益を被る現実に対する不安もひそんでいます。子どもがどのような状態で生まれても、安心して健やかに育ち、生活できる社会環境の実現をこそめざさねばなりません。

　以上のような観点に立って、障害者をめぐる差別語について考えていく必要があります。つまり「障害者をあわれみ、同情すべき存在」とする障害者観からは、障害者をめぐる差別語問題を理解することは困難なのです。
　差別語には、生身の人間が抱えこんでいる深刻な現実がふくまれていることに思いをはせなければなりません。障害者をめぐる差別語とそれを援用した言葉（熟語）には、障害者を無価値で、無意味なもの、マイナスイメージの象徴としてとらえてきた日本の精神文化に深くしみこんだ負の歴史があります。ここで獲得すべきは、"ふつう"で"標準的"な人間を基準にした価値判断、つまり、否定的な障害観ではない、肯定的な障害者観です。
　さらにもうひとつは、障害をもつ人々に対する労働観です。さきに見た「障害者は社会のお荷物」「障害者は○○ができないからダメ」と雇用から排除する背景には、労働する権利に対する認識不足とともに、差別的な労働者観があります。
　障害者問題で重要なことは、一般に、労働者の権利が、「働く者の権利」であるのに対し、障害者のそれが「働く権利」に重点があるということです。その点、障害者は、スタート地点において、ハンディを負っています。
　雇用の義務づけは、これまで身体障害者・知的障害者に限定されていましたが、2016年度の法改正で、「雇用の分野における障害を理由とする差別的取扱いを禁止する」ことが明記され、精神障害者の雇用が義務づけられることになりました。

> **ポイント** 障害者差別を考える視点──合理的配慮
>
> 　障害者の不自由や困難は、障害者じしんの「障害」に起因するのではなく、障害を理由に社会参加を妨げる態度、および社会環境の側にある。

コラム9 障害者差別の本質とは

『条例のある街』（野沢和弘著・ぶどう社）という本に、ある視覚障害者が語る、次のような逸話が紹介されています。

「神様のいたずらで、障害者はどの時代でもどの町でも一定の割合で生まれる。しかし、神様のいたずらが過ぎて、この町で目の見えない人が多くなったらどうなるのか。皆さん考えてみてください。私はこの町の市長選に立候補する。そしたら目が見えない人が多いので、私はたぶん当選するでしょう。そのとき、私は選挙公約をこうします。この町の財政も厳しいし、地球の環境にも配慮しなければいけないので、街の灯りをすべて撤去する。そうしたら、目の見える人たちがあわてて飛んでくるでしょう。『なんて公約をするんだ。夜危なくて通りを歩けやしないじゃないか』と。市長になった私はこう言います。『一部の人たちの意見ばかり聞くわけにはいきません』。そう、視覚障害者の私たち一般市民にとっては、灯りなんてなんの必要もない。地球環境がこんな危機に瀕しているのに、なんで目の見える人はわかってくれないのだろう……。車いす用のトイレを作ろうとすると、『財政が厳しいのに一部の人のためにそんなお金を使うのはもったいない』という議論がよく起こるけれど、もし車いすの人たちが大勢になったら、そんなことを言えなくなるでしょう……」

『条例のある街』の著者・野沢和弘さんは、「『障害』の問題の本質は、何かができるか、できないかということではありません。どういう特性をもった人が多数で、どういう特性を持った人が少数なのか、そして多数の人は少数の人のことをわかっているのか、いないのか。障害者差別の本質は、そういうことに尽きるのではないでしょうか」と語っています。

2 実践編

身体障害者にかかわる差別語

> **キーワード**
>
> かたわ・めくら・つんぼ・おし・びっこ・ちんば・いざり・せむし・みつくち・色盲・文盲・奇形（きけい）・不具（ふぐ）・廃疾（はいしつ）
>
> ●「盲従」「盲目的」など視覚障害者を、ものごとを的確にとらえられないこと、もののわからないこと、足りないことにたとえる表現

　手足、目・耳・口などの機能障害を揶揄（やゆ）して、「かたわ（片端・片輪）」「不具者」「奇形」「いざり（躄）」「ちんば（跛）」「めくら（盲・瞽）」「つんぼ（聾）」「おし（唖）」などと差別的に呼ばれてきましたが、これらの言葉は、まだ死語にはなっていません。(1981年すでに当時の厚生省は、関係している医師法など9法律のなかで使われていた「不具」「廃疾」「つんぼ」「おし」「めくら」などの言葉を廃止しています。）

　身体の一部に障害があること、つまり、完全（普通）ではないことを理由に、障害者を蔑む言葉は、実に多彩です。逆にいえば、多くの差別語は、その言葉が生みだされた時代の差別が、どのようなものであったかを理解させる手がかりでもあります。「めくら」などの直接の差別言葉と、そこから派生した比喩的な差別熟語をつぎに記してみます。

> **キーワード** 障害者にかかわる比喩的熟語
>
> ● 視覚障害者→めくら（盲）
>   盲打ち、盲判、盲滅法、盲窓、盲千人目明き千人、群盲象をなでる、盲蛇に怖じず、盲に提灯（ちょうちん）、明き盲、盲縞、盲将棋
>
> ● 聴覚障害者→つんぼ（聾）
>   聾桟敷（つんぼさじき）、聾の早耳、聾の大声

- 言語障害者→おし（啞）
  啞の一声、啞の問答、啞がものをいう

- 肢体障害者→びっこ・ちんば（跛）・かたわ（片輪）
  跛に道見するな、躄に雪駄、躄の川渡り、躄の京参り

- あほう（阿呆）
  阿呆が間男待つ、阿呆が酢に酔ったよう、阿呆風邪引かず、阿呆につける薬無し

- ばか（馬鹿）
  馬鹿と鋏は使いよう、馬鹿につける薬はない、馬鹿の大足、馬鹿のひとつ覚え、馬鹿ほど怖いものはない、馬鹿も休み休みいえ

ご覧のように、これらの言葉や比喩的熟語から、その言葉が生まれた時代の障害者観をうかがい知ることができます。「あほう（阿呆）」とか「ばか（馬鹿）」は、今日では日常的に使用されている言葉ですが、もともとは知的障害者を外国語の直訳である「精神薄弱」とか、その障害の"程度"に応じて呼んだ、「白痴」「痴愚」「魯鈍」「軽愚」などの差別的用語と関連して、「動作の鈍い人」や、「頭の回転が鈍い人」などを直接嘲笑する言葉として使われてきました。親しい仲間など、一定の人間関係が成立している場合の会話としては、なんの問題も生じないでしょうが、公の場や初対面の人に対して使用する言葉ではないでしょう。

コラム10 視覚障害者は、差別語についてどう考えているか

つぎに紹介するのは、視覚障害者に関することばについて、視覚障害者自身はどのように感じているかを、文教大学文学部教授（当時）の遠藤織枝氏が尋ね、まとめたものです。
（各言葉についての回答項目は、「1 さしつかえない」「2 避けたい」「3 絶対に言わない」「4 わからない」となっています。編集部では、「1」を「容認」として、「2」「3」を「拒否」としてカウントし、下に表示しました）。

〈言葉についての感じ方〉

めくら	比率(%)
1 さしつかえない	6.8%
2 避けたい	37.2%
3 絶対に言わない	51.3%
4 わからない	1.3%
その他	1.3%
無回答	2.1%
合計	100.0

「めくら」
容認：6.8%　拒否：88.5%

盲人	比率(%)
1 さしつかえない	60.3%
2 避けたい	30.8%
3 絶対に言わない	5.1%
4 わからない	0.9%
その他	0.4%
無回答	2.6%
合計	100.1

「盲人」
容認：60.3%　拒否：35.9%

あんま	比率(%)
1 さしつかえない	65.0%
2 避けたい	19.7%
3 絶対に言わない	7.3%
4 わからない	3.4%
その他	0.9%
無回答	3.8%
合計	100.1

「あんま」（職業名として）→
（現在ではマッサージ師）
容認：65.0%　拒否：27.0%

あんまさん	比率(%)
1 さしつかえない	31.6%
2 避けたい	37.2%
3 絶対に言わない	23.9%
4 わからない	3.4%
その他	0.9%
無回答	3.0%
合計	100.0

「あんまさん」（視覚障害者に対して）
容認：31.6%　拒否：61.1%

視覚障害者	比率(%)
1 さしつかえない	89.7%
2 避けたい	4.3%
3 絶対に言わない	1.3%
4 わからない	0.9%
その他	0.4%
無回答	3.4%
合計	100.0

「視覚障害者」
容認：89.7%　拒否：5.6%

目の不自由な人	比率(%)
1 さしつかえない	82.9%
2 避けたい	10.7%
3 絶対に言わない	2.6%
4 わからない	0.9%
無回答	3.0%
合計	100.1

「目の不自由な人」
容認：82.9%　拒否：13.3%

1 障害者差別

差別語 障害者差別

めくら滅法	比率(%)
1 さしつかえない	35.0%
2 避けたい	32.9%
3 絶対に言わない	23.5%
4 わからない	5.1%
その他	0.4%
無回答	3.0%
合計	99.9

「めくら滅法」
容認：35.0%　拒否：56.4%

めくら判	比率(%)
1 さしつかえない	25.6%
2 避けたい	27.8%
3 絶対に言わない	28.6%
4 わからない	14.5%
その他	0.9%
無回答	2.6%
合計	100.0

「めくら判」
容認：25.6%　拒否：56.4%

めくら縞	比率(%)
1 さしつかえない	20.5%
2 避けたい	24.4%
3 絶対に言わない	19.2%
4 わからない	32.1%
その他	0.9%
無回答	3.0%
合計	100.1

「めくら縞」
容認：20.5%　拒否：43.6%

めくら蛇に怖じず	比率(%)
1 さしつかえない	23.5%
2 避けたい	27.4%
3 絶対に言わない	25.6%
4 わからない	20.1%
その他	0.9%
無回答	2.6%
合計	100.1

「めくら、蛇に怖じず」
容認：23.5%　拒否：53.0%

群盲象をなでる	比率(%)
1 さしつかえない	23.1%
2 避けたい	24.4%
3 絶対に言わない	21.4%
4 わからない	27.8%
その他	0.4%
無回答	3.0%
合計	100.1

「群盲象をなでる」
容認：23.1%　拒否：45.8%

盲従	比率(%)
1 さしつかえない	32.9%
2 避けたい	23.5%
3 絶対に言わない	18.4%
4 わからない	22.2%
その他	0.9%
無回答	2.1%
合計	100.0

「盲従」
容認：32.9%　拒否：41.9%

2 実践編

盲目的	比率(%)
1 さしつかえない	45.3%
2 避けたい	28.6%
3 絶対に言わない	13.7%
4 わからない	7.3%
その他	0.4%
無回答	4.7%
合計	100.0

「盲目的」
容認：45.3%　拒否：42.3%

（出典）「『視覚障害者と差別語』（遠藤織枝著・明石書店）より「視覚障害者に関することば」についてのアンケート調査（調査期間：2000年6月末〜9月末）の集計結果を31頁から85頁の記事を抜粋して引用」

■「精神薄弱」→「知的障害」への変更

　知的障害は、おもに「知的能力の発達遅滞をしめす障害」とされています。かつては、「精神薄弱」と呼ばれ、子どもたちの間でも、「知恵遅れ」「ノータリン」などと侮蔑的な言葉で呼称されてきました。1999年3月までは、法令においてさえ、重度知的障害を「白痴」、中度知的障害を「痴愚」、軽度知的障害を「魯鈍・軽愚」といった差別的な用語が使用されていましたが、当事者やその家族などから、偏見を助長する呼称であるとの批判がなされ、現在は知的障害と呼ばれています。

　「精神薄弱」という用語について、障害者団体は〈知的な発達に係る障害の状態を的確に表していないばかりか、精神・人格全般を否定するかのような響きがあり、差別や偏見を助長しかねない〉と指摘し、その変更を求めていました。その後、「精神薄弱」は「精神遅滞」にいい換えられましたが、この言葉も侮蔑感が強いとして、1999年には法的にも「知的障害」と改正され、現在に至っています。

〈改正前と改正後の主な用例〉

精神薄弱	➡	知的障害	（重度）精神薄弱者	➡	（重度）知的障害者
精神薄弱者福祉法	➡	知的障害者福祉法	精神遅滞	➡	知的障害

発達障害にかんする言葉

キーワード

広汎性発達障害（こうはんせいはったつしょうがい）・軽度発達障害・自閉症・アスペルガー症候群・AD/HD（注意欠陥多動性障害（ちゅういけっかんたどうせいしょうがい））・LD（学習障害）

- 「自らを閉ざす」という意味で「自閉症」「自閉症的」という言葉を使う誤り。
- 発達障害を「先天的なハンディキャップで、ずっと発達しない」ととらえる誤解。
- 2013年に改訂されたアメリカ精神医学会診断基準『精神障害の診断と統計の手引き』から「広汎性発達障害」の名称が廃止された。

■発達障害とは──ちまたあふれる誤解と偏見

「発達障害」という言葉は、2000年ころから注目され、メディアでもひんぱんにもちいられるようになりました。発達障害とは、ADHD（注意欠如多動症）をはじめとして、自閉症スペクトラム、LD（学習症）など、一連の症状を総称する言葉です。生まれもった発達上の個性（特性）、発達のアンバランスにより、日常生活に困難をきたしている状態をいいます。ただし、脳の発達アンバランスはすべての人にあります。

この10数年のうちに「発達障害」という言葉は急速に広まりましたが、当事者が抱える困難への理解はいまだ進まず、「本人の努力不足」や「性格の問題」、「親の育て方が悪い」などと非難されたりして、つらい状況におかれがちです。無理解ゆえの生きづらさから二次障害をひきおこすことも報告されています。

2005年に施行された発達障害者支援法は、「社会的障壁」をとりのぞく観点から、2016年5月に改正されました。発達障害という特性をもつ人々が、学校や職場をはじめとする社会で円滑に生活していくために、一人ひとり違う特性を理解し、周囲が支援していくとりくみが必要とされています。

● 自閉症スペクトラム

他者の気持ちを理解するのが苦手、推測や抽象的な事柄の理解が困難、音や痛みの感覚に鋭敏または鈍感、計算力や記憶力が突出しているなどがある。生活や他者とのコミュニケーションに困難を抱えながらも外からはわかりにくいため、障害に気づかれない場合が多い。

自閉症スペクトラムは「自閉症」から「アスペルガー症候群」までを包括的・連続的にとらえた概念の総称。

● ADHD（注意欠如多動症）Attention-Deficits/Hyperactivity Disorderの略

不注意や落ち着きのなさ、衝動的な発言・行動、約束の時間や期日が守れないなど。ただし憶測で決めつけたり、叱責することは避けるべき。

● LD（学習症）Learning Disordersの略

「読む」「書く」「計算する」といった能力のうち、いずれか1つ以上の特定の学習能力に困難がともなう状態などがある。文字の意味を情報として読みとるのに困難をともなう特性をもつディスレクシア（難読症）は、周囲から「努力が足りない」といった誤解を受けるケースもある。

発達障害をめぐる言葉については、「発達障害という言葉自身の定義も明確に定まったものではなく、それにともなう用語も、基礎知識をもたれないまま、メディア上で安易に使用されている傾向がある」との指摘もあり、今後さらに検討される必要が喚起されています。

たとえば数年前、「軽度発達障害」という言葉が、知的障害とはちがうという意味で使用されはじめました。その後、文部科学省は、意味があいまいなどの理由から、この言葉を使用しないことを決めています。また「広汎性発達障害」という用語も「広汎」が不適切として「自閉症スペクトラム」が使用されています。

心を閉ざす同僚や家族のことを「あいつは自閉症だ」といったり、ある状況をさして、「うちの組織は自閉症に陥っている」などと表現する場合がありますが、ほんらいの用語（自閉症スペクトラム）の意味からして正確ではなく、先入観のみでもちいられており、当事者や家族の気もちを深く傷つける表現です。とくに、マスメディアが安易に比喩的に表現することは、誤解と偏見をより一層助長することになり、厳につつしむべきです。

■人を変えるのでなく、人をとりまく環境を変える

　本書では、「発達障害」をめぐって、とくに、つぎの点を注記しておきます。

　集団行動になじまない、コミュニケーションが苦手、トラブルを起こしやすい、といった「発達障害」をもつ人に対して、世間はつねに「社会に適応しなければならない」という課題を強いてきました。これはある意味では、多様な文化を認めない、自文化の押しつけともいえます。

　いまのノーマライゼーションの課題は、「人ではなく、人をとりまく環境を変える」方法を模索することです。これはすべての障害者差別に共通することですが、先天的なものであるかないかにかかわらず、心身のどこかが欠損しているから、それを訓練や治療によって「正常」に近づけるべき、という発想が、従来の障害者差別克服の方向でした。さきに、「普通、標準という意識にとらわれた見方では障害者問題を理解することはできない」とのべたことは、「発達障害」についてもあてはまります。つまり、**障害を理由に不利益を受けることは、障害をもつ個人に責任があるのではなく、障害者を生きづらくさせている社会にある**」という観点から、「発達障害」をもつ人をとり巻く社会のサポートのあり方に目をむけることこそが大切です。その視点から、「発達障害」をもつ子どもの教育支援の内容も問い直されています。

コラム11　「アホウドリ」の呼称

　朝日新聞（2011年2月23日朝刊）に「『アホウ』でなく『オキノタユウ』に」という、投書が載りました。「人間を恐れずに信じていたばかりにかんたんに捕まってしまったから『アホウ』ではひどすぎる」として、「山口県の漁師が昔呼んでいた『オキノタユウ』がよいとする。」

　「オキノタユウ」とは、「沖の太夫」のことで、「沖の海原にゆったりと飛ぶ姿」から、そう呼ばれていたらしい。「天声人語」が、「アホウドリ」をみずからに重ねたフランスの詩人ボードレールの一説を、明治の文学者・上田敏が「八重の潮路の海鳥の沖の太夫を生擒（いけど）りぬ…」と訳したことを、紹介しています。

　かつては「バカドリ」とも呼ばれていた「アホウドリ」は、明治半ば以降、羽毛目的の乱獲のため激減しましたが、1958年に天然記念物に指定され、1993年には希少野生動物種にも指定されています。

コラム12 「狂」と「狂う(くるう)」

　「狂」の字がつく熟語や表現は、日常的に非常に使用頻度の高い言葉です。「狂人」「狂女」「発狂」など、あからさまな差別意識をふくんだ熟語から、「狂詩曲(ラプソディー)」「狂言」「酔狂」という、ほとんど差別的な意味をもたない熟語まで、さまざまな表現があります。

　「狂」の字について『広辞苑』(第6版)では、「①心の常態を失すること、②一事に熱中して溺れること。また、その人。マニア」と2つの意味にわけて説明されています。問題となるのは、①についての表現です。②の意味で使用している場合は、差別表現とは関係ないといえるでしょう。「狂」という字は、ほんらい、否定的な意味だけでなく、肯定的な意味をももつ言葉でした。『字統』でも、「日常性の否定に連なる詩的狂気」という意味が記されています。しかし、明治時代、精神障害者を「狂病者」と表記し、「狂」の字に差別的な精神障害者観が付与された歴史的経緯のなかで、「狂」「狂気」の、日常性を否定する創造性という積極的で肯定的な側面が隠されてきたわけです。とくに「狂う」について、『広辞苑』(第6版)では「①心が乱れる。正常心を失う。気が違う」「②神霊や物の怪(け)がとりつく。神がかりになる。」「③憑(つ)かれたように暴れまわる。激しく動く。特に芸事や舞について言う事が多い。転じて、たんに歌舞などの芸をする意にも使われる。」「④羽目を外してふざける。」「⑤理性を失うほどに熱中する。夢中になる。」「⑥調子・状態が常と違う。常態を失う。」「⑦予定・めあてがはずれる」と説明されています。ここでも問題になるのは、①と②の意味で使用する場合でしょう。③は神事にかかわって、卑弥呼の時代から今日にいたる芸能と直接関係する事柄です。④、⑤、⑥、⑦は「時計が狂う」「予定が狂う」「歯車が狂う」「調子が狂う」など、一般的に使われている言葉で、差別性が付与されてはいません。

　「くるう(狂う)」という言葉は、人に関しての表現と、人以外に対して使用する場合の2つに大別されます。「時計が狂う」「ハカリが狂う」などは、後者の表現ですが、前者の表現でも、「予定が狂う」「調子が狂う」「段どりが狂う」などは、人を侮辱し、蔑む表現ではありません。問題なのは、人にかかわり、そこに蔑視感情をふくむ場合です。「あいつは気が狂っている」「どうみてもあいつは狂人だ」などが典型的な表現でしょう。

しかし、同じ「気が狂っている」でも、「狂ったように舞う」「狂喜乱舞」には、差別性が感じられません。「狂ったように…」が、「狂気」の創造性、積極性、「正統」に対する「異端」「日常性に対する否定」などを意味している場合には、差別表現とはみなされないでしょう。

重要なのは、幻覚や幻聴、妄想などの症状があらわれる、統合失調症などの精神病者を、精神に異常をきたした危険人物とみなし、社会から排除し隔離(かくり)すべきという、誤った障害者観を助長するような表現を厳につつしむことです。「あいつのおかげで、今日は予定が狂った」という表現と、「あいつはどうかしている、気が狂ってんじゃないか」とのちがいは、おのずから峻別(しゅんべつ)できるはずです。

コラム13 「クレージー」と「レーム・ダック」

「きちがい」の英訳として「クレージー」(crazy)とか「マッドネス」(madness)という言葉がありますが、とくに前者は日常的な会話のなかで使用されている日本語化した外国語です。1960年代に一世を風靡(ふうび)した「ハナ肇とクレージーキャッツ」を知らない人はいないでしょう。後者の「マッドネス」は、1980年代に活躍したイギリスのバンド名や、『マウス・オブ・マッドネス』というアメリカのホラー映画の題名にもあります。

「クレージー」は日常的に使用頻度の高い言葉ですが、その言葉自身に歴史的・社会的に形成され付着したマイナス価値が存在しません。精神障害者を差別する否定的な要素がふくまれていない言葉だからこそ、日常的に使用されているわけです。しかし、日本語に訳すときに文脈を考慮せず「きちがい」などと翻訳すれば、批判はまぬがれないでしょう。「レーム・ダック」(lame duck)も同様に、肢体(したい)障害者を差別するマイナス価値が付与されていないがゆえに「政権がレーム・ダックに陥った」などと新聞の見出しにも使用されるわけです。もっぱら、ふらついて倒れそうな政権や党などにもちいられている言葉です。同じように「ブラインド」(blind)なども、その言葉自身にマイナス価値（差別性）がまとわりついておらず、たんに価値中立的に対象を表現しているだけです。ほんらいは外来語に頼るのではなく、みずから言葉を創造していくことが肝要でしょう。

身体障害にかかわる差別表現事例

事例1……1974年、関西テレビ『座頭市』シリーズ内で、浪人が「どめくら」等と罵(ののし)る場面に関係団体が抗議。この事件以降、数多くの「どめくら」「めくら」発言および記事が、抗議を受ける。

昔の映画やドラマには、障害者に対する差別語が数多く使用されている。人権に配慮した的確な注釈をいれて放送することについては本書第3章「断り書き」を参照。

事例2……1988年、朝日新聞に載った、「アシックス」のウォーキングシューズの広告、「歩くから、人間」に対し、障害者団体が抗議。「アシックス」は「障害者のみなさまへ」と題したお詫び文を掲載。

事例3……1988年、角川文庫の広告宣伝コピーに「目が潰れるほど本が読みたい」の表現が使われ、「本を読みたくとも自由に読むことのできない障害者のおかれている状況、被差別の当事者への認識を欠いたものである」と関係団体が抗議。角川書店側は「視覚障害者の『本を読みたい』という強い願いと『読みたくてもその要求を満たすに足る十分な手立てがない』という厳しい現実に思いいたらなかった。社内における身障者問題に対する認識の浅さに起因するものと痛感した」と謝罪。

事例4……1988年、衆議院予算委員会で、自民党の渡辺美智雄政調会長が、食糧検査士問題にからんで、「検査士というのは目が見えればいいんだ。耳が聴こえなくたって」と発言したことに抗議。

事例5……1989年、国会議員の八代英太氏が、文化庁発行の『外国人のための漢字辞典』、『外国人のための日本語読本』等のなかに、「つんぼ」「おし」「めくら」「びっこ」そして「廃人＝かたわなどのために世のなかの役に立たない人」といった差別表現が多々あると指摘。文化庁は回収。

事例6……1993年、全国紙のラジオ・テレビ欄に、マイケル・ジャクソンがねんざして車いすでショーをおこなったことの解説に、「車いす

に乗せられ、無様（ぶざま）な格好での出演となった」とあることに抗議。翌日、同欄に「お詫び」を掲載。

事例7……2000年、静山社発行の世界的ベストセラー『ハリー・ポッター』シリーズの第2巻に、口腔の先天的疾患をしめす差別的翻訳があると、関係団体が抗議。文中では、醜さの象徴として「みつくち」と差別的に表現。

事例8……2001年、岩波書店発行の岩波文庫『ドリトル先生』（井伏鱒二訳）のなかに「ニガー川」「つんぼ」「めくら」など差別表現が多く、黒人、障害者差別を助長すると、市民団体が抗議。

事例9……2011年、歌手のレディー・ガガがシドニーでのコンサートで車椅子に乗って登場し、「観客の度肝を抜いた」と報道された。これに対し、障害者権利擁護団体は、「他人に衝撃を与えるものとして障害を利用した」とガガを批判。障害者団体Life Rolls On Foundation代表は、「彼女がパフォーマンスで車椅子を使ったのは今回が初めてではない。米国に560万人存在する身体が麻痺した人々のことを彼女に学んでいただきたい。残念ながら、自分たちは人に衝撃を与えるために車椅子に乗っているわけではない」と、強い不快感をしめして抗議。

事例10……2015年、茨城県教育委員の長谷川智恵子氏が、「障害のある子どもの出産を、防げるものなら防いだほうが良い」と発言。障害者団体DPI日本会議などが抗議、長谷川氏は委員辞職。発言を容認した茨城県橋本知事も批判を浴びた。脳性まひ当事者である長野大学・旭洋一郎教授は、「私たち障害者とその家族は、『家族や社会の負担になっている』という形をまとった優生思想によって、自分自身を否定される恐ろしさに脅かされながら暮している。世間にそのことを知らしめることに力を尽くすのが、教育委員という立場のはず。撤回すればいいというものではない」（朝日新聞11月20日朝刊）と、怒りを表した。

事例11……2016年2月、NHK籾井勝人会長が、衆院総務委員会で、用地取引にかんする野党の指摘に、「『つんぼ桟敷』のようなことにする

ことはない」と答弁。出席議員から「視覚障害者への蔑称であり不適切」との指摘を受け、謝罪、撤回。

事例12……同じ籾井会長が、2016年3月、地域主権合同部門会議での答弁で、『クローズアップ現代』の番組変更について聞かれ、「(自分は)つんぼ桟敷で」と発言。謝罪し、発言内容を取り消したいと申し出た。「衆院総務委員会で同じ発言をして謝罪したのはウソだったんですか」と批判された。

コラム14 なぜか差別的な貝の名前

　生物名は、学名としてはラテン語ですが、日本では通称として和名が一般的で、図鑑や文献に使用されています。ところが、貝類の和名には、人間の身体的特徴を表現するものが多々あります。たとえば、表面の模様からつけられた『メクラガイ』、口が3つあるように見える『ミツクチキリオレガイ』、さらに『カタワカニモリガイ』・『ウスノロアッキガイ』・『ネコゼフネガイ』・『ハゲギセルガイ』、そして『チビムシロガイ』・『バカガイ』などと和名表記されています。極めて差別的であり、また不愉快な表現です。

　2001年、日本海洋学会が「東鮮」海流を「東朝鮮暖流」「北鮮」海流を「北朝鮮寒流」としたように、名称変更をおこなうべきでしょう。(産経新聞1991年9月30日夕刊参照)

コラム15 ワイツゼッカー氏・名演説の中の「盲目」

　「盲目」という言葉をもちいた表現は多く、何のためらいもなく「盲目」を比喩的表現に使っている学術本は、数え上げればキリがないほど。ここでとりあげるのは、2015年に亡くなった元ドイツ大統領ワイツゼッカー氏の演説にある次のフレーズです。

　　「過去に目を閉ざす者は、現在に対しても盲目となる」

これは、1985年、ナチスドイツ敗戦40周年にあたって、東西ドイツ統一前の西ドイツ連邦議会で行った演説です。ナチス・ヒトラーのホロコーストについて、最大限の反省の意を、国家を代表して明言した歴史に残る演説でした。

　しかし、「現在に対しても盲目となる」というフレーズは、「過去に目を向けない者は現在に対しても、めくらと一緒で、何もわからない人間となる」という比喩。ここには「めくら蛇に怖じず」と同じ、社会に存在する視覚障害者にたいする差別意識があらわれています。

　このフレーズが社会的に問題とされたことを筆者は寡聞にして知りませんが、第二次大戦でドイツが犯した犯罪を心の底から真摯に反省した演説として名高いため、少しおかしいと思っても遠慮しているのでしょうか。

　以前、知り合いの企業の方が、社内の人権研修で、このフレーズを、発言者がワイツゼッカー氏であることを伏せて「どう思うか？」と問うたところ、多くの受講生が、「視覚障害者に対する差別的な比喩表現だ」と回答したとのことです。

　ワイツゼッカー氏の演説は本当にすばらしい内容です。だからこそ、ここでの「盲目」という表現は、別の言葉で翻訳（意訳）されるべきでしょう。

　2015年、ワイツゼッカー氏死去にあたって、すべての新聞・テレビが、何のためらいもなく「盲目」をたとえに使った表現で、その演説内容を報じていました。ちなみに「明鏡国語辞典」（大修館書店）には、「盲目」の説明の最後に「視覚障害者を比喩として使う差別的な言い方」とあります。

　作家の佐藤優氏は、その著『創価学会と平和主義』（朝日新書・2014年）の中で、ワイツゼッカー氏の演説を次のように訳しています。

　　「過去に目を閉ざす者は、現在に対しても目を閉ざすことになる」

精神障害にかかわる差別表現事例

事例1……1974年、京都新聞に掲載された、共同通信配信の近鉄百貨店爆破事件の見出し記事に、「狂気の犯行」とあり、引用された主婦のコメント「きちがいのすることや」に「精神医療を考える会」が抗議。両社は謝罪し訂正文を掲載。

事例2……1974年、朝日新聞『声』の欄に、乳児を殺害した母親に対して、「自己破滅型の人間であり、精神病者」という医師の投書が載ったことに対して、関係団体が抗議。朝日新聞社は謝罪。

事例3……1976年、TBSの『時事放談』で、細川隆元氏が、自民党員に対して"キチガイ"と発言したことに対し、「大阪府精神障害者家族連合会」が抗議。

事例4……1979年、小学館『ビックコミックオリジナル』に掲載されたマンガ「夜光虫」第100話「児心音異常」の内容について、「日本脳性マヒ者協会・大阪青い芝の会」が抗議。脳性マヒで生まれた子どもを不幸の原因としてとらえ、そのためには、子どもを殺すこともいとわないというストーリーに対して、「作中の人物の発言には、障害者が生まれてくること自体が不幸であるという視点がある。…（中略）…障害児やその家族にとって不幸な原因を社会的なものに求めず、障害者だけに負わせる、これは障害者差別の思想であり、優生思想である」と抗議。小学館は掲載誌を全面回収し、4大紙に謝罪文を掲載。

事例5……1984年、婦人画報社の『ヴァンサンカン』の「結婚する前のコモンセンス・良い血を残したい」の記事が「精神薄弱の女性の子孫は、アルコール中毒や犯罪者になる」そして、「精薄児」を多出した家系図を掲げ、「結婚前に気をつけなければいけないことは、精神的な疾患や奇形等の先天異常の出産を防ぐことです」と記述。この文章全体が、障害者の生きる権利を否定する優生思想の押しつけだとして「全国障害者解放運動連絡会議」等の関係団体が抗議。婦人画報社は謝罪文を提出。

1 障害者差別

事例6……1988年、日本加除出版社が発行した『えせ同和行為対応手引き』のなかに、「相手がどんなものであっても、精神障害者でない限りは何も恐れる必要はない」という表現に対し「全国障害者運動連合会議」が抗議。企画・編集した法務省人権擁護局が「差別表現ではない」としていることにも抗議の声があがる。

事例7……1990年、河本敏夫元国務大臣が、「日本では、精神異常者が数十万人野放しになっている」と、精神病院で治療中の男性に首を刺されて入院している丹羽兵助代議士の見舞いに訪れたさいに発言。例外的な事件を精神障害を病む患者すべてに結びつけた、誤解を招く発言と批判される。

事例8……1991年、大手製薬会社「エーザイ」の栄養ドリンク「チョコラBB」のテレビCMで、「バカが多くて疲れません?」という台詞に、視聴者から抗議の声があがり、放送が中止になる。

事例9……1991年、平凡社発行の『哲学辞典』の「精神薄弱」という項目に、「精神薄弱とは、生まれつき知能の発育が普通以下にとどまるもので、いわゆる低能のことである」「知能だけでなく、人格の欠陥をもっているから知能薄弱といわないで精神薄弱といわれるのである」と書かれていることに、精神障害者団体が抗議。平凡社は修正と回収をおこなう。

事例10……1992年、参議院法務委員会で、社会党の瀬谷英行氏(元参院副議長)が、精神障害者を「毒ヘビ」にたとえる質問をしてひんしゅくを買う。瀬谷氏は「精神病者は犯罪を起こしても責任能力がないと処罰されない。これは毒ヘビを公園に放すようなものだ」などと質問。

事例11……1996年、テレビ朝日『たけしのTVタックル』番組内で、舛添要一氏、北野たけし氏らによる、「昔は『○○に刃物』という非常に良い言葉があった。やっぱり○○は閉じこめないといけない」(○○は、音声が消されていた)等々、「精神障害者」に対する偏見を助長する発言に対し、障害者団体が抗議。「『キチガイ』という音声を消したからといっ

て、前後の文脈から、あきらかに差別表現」といわざるを得ないとして、テレビ朝日側は謝罪し、後に番組のなかで60秒の謝罪文を放送。

事例12……2001年、解放出版社が発行する写真誌『Hunet』の特集「差別社会と少年」の記事のなかで「事件の被疑者が実名で記載されていること、事件と精神疾患との関係が不明であるにもかかわらず、精神科への通院歴が報じられていること、『精神分裂気質』『人格障害』『乖離性障害』等の専門用語が、説明もなく事件と関係があるかのように記載されていることは、精神障害者への偏見と差別を助長する」と「大阪精神障害者家族連合会」が抗議。解放出版社側は、出庫停止、在庫廃棄、謝罪。

事例13……2005年、日本テレビの『真相報道バンキシャ!』に出演していた、塩川正十郎氏が「騒音おばさん」の映像を見て、「こりゃね、やっぱり狂ってますよこの人は。…これきちがいの顔ですわ。」と発言。司会の福澤朗氏が、塩川氏に注意して、視聴者に謝罪。

事例14……2007年7月、麻生太郎外務大臣が「酒は『きちがい水』」と発言し、問題視される。

事例15……2009年3月、フジテレビの『笑っていいとも!』に出演していたゲストの毬谷友子氏が、4オクターブもだす発声練習の様子を「もういま、うちがキチガイみたいな…」と発言。CMの後、アナウンサーが「不適切な発言がありました」と謝罪。

事例16……2010年5月、サンケイスポーツが、「小5女児　友人の母に腹刺される」という見出し記事の末尾に、「関係者によると母親は精神科への通院歴が約7年あり…」と記述。この事件を報道していたTVは、「母親には精神疾患があった」と説明している。「精神障害」と犯罪を結びつけるような報道姿勢に対し、関係団体は、以前から強く抗議している。

事例17……2012年7月、「障害者雇用促進法」改正により、精神障害者

の雇用を企業に義務付ける方針が決められたことを受けて、『プレジデント』誌編集長が「幻覚を見て何を言っているかわからない人と一緒にどうやって仕事をするのでしょう」と編集後記に書く。これに対し、日本精神科病院協会などの団体が「統合失調症の急性期症状の一部だけを取り上げた極めて偏った説明」「精神障害者の社会復帰の道を閉ざし、路頭に迷わせかねない」と批判、記事の訂正と謝罪文の掲載を求め、発行元プレジデント社に抗議。同社は8月6日付で「精神障害に関して誤解を招く不適切な表現だった」として、謝罪を掲載。

事例18……2013年10月4日付・朝日新聞社会面、「2歳　河原で暴行死　京都・綾部　容疑の父逮捕」という見出しの記事に、「男は病院の精神科に通院していたという。府警は刑事責任能力の有無を調べる」との記述。むごい事件だが、精神科通院歴を、なぜ記述する必要があるのか。精神障害者一般に対する予断と偏見が現実にあるもとで、社会的差別意識を助長する記事。ちなみに朝日新聞社は、事件報道についての内規で、逮捕された容疑者に精神障害があるか、その疑いがある場合は、〈「精神障害の疑いが強い」とせず、「刑事責任能力の有無を調べている」などと表現を工夫し、精神障害者一般への偏見を助長しないように配慮する。病状や入通院歴などは原則として報じない〉と定めている。

知的障害者差別

事例1……2012年2月1日付・朝日新聞『天声人語』欄に、「戦争が終わると一億総懺悔。低俗テレビで一億総白痴化。」の表現。知的障害者をおとしめる表現の安易な使用は、言葉を生業とする職業人として鈍感であると指摘される。

事例2……2013年2月12日付・朝日新聞『be』欄に、女装家のミッツ・マングローブ氏が登場。マングローブ氏を評する記事の冒頭に、「『男の顔は履歴書である。』巧みに世相をとらえ、『一億総白痴化』『駅弁大学』などの造語を生み出した昭和のジャーナリスト、大宅壮一はそんな言葉を残した」大宅壮一氏の造語が多くある中で、なぜ、この文脈

に「白痴」という差別を含んだ「一億総白痴化」を記すのか。必要性も必然性もない。

事例3……2015年11月、『週刊文春』コラムで、能町みね子さんが「一億総活躍社会」を批判する中で「一億総白痴化」を「現況や未来を批評的にとらえた言葉」として、肯定的に引用。

事例4……2016年2月9日付・朝日新聞『オピニオン』欄で、大宅映子さんが、「父（壮一）はテレビを『一億総白痴化』と言い、私も20年ほど前に『化』が取れた、とざれ言を言いました」と発言。

● 一億総白痴化

「一億総白痴化」とは、1950年代後半、爆発的に普及し始めたテレビが、人の想像力や思考力を低下させると批判した評論家・大宅壮一氏の造語。

〈テレビに至っては、紙芝居同様、否、紙芝居以下の白痴番組が毎日ずらりと列んでいる。ラジオ、テレビという最も進歩したマスコミ機関によって、『一億白痴化運動』が展開されていると言って好い。〉　　　　　　　　　　（1957年2月2日号『週刊東京』大宅壮一）

この『一億白痴化運動』に「総」がついて、「一億総白痴化」という言葉が一種の流行語となり、1970年代まで使用されていた。
「白痴」は、「精神、及、身体ノ発育、十分ナラズシテ、尋常ノ人事ヲモ弁別シ得ヌモノ。カラバカ。シレモノ。低能者」（戦前の『大言海』）とされ、〈人間の「意思」のかけらさえ認めようとはしないかのような〉、知的障害者の人格を侮辱する言葉として、1970年代に障害者団体から、徹底的に批判されてきた差別語。
大宅壮一氏の造語「一億総白痴化」も、その当時から批判されている。
1991年発行の「朝日新聞社用語幹事」『差別用語研究基礎資料―自制語・禁止語から使用例・糾弾例まで―』にも、(2)〈差別語の判断〉の項〈C-1 精神・医療障害関係〉に、「☆白痴＝法律用語から追放された。新聞も同調している」とある。

共同通信社編著の『記者ハンドブック第12版 新聞用字用語集』は差別的な白痴という言葉を「知的障害」といい換えるべきと記している。

「白痴」にカギカッコ「 」を付けようが、「差別的な表現だが」と断りを入れようが、「低俗テレビで一億総白痴化」という言葉のもつ差別性を払拭するとは思えない。知的障害をもつ当事者やその家族が、ノーマライゼーションの理念を掲げて、差別と偏見を払拭する運動を世界で展開しはじめたのは1960年代。大宅氏がこの言葉を使った時代から、すでに半世紀以上が経っている。

発達障害にかかわる差別表現事例

事例1……2004年、石破茂防衛庁長官が、「自衛隊はいままで半分揶揄的に自衛隊といわれてきた。自閉症の子どもの自閉と書いて自閉隊。『いいんだ、わかってくれなくたっていいんだ。一生懸命自分たちがやればいいんだ』ということで、積極的にPRをしてこなかったかもしれない」と発言。自衛隊の活動について国民に理解を求める努力をしなかったことを、自閉症にたとえたもの。自閉症児・者の団体は、「自閉症は先天的な脳の障害にもとづく発達障害で、みずから閉じこもる状態とはまったく異なる。石破長官の発言は根本的誤り、政府高官としての認識を疑う」と抗議。

コラム16 ある自己批判

部落差別表現に対するとりくみ（抗議・糾弾）は、すでに、1922（大正11）年の全国水平社結成以前からおこなわれていました。1916年6月17日付『博多毎日新聞』に載った〈人間の屍体を原素に還す火葬場の隠亡〉・〈穢多は死骸となっても別な扱いを受ける〉とする記事に憤激した福岡の被差別部落民衆が、博多毎日新聞社を襲撃し、350余人もの検挙者をだした事件を嚆矢とする差別表現糾弾は、水平社結成以後も最重要の闘争課題として、戦前戦後を通じてとりくまれてきました。

1966年2月17日にテレビで放送された『幕末太陽傳』の主人公・佐

平次(フランキー堺)の「たとえバカでも、エッタでも、1人の命は1人の命」という台詞、加えて平均視聴率45.8％を誇ったNHK連続テレビ小説『おはなはん』(1966〜67年)で、駅裏の肉屋がある地域を「ガラの悪い怖いところ」との台詞など、一連の差別表現に対して、大きな危機感と憤りをもって「マスコミに対する差別糾弾要綱」(部落解放同盟第22回全国大会・1967年)が決議されました。

このコラムで注目したいのは、この「糾弾要綱」の結語です。「この差別劇と差別記事を多数国民の前にさらしたという恐るべき白痴的状況を、我々は深い怒りをもって糾弾せずにはおれない者である。」

解放同盟は、この「白痴的」という表現について1988年に出版された『差別表現と糾弾』(部落解放同盟中央本部編)のなかで、つぎのように自己批判しています。

「この表現は、部落差別をする者、その意識を批判し、そうした状況を『白痴的』と表現することによって、精神『障害』者そのものをよくないもの、あってはならないもの、反社会的な存在であることを読者に印象づけるという、差別的な意味をもつ。この点についてまず自己批判せねばならない。こうした差別表現をふくむ文章ではあるが、つぎのような判断から、本書には原文のまま収録した。この部分を削除したりいい換えたりすることによって、部落解放同盟がかつて『障害』者に対する差別表現をしていたという歴史的な事実まで消してはならない。以上のような注を付したうえで、あえて原文のまま収録するべきだと判断した」

もうひとつつけ加えれば、この表現からは、重度知的障害者や精神障害者に対する当時の社会意識と、障害をもつ人々がおかれていた厳しい差別的実態が読みとれます。(この同盟の反省文では、「白痴」という言葉を精神障害と理解しているように思えますが、正確には重度知的障害を意味しており、精神障害とは異なります)。

当時も精神障害者の多くは社会防衛的観点から、鉄格子のある隔離病棟に予防拘禁されるか、座敷牢に閉じこめられ、重度知的障害者と同じく人間性を無視され、社会的偏見のまなざしのなかで生きていたことに思いをはせる想像力をもたねばなりません。そうした想像力が欠如し

> た社会運動に発展は期待できません。この当時、被差別部落における重度知的障害者、精神障害者は、どのような立場にあり、どのような処遇を受けていたのかを省みることは、大切な作業でしょう。

■てんかんをもつ人々への差別
──筒井康隆氏へのてんかん協会の抗議をめぐって

まずは事例を紹介します。

1993年、角川書店発行の高校で使用予定の教科書『国語Ⅰ』に掲載された筒井康隆氏の小説『無人警察』に、「てんかんを持つ人々の人権を無視した表現と、医学的にもてんかんに対するまちがった考え方がある」と「日本てんかん協会」が、角川書店と筒井康隆氏に抗議。角川書店は「てんかん協会は読み誤りによる不当な言い分」と抗議に反論。その後、筒井康隆氏が「ジャーナリズムの思想的脆弱性」に抗議して「断筆宣言」を発表するなど社会的に大きな注目を浴びる事件になりました。問題となった個所には、以下のように書かれています。

> 「無人警察」の巡査ロボットは「小型の電子頭脳のほかに、速度検査機、アルコール摂取量探知機、脳波測定機なども内蔵している。歩行者がほとんどないから、この巡査ロボットは、車の交通違反を発見する機能だけを備えている。速度検査機は速度違反、アルコール摂取量探知機は飲酒運転を取り締まるための装置だ。また、てんかんを起こすおそれのある者が運転していると危険だから、脳波測定機で運転者の脳波を検査する。異常波をだしている者は、発作を起こす前に病院へ収容されるのである…」
>
> そして、その巡査ロボットに気づかれた主人公は、「わたしはてんかんではないはずだし、もちろん酒も飲んでいない。何も悪いことをした覚えもないのだ」と考える。

日本てんかん協会は、この「異常波をだしている者は、発作を起こす前に病院へ収容されるのである」という表現は、てんかんを医学や福祉の対象としてではなく、とり締まりの対象として見ており、てんかん患者の人権を無視していると抗議しました。

筒井康隆氏はこれに対する反論の主旨をつぎのようにのべています。

「(略)是非ご理解戴きたいのは、てんかんを持つ人に運転をしてほしくないという小生の気持は、てんかん差別につながるものでは決してないということです。てんかんであった文豪ドストエフスキーは尊敬するが、彼の運転する車には乗りたくないし、運転してほしくないという、ただそれだけのことです。」

■欠格条項に見える障害者へのまなざし

この筒井氏の反論に対しては、「欠格条項」（身体・精神上の障害を理由として資格・免許を交付しなかったり、一定の行動を制限する法律。とくに精神障害者を対象としたものが多い）により、自動車の運転など、社会生活上必要な手段を奪われている人から、強い批判がなされています。その批判の主眼は、障害者の社会権・交通権にかかわる問題です。

運転免許交付の原則は、その人自身が安全運転できるか否かを基準にすべきであり、精神障害者などを治安の対象とする「保安処分」的観点から判断すべきではありません。注意力散漫で気性が荒く、危険な運転をする人、また、飲酒運転や居眠り運転をくりかえす人などは、少なからずいます。

事故は、障害や病気の有無にかかわらず、過労による居眠りや注意力散漫によって日々起きている事象です。なぜ、障害や病気をもつということだけで運転免許を制限されるのでしょうか。ここに差別的な予断と偏見をみないわけにはいきません。悪質な運転者に対する罰則強化と、障害や病気をもつ人への免許制限は、まったく別の事柄です。免許試験に合格した者には、一律に免許を交付すべきであり、障害や病気をもつ人の運転は、その人自身の判断（セルフ・コントロール）にゆだねるべきです。健常者であっても、運転中に突然、心筋梗塞や脳卒中の発作を起こす可能性があることはよく知られています。それを理由にして、心臓病や高血圧の人から免許をとりあげたりするでしょうか。すでに欧米では、障害や病気の有る無しにかかわらず、個人の権利として自動車運転免許の問題を考えています。さきの筒井氏の反論は、一見なるほどと納得しそうですが、実は事の本質からズレているといわざるをえません。

※註　てんかんや統合失調症など一定の病気症状があり車の運転に支障を及ぼす可能性のある患者が、免許の取得や更新時に病状を虚偽申告した場合の罰則を新設することなどを盛り込んだ改正道交法が、2014年6月1日より施行された。厳罰化の方向は、時代の人権水準に逆行するものといわねばならない。

① 障害者差別

差別語 障害者差別

コラム17 筒井康隆氏の「断筆宣言」

　筒井氏が断筆宣言をした1993年以降の数年間は、出版業界にとどまらず、広くマスコミ全体に"差別表現と表現の自由"をめぐって議論が沸騰しました。"朝まで生テレビ"の「激論！表現の自由と差別」をはじめ、『週刊文春』の大型企画「言葉狩りと差別」など、雑誌の特集や単行本があいついで刊行され、社会的に大きな議論が巻き起こりました。いわば、「差別と表現」の問題をめぐる画期をなすできごとといってよいでしょう。それまでのように、被差別者の抗議に、受けた側が充分に内容を検討しないまま一方的に反省（屈服）してこと足れりとする皮相な対応ではなく、各々が、各々の立場と理解の範囲で、積極的に本音を語りはじめたことは、大いに歓迎すべき事態でした。社会的マイノリティ（被差別者）と、〈表現の自由〉のにない手であるマスメディアとは、いずれも、基本的人権の確立と、人権を侵害する国家権力の監視という共通の目的をもっています。被差別者の抗議と糾弾、無自覚なマスコミの糊塗的対応と沈黙（禁句・いい換え）という悪循環を断ち切り、被差別者とマスメディアがともに手をたずさえて、人権と表現の自由の侵害を許さないという社会的合意形成のとりくみが、強められました。

　しかし、さきに見た筒井氏の認識すら理解していなかった文化人や芸能人の一部による悪乗りもありました。筒井氏支援の「筒井康隆断筆祭」冒頭で「気分転換（てんかん）！」（タレントの清水ミチ子氏）と大声で叫び、満座の観客の笑いをとるなどの軽薄な言動は、せっかくの両者の絆を断ち切る暴言と批判されてしかるべきでしょう。

コラム18 てんかん患者と事故報道

　2012年に京都祇園で起きた暴走事故は、7人が死亡、11人が重軽傷を負うという痛ましい惨事でした。被害者の遺族関係者らは、運転免許所得・更新時に、てんかん患者が虚偽申告（2年以内に発作が起きていないことが取得条件）している点を指摘し、免許所得時の「欠格条項（てんかん患者を含む）」の法改正を国に要請しました。事故被害者遺族には、2011年栃木県鹿沼市で起きたクレーン車事故の遺族も含まれています。

　被害者遺族の思いがわからないわけではありません。しかし、一部で

はあれ、なぜ、てんかん患者が、その病を免許所得・更新時に申告していなかったかに思いをめぐらすことも必要でしょう。てんかんの持病があるという事実公表によって、社会的差別を受ける現実があるからです。さらに、「祇園暴走　殺人容疑で捜索」(4月14日付朝日新聞)という京都府警の強制捜査は、てんかん患者を取り締まりの対象としてみる、保安処分的観点以外の何物でもありません。この件にかんして、『NHKニュースウォッチ9』の井上あさひアナウンサーは、「てんかん患者に対して社会的偏見があるとの視点から、短絡的で性急な判断と行動は、問題の解決を遠ざけるのでは」と疑問を呈していました。的確な報道姿勢だと思います。

コラム19　古典的名著の差別語と差別表現

　古典的名著といわれる学術書などに、差別語・差別表現が頻出しています。古書としてではなく書籍として現に流通している場合、読者や被差別マイノリティ団体からの指摘を待つまでもなく、改版時にできうるかぎり、字句修正をふくめ、現状に見あったいい換えをおこなうべきでしょう。編集部で原意を損なわない程度のいい換えは、翻訳書では許される範囲だと思われます。

　たとえば、『ドイツ古典哲学の本質』(ハイネ著・伊東勉訳、岩波文庫、1951年)のなかには、とくに障害者に対するおびただしい差別語が氾濫しています。最新版は、2007年5月に第33刷発行と奥付に記されており、広く読まれている哲学の古典的名著です。この本のなかには、極めて差別的な意図のもとに、「気ちがい」「かたわもの」「めくらめっぽう」「あいの子」「せむし」「ちんば」「白痴」「狂人」などが、バリエーションをもって訳出されています。

　この本は、1951年初版で1973年に改訳されていますが、初版と同じく差別語・差別表現については、なんの変更も、注釈も加えられていません。そして、そのまま現在も流通しているわけです。障害者団体からの抗議があるなしにかかわらず、自主的に問題に対処すべきでしょう。(2016年現在は、絶版になったのか、目録にも載っていません)。

2 病気（HIV・ハンセン病・被爆者）差別

HIV、ハンセン病、ハンセン病回復者にかかわる差別語

キーワード

らい病・レプラ・レパー（Leper）・業病（ごうびょう）・かったい（癩・乞丐などの表記）・天刑病・エイズ孤児・エイズキャリア・エイズウィルス・エイズ検査

- ハンセン病を悪いものの喩えに使う表現、ハンセン病患者・回復者を忌避・排除する表現
- 「わたしはゲイじゃないからHIVに感染しない」など、同性愛者がHIVに感染するという予断と偏見
- 「エイズに感染している人」はいない。エイズは症候群でありウィルスではない。

■HIV陽性者への差別

　HIVは、今日では、対応の仕方も明確にされ、また効果的な治療薬も多く開発され、「感染力の強い恐ろしいウィルス」ではなくなっています。ハンセン病と同じように、不治の病ではなく、医学の進歩によって、近い将来根治可能な感染症のひとつです。

　AIDS（エイズ・後天性免疫不全症候群）とは、HIVウィルス感染にともない、深刻な免疫不全になっている症候群をさす言葉であり、HIV陽性者の多くはAIDSを発症していないことに留意する必要があります。

差別語 病気（H−Ⅰ Ⅴ・ハンセン病・被爆者）差別

　もともとは、アフリカの一地域の風土病と考えられている疾患で、1981年にアメリカで症例報告がされました。そのとき、ゲイ（男性同性愛者）の間で感染が広まったという誤解と風聞がゲイ差別と結びつき、社会的偏見を生む大きな原因になりました。また、「HIVウィルス感染は、ゲイや薬物常用者の問題で、一般市民とは関係ない」という社会意識が、その拡大に拍車をかけた要因としてあげられています。

　1987〜88年にかけて、日本をおおったいわゆる「エイズ・パニック」のなかで、当時の厚生省は「普通の生活をしていれば心配ない」とくりかえしました。そのことが暗黙のうちに、エイズは「異常な」同性愛者の病気だという意識を広げることになりました。しかし、エイズが同性愛者に特有の症候群でないことは今日あきらかです。

　2015年の統計によれば、HIVと共に生きている人は世界で3670万人。抗HIV治療を受けている人は、1700万人。そして、エイズに関連する原因で亡くなった人は、最も多かった2005年より45％減り、110万人と報告されています（国連合同エイズ計画発表）。いっぽう、日本国内のHIV陽性者数の累計は、1万6千人と報告されています（厚生労働省2014年）。

■無関心と偏見、貧困が感染拡大をもたらした

　HIV陽性者に対する無知・無理解による社会的偏見や差別は、一般社会だけでなく、医療関係者の間にさえ存在しています。HIVは、糖尿病のような慢性疾患や多くのガン患者がそうであるように、気長につきあいながら社会生活を送ることが可能であり、国が率先してHIV医療と関連する福祉政策を促進し、偏見と差別をなくす啓発活動にとりくむことが喫緊に要請されています。

　これは1996年の薬害AIDS裁判和解のなかで確認され、指摘されていることです。血友病患者によって起こされた「薬害HIV訴訟」について、ここではくわしくふれませんが、裁判の過程であきらかにされた、製薬会社の利益追求第一主義ともいうべき経営姿勢と、国家（当時厚生省）の過失責任が厳しく問われたことは記憶しておかねばなりません。

　HIV感染拡大の大きな要因のひとつに、貧困があげられます。予防のための知識や、治療を受ける金がない、また売血による感染も無視できません。

　さらに、もうひとつの要因として、社会的偏見と差別があげられます。社会一般に見られる、「まともな生活をしていない（ゲイなど）不道徳で反社会

的（性的に乱れた）な人々がかかる病気」といった偏見が、無関心を呼び起こし、結果として感染の拡大をもたらしていることです。

その意味で、AIDS問題も、あらゆる疾病と同じく、個人の自己責任的観点からではなく、社会的要因に視点を移して考えなければなりません。特に、マスコミのゲイ・バッシング、すなわち「エイズはゲイの病気」であり、「エイズは無気味な病気」というネガティブキャンペーンをふくめた社会環境が大きく影響を与えていることを自覚する必要があります。

1989年に施行された「エイズ予防法」は、否定的な社会意識を反映した「社会防衛的」な観点から、かつてのまれに見る悪法「らい予防法」を下敷きにした非科学的で、予断と偏見をふくむ法律でした。「らい予防法」による差別に苦しんだ、ハンセン病患者・回復者の人々や良心的な医師・市民団体の支援の力を得て、1999年に「感染症新法」が公布され、「エイズ予防法」は廃止されました。

HIVと共に生きる人の存在は、決して対岸の人々の問題ではありません。差別と偏見に満ちている社会環境のなかで、HIV陽性者は、沈黙を余儀なくされ、苦しみに耐えているのです。このとき、無知・無理解な言葉を発することの残酷さに気づかないとすれば、社会人としても、企業人としても、失格の烙印を押されることはまちがいないでしょう。

HIVにかかわる差別表現事例

事例1……1988年5月、エイズ予防法案成立に向けた報道のなかで、朝日新聞が「ホモや特殊浴場の女性らエイズ"危険層"調査」との見出し。同性愛者や風俗店に勤める女性とエイズとの「関連」を予断と偏見で印象づけた記事に対して、ゲイリブ団体、エイズ問題にとりくんでいる団体から批判される。

事例2……1989年、山梨県が作成した、エイズ予防の広報パンフレットに「エイズは一種の性病」との表現があり、患者への偏見を助長すると抗議される。

事例3……1990年、筒井康隆著・『文学部・唯野教授』（岩波書店）。出世のために「ホモ」の教授と関係し、エイズに感染した同僚教授をめぐ

❷実践編

るドタバタをおもしろおかしく描き、結局エイズを笑いのネタにしているとして批判される。

事例4……1991年、日本の大手玩具メーカー「ヨネザワ」が発売した日本製のカードゲーム（病名と患者のイラストを描いたカードのなかからエイズのカードを引けば負け）に対して、英国のマスコミが「患者の苦しみを無視した『最も病的なゲーム』」と批判。

事例5……1991年、エイズ予防財団によるポスター。1枚は裸の女性をコンドームに閉じこめ、もう1枚はパスポートで目を隠す男性――海外で買春をおこなうことを暗示させる――の姿に「気をつけて」買春してくるようにと気遣う妻とおぼしき人のセリフが添えられている（イラスト参照）ことなどに対してゲイリブ団体が抗議。

事例6……1992年、エイズ予防財団によるパンフレット『エイズは笑う』のなかでアメリカのエイズ患者、HIV感染者数が世界一になった理由を「『同性愛』が市民権をもったこと」と表記して批判され、パンフレットの販売を中止。

■ハンセン病、ハンセン病回復者への差別

　ハンセン病という病名の由来は、1873年にらい菌を発見したノルウェーのアルマウェル・ハンセンの姓からとられています。それ以前は、「らい病」とか「かったい」と差別的に呼ばれ、いずれも、「癩」「乞丐」と漢字表記されていました。（「かったい」は乞食を意味する中世以来の言葉です。）

　いっぽう欧米では多く「レプラ」「レプロシー」「レパー」という「不治の病（をもつ者）」のイメージをもって呼称されてきました。現在では、この呼称もハンセン病（者）を忌避・排除する蔑称として、批判されています。

　いまでは、ほぼ完治可能な病気であり、病原性のきわめて弱い細菌による感染症であることが判明していながら、世界でも日本でも、厳しい差別をハ

ンセン病患者・回復者は受けてきました。それは、病気により発生する外見上のちがいや特徴（ここでも"普通"でないことが差別の原因となっている）によって、加えて因果応報という宗教的観点から、さらに「遺伝病」という誤った風評からも、差別と偏見の対象となり、今日もなお、差別的偏見が払拭されたとはいい難い社会状況にあります。

■差別的病名の変更をもとめて

「らい予防法」※による非人道的な固定的隔離政策がすすめられるなか、日本におけるハンセン病患者や回復者は、治療の名のもとに強制的に社会から排除され、断種、堕胎を強制されるなど、市民的権利以前に、人間としての尊厳を奪われてきました。終生にわたってすべての患者を隔離しつづけるという政策をとりつづけたのは、世界中でも日本だけです。

語彙解説

らい予防法 国によるハンセン病患者隔離は1907年より始まるが、1931年の「癩予防法」により絶対隔離（すべての患者を強制的に生涯にわたって隔離）を国策としてさだめた。1947年、特効薬プロミンによる治療が日本で開始され、治癒が確認されたにもかかわらず、さらに国は、「癩予防法」を継承・徹底させた「らい予防法」を1953年に成立させた。この法律のもと、絶対隔離政策がつづけられ、優性思想による患者の断種・堕胎が、強制的におこなわれた。

ハンセン病「特別法廷」 ハンセン病患者が当事者となった裁判を、事実上非公開の「特別法廷」で審理してきた問題を検証するよう、2013年、療養所入所者らが求めた。隔離された療養施設内での「特別法廷」で裁かれたのは、1948〜72年の間で95件にのぼる。2016年、最高裁は検証報告書を公表し、最高裁長官が謝罪。いっぽう元患者・有識者らは「報告書では、『特別法廷』が憲法の保障する『法の下の平等』『裁判の公開』に違反し、違憲であったことを最高裁は認めていない」と批判している。

1996年、ようやく差別的な「らい予防法」は廃止されましたが、この廃止運動をすすめるなかで、1950年代から、患者・回復者たちは、「業病」（前世、過去の悪業の報いによる病）といった忌まわしいイメージがつきまとう呼称を批判し、「ハンセン病」に変更すべく要請してきました。しかし、日本政府が、「らい（癩）」という病名を変更したのは、1996年、「らい予防法」の廃止にと

もなってのことでした。

　2001年5月には、国に対して起こされていた「らい予防法」違憲国家賠償請求訴訟の裁判で、原告（患者・回復者）側が勝訴。政府は控訴を断念し、90年間におよんだ国のハンセン病政策のあやまちが認められました。同年6月には、衆参両院で「ハンセン病問題に関する決議」が採択され、新たに補償をおこなう法律（ハンセン病補償法）もできましたが、それは、ハンセン病療養所に入所している人々と社会復帰している人々が対象でした。さらに「賠償」ではなく、責任の所在をあいまいにした「補償」という表現も問題になりました。2009年には、より根本的な解決をめざして「ハンセン病問題基本法」（ハンセン病問題の解決の促進に関する法律）が施行されましたが、当事者からは国・自治体に対して、その義務をはたしていないなどの批判の声があがっています。

　ハンセン病、HIVなどに対する無知・無理解が、多くのHIV陽性者・ハンセン病回復者を苦しめている現実に気づくことから、病者に対する言葉も正確を期さねばなりません。不正確な用語は差別と偏見を助長するだけです。

コラム20　映画のワンシーンと字幕〜レプラ（ハンセン病）〜

　歴史的名画『ベン・ハー』に、「レプラ」に罹患し、洞穴に隔離された主人公の母親と妹が登場します。そのなかで、町にいった彼女らが「レプラ」と蔑まれ、石を投げつけられるシーンがありますが、字幕スーパーでは、「レプラ」を「病人」と翻訳していました。しっかりしたハンセン病についての名称変更の理解があれば、ここはそのまま「レプラ」と表示するか、「らい病」という差別と偏見を内包する言葉こそが、場面に相応しい字幕でしょう。そして、ハンセン病と、その呼称の歴史について注釈を入れて放映すべきではないかと思います。

ハンセン病・ハンセン病回復者にかかわる表現事例

　事例1………1976年、日本テレビの「あなたのワイドショー」の司会者近江俊郎氏らが、「らい病は治らない」等の事実誤認と偏見にもとづく発言に「ハンセン病患者協力議会」が抗議。日本テレビは、翌週番組内で謝罪。

事例2……2003年、熊本県の黒川温泉「アイレディース宮殿黒川温泉ホテル」が、ハンセン病療養所入所者への宿泊を拒否。社会的に大きな批判を受け、「人権侵害」として法務局も調査。ホテルは倒産。

事例3……2012年、アニメ映画『ザ・パイレーツ！バンド・オブ・ミスフィッツ』（原題 The Pirates! Band of Misfits）（アードマンアニメーションズ・ソニーピクチャーズ）の予告編に、ハンセン病患者・回復者に対する差別表現があると、日本財団の笹川陽平氏（WHOハンセン病制圧特別大使・日本政府ハンセン病人権啓発大使）が抗議。問題とされた予告編には、「金（GOLD）をよこせ」と要求した海賊に対し、「金なんてない。この船は"らい病患者（LEPER）"の船だから」と乗組員が答え、「ほらね」のセリフとともに、乗組員の左腕が落ちるシーンが盛り込まれていた。

　笹川氏は、①予告編のセリフにある英語の「LEPER」（レプラ）は、2010年に国連総会で採択された「ハンセン病患者・回復者及びその家族への差別を撤廃する決議」に伴う原則・ガイドラインにおいて「差別用語」に当たるとして排除勧告している　②ハンセン病に罹患しても腕がとれるような症状はなく、ハンセン病への誤解と偏見・差別を助長する、と抗議。修正・削除を求めた。「レプラ」という言葉のもつ差別性と、それを大航海時代の海賊を描いたアニメの中で使用する必然性を視聴者にどう伝えるか。冒頭に断り書きなどを挿入し、字幕スーパーでは、最低限「LEPER（ハンセン病の差別的呼称）」と表記すべき。腕が落ちるシーンは誤解偏見を生じさせない場面に切り替えるか、カットすべき。結局、同アニメ映画は"お蔵入り"になっている。

事例4……2013年、フランシスコ・ローマ教皇が、就任後の演説で、聖職者の過度な出世主義を批判して、「出世主義はハンセン病」と発言。これに対し、WHOハンセン病制圧特別大使・日本政府ハンセン病人権啓発大使の笹川陽平氏が、書簡で抗議。笹川氏は「この病気に深く染みついた固定観念を強める比喩」であり、「ハンセン病回復者に苦痛を与えることが教皇の意図でないのは明白だが、結果的にそうなっていると言わざるを得ない」と批判。聖下には〈言葉の選択において細心の注意を払っていただくよう〉、2016年6月、直接、強くお願いした。

■被爆者差別

　太平洋戦争末期、1945年8月6日広島、8月9日長崎に、アメリカ軍によって、無差別大量殺人兵器・原子爆弾が投下され、多くの一般住民の生命が奪われました。人口35万人の広島市で14万人、人口24万人の長崎市で7万4千人の生命が、一瞬にして失われました。その後も、多くの市民が被爆にともなう原爆症によって、白血病や甲状腺ガンなどを発症し、後遺症に長年苦しんでいます。また、胎児のときに被爆した「胎内被爆者」にも、健康障害がさまざまな形であらわれています。（「被爆2世・3世」と原爆症の遺伝的影響は、医学的、科学的に立証されていない。）忘れてはならないのは、当時日本の統治下にあった朝鮮半島から渡ってきて、市内に在住していた朝鮮人のうち、広島と長崎をあわせて7万人が被爆し、4万人が亡くなっている事実です。（中国人や捕虜として収容されていた連合国の兵士の被爆者も存在します。）

　そして、現在もなお、後遺症に苦しんでいる被爆者に対し、「原爆病は感染する」とか「被爆者は早死にする」などの、原爆症に対する誤解と偏見にもとづいた心ない言葉で中傷され、差別を受けている現実があります。

　2011年3月11日の東日本大震災によって、福島第1原子力発電所が破損し、周辺地域に大量の放射能汚染が拡がるなか、被曝に対する無理解から、被災住民に差別的なまなざしを向ける一部の人がいる事実に、注意が必要です。

被爆（曝）者にかかわる差別表現事例

> **事例1**……1970年、小学館発行の学習雑誌『小学二年生』11月号の付録「かいじゅうけっせんカード」の1枚「スペル星人」を、裏面で「ひばくせい人」と紹介する。「原爆被害者を怪獣扱い」するものと、全国の被爆者団体が抗議。

> **事例2**……2010年12月、イギリスの公共放送局BBCが、お笑いクイズ番組内で広島と長崎で2度被爆した、山口彊（つとむ）さんを「世界一運が悪い男」などと、ジョーク交じりに紹介。これに対し、在英日本大使館が抗議、番組プロデューサーから反省文がだされる。山口さんの遺族で長女の山崎年子さんは、「核保有国の英国に『運が悪かった』で片づけられたくない。家族のなかでは2度の被爆を『運が悪い』と笑いながら話したことはあるが、むごい記憶や後遺症を乗り越えるために笑い

話にしたのであり、人から笑われるのは意味が違う」と憤った。「BBCはぜひ、父の記録映画を見て被爆者がどんな思いで活動しているか知り、放送してほしい」（朝日新聞2011年1月22日）と、当事者性を抜きにしてジョークを語るおろかさを指摘している。

事例3……2011年3月11日に起きた「東日本大地震」にともなう福島第1原発事故によって、避難を余儀なくされた被災者に対し、「放射能がうつる」などの差別的言動がくり返された。「まったくの無知・無理解にもとづく風評被害で、人から人へ伝染することはない」と専門家はのべている。

事例4……2011年8月、東海テレビの番組「ぴーかんテレビ」で、岩手県産「ひとめぼれ」が当たる視聴者プレゼント当選者発表の画面に、当選者の住所氏名欄に「怪しいお米」「セシウムさん」と表示して放送。局側が「当選者名を入れる前のダミーデータが誤って表示された」と釈明したことに対し、ダミーであろうがリハーサル用であろうが、冗談でも作るべきではない、とさらに厳しい批判を浴びる。

事例5……2011年8月7日放映のフジテレビ系列ドラマ「イケメンパラダイス2011」で、主役の前田敦子さん着用のTシャツに、原子爆弾の通称名である「LITTLE BOY（リトルボーイ）」の文字がプリントされていた。広島県は10日「広島に投下された原爆の通称名でもあり、今後配慮してほしい」とフジテレビに申し入れ。

事例6……2012年7月、日本生態系協会会長の池谷奉文氏が、自治体役員対象セミナーで、「福島ばかりじゃございませんで、栃木だとか、埼玉、東京、神奈川あたりにいた方々はこれから極力、結婚をしない方がいい」「結婚して子どもを産むと奇形発生率※がどーんと上がる」と発言。福島市議らが、福島原発事故にかかわる差別発言として抗議。訂正と撤回を求める。池谷会長は「なんら問題はない」と居直る。
※「奇形」という言葉について、日本医学会は「当事者の子どもや親を傷つける」差別的な言葉だという声を受けて、見直しをはじめた。過去に「先天性心奇形」を「先天性疾患」にいい換えた例もある。（毎日新聞2016年6月25日）

3 性差別

女性差別にかかわる差別的表現

キーワード（女性差別にかかわる言葉・熟語）

未亡人、老女、中年女、保父・保母、主人、嫁、OL、セールスレディ、未婚の母、女のクセに、男まさり、女だてらに、女々(め)しい、大年増、女傑、石女(うまずめ)、処女作、処女航海、女・子ども、入籍する、娘をかたづける、出戻り、売れ残り、行かず後家、薹(とう)のたった女、マドンナ議員、子産みの機械、涙は女性の武器、女三人寄れば姦(かしま)しい、女は三界に家無し、女の浅知恵、女の腐ったよう、私生児、嫡子、嫡出子、庶子、婚外子

- 「キュリー夫人」など夫との関係を主にして女性を呼称する表現
- 「内助の功」「女房役」など女性が男性を陰で支えることをさす形容
- 「女の台所感覚で…」「生活者としての女性の視点で…」など、家事労働をになうのは女性という役割分業意識を固定化する表現
- 「女は感情的」と決めつける表現
- 「ママさん選手」「命を育くむ女だから原発に反対します」など必要以上に「母」を強調したり、「たおやか」「女らしい心遣い」「女性ならではの視点をいかして」などステレオタイプの表現
- 女性の場合にだけ職業名の頭に「女社長」「女経営者」「女教師」「女性○○」「女流○○」をつける表現

■男性中心の価値観から発せられる表現

　女性差別は、差別問題の根源であり、そして、もっとも身近な問題です。長い歴史のなかでつちかわれた差別意識は、社会（これは家族――夫婦、親子、きょうだいの単位をふくみます）のすみずみまで浸透しています。しかも、女性をおとしめ、侮蔑するような言動が日常、職場でくり返されていても、それが女性への人権侵害であるという意識ももたれてきませんでした。まず、古典的な例をあげましょう。

- 「女・子どもの出る幕ではない」
- 「めめしい」
- 「女の腐ったような奴だ」
- 「男まさり」

「女・子ども」とは、「一人前」でない"子ども"や「一人前」としてあつかわないことにしている"女性"をひとまとめにして、排除するときに使われます。「女の腐ったような」「めめしい（女々しい）」とは、「弱々しい・いじけた」ことを女性にたとえる比喩として使われてきました。どの表現も、「強い男」が社会の中心だ、という意識から発せられています。このようなあからさまな差別表現ではなく、最近多い無自覚な表現をあげてみましょう。

- 「女の子」「おつかいはうちの女の子に行かせます」
  「そんな仕事、女の子にやらせます」
- 「ご主人様」「奥様」
  最近多い夕方にかかってくる勧誘、セールス電話。
- 「奥さん」
  店頭での会話。中高年女性はすべて「奥さん」との思いこみなど。

　あなたは上記のような表現を自分でも使用したり、だれかが発言するのを聞いた経験はないでしょうか。
　本項③性差別では、女性差別にかかわる言葉とともに、性的マイノリティへの差別表現について考察しますが、わたしたちの生活のありとあらゆる場面で、男性優位、「男らしさ」に価値をおく言葉がいかに多用されているかに改めて気づくことになるでしょう。それだけでなく、LGBT等の性的マイノリティをおとしめる差別的言動の根底に、女性差別がひそんでいることがわかるはずです。

2 実践編

差別語｜女性差別

■日本の女性差別と家制度

　日本における女性差別には、「家制度」と「家父長制」の伝統が色濃く刻まれています。

　家制度は、もともと江戸時代の武家の規定で、「家」という家族集団の直系的な維持・存続をはかるために、戸主が「家」を統率する絶対的な支配権をもつというものです。多くの場合、長男が家督(かとく)を相続して戸主になります。

　女性は、「家」維持のための労働力として、また「家」を絶やさぬために子を産むことが「女性の務め」とされてきました。「石女(うまずめ)」は、そうした時代背景のなかから生まれた差別的な言葉です。

　明治維新以降、近代国家としての歩みをはじめた日本ですが、むしろ、明治の民法がつくりあげた家制度が、江戸時代の武家法を採用したために、父権や夫権はそれ以前よりも強化され、女性は「家」に縛りつけられることになりました。家族意識や性規範、貞操観念など、明治民法は、日本人の意識形成に大きく影響したと指摘されています。

　1948年、男女平等を明文化した新憲法が施行されるとともに、明治民法は廃止され、長子相続や妻の無能力規定（「家父長」が絶対的権威をもち、妻は無能力者とされ、戸主（夫）を通じてしか、契約・遺贈等の法律行為をできない）をさだめていた家制度もなくなり、参政権などの改革も徐々にすすみましたが、社会意識としての男尊女卑観や"良妻賢母"を理想とする女性（母親）像は根強く残り、「男は外で働き、女は内で家事・育児」という、男女の性別にもとづく役割分業は、核家族のなかで固定化されてきたとさえいえます。しかし、いま、その核家族自体も変化し、家族のあり方が多様化しています。

■無意識に使われる「入籍」

　このような社会の変化に人々の意識が対応できず、それが「言葉」に残っています。たとえば「入籍」です。結婚した2人が婚姻届をだした場合、新しい戸籍を編成するのであり、女が男の戸籍に入籍するのではありません。また、このとき女の方の氏を選ぶことは「養子」にいくことではありません。女の方の氏を名乗ると「養子にいったの?」と聞く人がいますが、婚姻届をだすさいに、妻の氏を選択したことを意味するだけのことです。どちらの氏を選択するかは2人の自由です。しかし、いまの日本ではどちらかの氏を選択しなければならないため、両方の名前を変えたくない場合事実婚を選択しているカップルも増えています。

三代戸籍が禁止され、婚姻届をだした2人で新たに独立した戸籍を編成するのですから、「嫁」にいくのではありません。人生相談などではいまだに「うちの嫁が──」といっている人がほとんどですが、息子の連れあいではあっても「嫁」ではありません。その意味で「内孫」「外孫」といういい方も「孫」と変えるべきでしょう。（「孫娘」とはいうが「孫息子」とはいわない。）

　最近、若い夫婦の間でも「嫁が」というのを耳にします。同居人・連れあいを「夫」「妻」「つれあい」あるいは「○○さん」と氏で呼ぶことが定着していないなかで、従来の家制度のもとで使用されてきた「嫁」がほとんど無自覚に使われているのが、「うちの嫁」「うちの嫁はん」という言葉です。

　また、「うちの主人」といういい方も広く使われていますが、「主―従」の関係ではなく対等な男女が支えあう家族であれば「夫」であり「妻」というべきでしょう。

■婚外子差別に最高裁違憲判決

　2013年、最高裁は全員一致で、遺産相続における「婚外子」差別に、違憲の判断を下しました。これにより、1898（明治31）年施行の明治民法における「庶子及私生児ノ相続分ハ嫡出子ノ相続分ノ二分ノ一トス」という「婚外子」差別が、じつに115年を経て法的に撤廃されることになりました。

　「婚外子」の相続問題は、30年以上前から指摘されていました。日本政府が批准し、加盟する国際人権規約（1979年）、女性差別撤廃条約（1985年）、子どもの権利条約（1993年）、人種差別撤廃条約（1995年）などでも、「婚外子」差別が基本的人権と市民的権利の侵害であると指摘され、日本政府は1995年以降、10回にわたり相続差別撤廃を勧告されています。また、この民法規定は、日本国憲法14条1項「すべての国民は法の下に平等であって、人種、信条、性別、社会的身分または門地により、政治的、経済的または社会的関係において、差別されない」に抵触するものであることもあきらかです。

■「嫡出子」「非嫡出子」という言葉

　ここで私生子（児）、嫡子、庶子などの言葉について、考えてみましょう。広辞苑（第6版）ではつぎのように説明しています。

【私生子（児）】
①庶子に対して、父の知れない子の称。ててなしご。

②〔法〕正式の婚姻関係でない男女の間に生まれた子を、その母に対していう語。父の認知を得れば父の庶子となる。1942年以後、民法はこの語を避け、非嫡出子または嫡出に非ざる子と改称。現行民法では、「嫡出でない子」という。

【庶子】
①「妾腹」の子。
②嫡子以外の実子。そし。
③旧民法で、父の認知した私生子。現行民法では庶子の名称を廃し、「父が認知した子」、また私生子をも含めて、「嫡出でない子」と呼ぶ。

■嫡出子の「嫡」

『字源』では「嫡出子」の"嫡"は、「商（ねもと）」が、まっすぐという意を含み、「嫡」はそれを音として、女を加えた字で、〈もともとは夫とまっすぐまともに相対する相手、つまり正妻のこと。転じて、正妻の産んだあとつぎの子の意となる〉とあり、対語は、「妾」とある。「嫡嫡（チャキチャキ）」の江戸っ子とは、〈正統でまじりっけのない意味のこと〉だといわれています。
「婚外子」差別の違憲判断を受けて、1995年の最高裁決定で「婚外子」側の代理人をつとめた榊原富士子弁護士は、つぎのようにコメントしています。

「嫡出子」用語再考を

相続規定は婚外子差別の象徴。もっと前に出てもおかしくない判断だった。合憲とした18年前の判断を誤りとはしなかったが、救われる思いの婚外子も多いはず。ただ、これで婚外子への全ての差別が解消したわけではない。「嫡出子」「非嫡出子」など差別的なニュアンスを持つ用語の廃止なども検討すべきだ。

（『朝日新聞』2013年9月5日）

■女偏の漢字にこめられた意味

アメリカで1960年代に起こった女性の社会的権利の確立をめざす「ウーマン・リヴ（Women's Liberation）運動が、日本社会に大きな影響をもたらしたのは1970年代に入ってからでした。女性の権利を確立する運動は、名称も「フェミニズム」と変化するなか、男性中心社会に大きな衝撃を与えてきました。「フェミニズム」とは、幅広い概念ですが、ひとことでいうと、性差別に反対し、女性の権利確立と社会的自立を通じて女性の自己実現を主張する思想・

運動などの総称です。

　このころの特徴的な言葉の変化に、女の呼称が「婦人」から「女性」に変更されたことがあげられます。これは、婦人の「婦」が女偏に箒になっており、「嫁」（家の女）と同じく、古い家制度のもとでの社会意識を反映している言葉として、社会的に指弾された結果です。ここでもまず、呼称（言葉）の変更からはじまっていることに注意を向けることが必要です。

　日本語の文化は漢字を多くふくみます。「嫁」「婦」のように、女偏の漢字がもつ差別性については、すでに多く言及されていますが、ここでいくつか例をあげてみます。

- 卑しい＋女＝婢（ひ・はしため）
- 女を捕らえる形＝奴（ど・めしつかい）。「又」は捕らえるの意味。
- 病＋女＝嫉（しつ・ねたむ、にくむ）。ちなみに白川静氏の『字統』で「嫉妬」を引くと、「嫉妬の情は特に婦人において強いからであろう」との語釈がされています。
- 古い女＝姑（こ・しゅうとめ）
- ほろびる女＝妄（もう・みだり、いつわり）

　女偏で構成される漢字は、実際に数えてみると、百数十にのぼり、その多くに女性をおとしめる意味がこめられていることがわかります。とはいえ、女性を否定的にあらわしているからといって、女偏の漢字を使用しなければすむというものでもありません。まずは、女偏の漢字の意味に気づき、つぎに、それらに付着する差別的な女性観（前近代的な意識と文化構造）に対して充分注意をはらうことが必要です。

■セクハラは女性差別表現

　セクシュアル・ハラスメント（以下セクハラ）とは「意に反する（望まない）性的言動」などによる、抗し難い上下関係（権力関係）にもとづく性差別のことです。職場または教育現場で、優越的地位や継続的関係を利用して、相手方の意に反する性的な言動によって、相手方に不利益や不快感を与え、就労環境や教育環境を悪化させることをいいます。職場での権力関係とは、上司と部下、同僚間だけでなく、社員と顧客、社員と監督官庁の役人など業務上の関係をふくみます。日常的・長期的に継続し、かんたんに断れないし切れ

たら困るような関係──「つながり」「しがらみ」──があるもとで、派遣社員や新入社員など、立場の弱い人が性差別のターゲットになりがちです。いっぽう加害者が社会的地位の高い人であることも、めずらしくありません。

　セクハラにあたる性的言動は、レイプや強制わいせつなど、刑法にふれるものから、ささいな会話にいたるまでさまざまです。セクハラの場合、とくに職場において起こりがちなため、1997年、男女雇用機会均等法を改正、働く権利の侵害として禁止条項を入れました。2014年7月に改正施行された均等法では、それまでの男性から女性、また女性が上司である場合、部下の男性に対するものに加えて、同性に対する行為もふくまれるようになりました。

> **ポイント セクシュアル・ハラスメントとは**
>
> 　相手の意に反した、性的な言動をおこない、仕事を遂行するうえで一定の不利益を与えたり、またはそれをくり返すことによって、就業関係を著しく悪化させること。
> 　地位を利用する対価型と、不愉快な職場環境をつくる環境型とがある。根本にあるのは、職場と社会のなかにある女性差別意識。2006年の男女雇用機会均等法改正で、加害者個人だけでなく事業主に対し、より厳しいセクハラ防止対策が義務づけられた。日常的に蔓延（まんえん）するセクハラに対し、会社がそれを放置していたとして、判決で企業責任が認められた場合、株主代表訴訟に発展する可能性もある。

> **ポイント 同性間、性的マイノリティに対するセクシュアルハラスメント**
>
> 　2014年の男女雇用機会均等法改正では、異性間だけでなく、同性に対する言動も職場のセクシュアルハラスメントに該当するとした。これにより、LGBTなど性的マイノリティに対する差別的言動や行為も禁止され、対策を講じていない企業・組織は、法令違反とされる。さらに2016年5月、性的マイノリティへのセクハラに、企業が対応する義務をいっそう明確化するため、指針が改正された。セクハラへの対処方針を就業規則に盛り込むことや相談窓口を設けるなど、性の多様性を前提にした企業の対処を求めている。

セクハラに当たる言動

1. 発言 身体にかかわる発言、性別のステレオタイプに基づく発言、性的な冗談・からかい、食事・デートへのしつような誘い、意図的な性的噂話の流布、個人的な性的体験等を一方的に話したりたずねたりすることなど。「同性愛は気もち悪い」「(手の甲を顔に近づけるポーズで)もしかして君そっち系?」など性的マイノリティを嘲笑する言動もセクハラにあたる。

2. 視覚 ヌードポスター、わいせつ図画の配付・掲示など

3. 行動 性的関係の強要、身体への不必要な接触など

　上記のような言動によって、不快、屈辱、恐怖を感じたら、すべてセクハラに該当します。典型的な事例をあげます。

1. 上司(同僚)がむやみに身体にさわり、しつこく食事に誘い、断ると、暗に業務上・職務上の成績に影響することをほのめかす。
2. 懇親会等の席上で、女性に卑猥な冗談をいう。
3. 懇親会等で、相手にお酌を強要し、断ると不快な態度をとる。カラオケでデュエットを強要する。これは無自覚に広範におこなわれている。
4. 「女性もいたほうが華やかでいいね」「女は職場に置く花でよい」「女には大事な仕事はまかせられない」などと女性全般を侮辱したことをいう。
5. 女性を容姿にもとづいてランクづけし、不快な気もちにさせる。
6. 芸術と称してヌード写真をあからさまに見たり、見せたりする。またヌードポスター等を職場に貼る。
7. 個人的な交際を申し出、応じないと、ストーカー、嫌がらせ電話、電子メール等を送りつけ、性的な内容の情報や妄想をほかの人にいいふらす。(女が男へという「逆ストーカー」、同性間の場合もある。)
8. 性的マイノリティを侮蔑する言動「おまえ、ホモか?」

コラム21 セクハラ裁判──問われる使用者責任

　2010年夏、セクシュアル・ハラスメントにかかわって、ある判決がでました。航空自衛隊の元自衛官の女性が、在職時に男性自衛官からわいせつ行為を強要されたとして訴えた事件で、裁判所は女性の訴えを全面的に認めました。この判決で注目すべき点は、自衛隊側に、被害女性に対する上司らの対応についても責任を認めたことです。

　男女雇用機会均等法は、2006年の改正で、事業主にセクハラの事前防止措置のほか、「被害申告や相談に対し迅速・適切な措置をとる」ことを義務づけています。こうした法改正が、訴訟をめぐる動きにもあらわれています。この判決の場合、上司らが適正な調査をせず、職場環境を調整する義務を怠り、「事件後、上司らが女性を退職に追いこもうとした」として、違法な職務行為と認定、加害者よりも上司らの事後対応をめぐる慰謝料のほうを重く見ました。（朝日新聞2010年12月13日「働く人の法律相談」参照）

　セクハラだけでなく、パワハラなど、ハラスメントが社会問題化するなかで、働く職場環境を良好なものにたもつことは、使用者の責任であり義務であるという考えが定着してきました。そうした考え方が、さきの雇用均等法の改正によって「職場環境配慮義務」とされるなかで、判決でも使用者の責任が厳しく問われるようになったわけです。そこで問われる「使用者責任」とは、「実際の現場でそうした義務を果たす立場にある管理職の言動」ということになります。

●セクハラ男性への処分は妥当か──最高裁の判断

　「俺の性欲は年々増すねん」──職場で部下の女性に性的な発言をくり返して、出勤停止など処分を受けた男性社員2人が、「処分は重すぎる」と会社側を訴えました。男性社員への懲戒処分は重すぎるのかが争われた訴訟で、2015年2月、最高裁は、「処分は妥当」との判断を下しました。言葉のセクハラ行為での懲戒処分を妥当だとする初めての判決です。さらに注目すべきは、会社側が、全員参加を義務づけてのセクハラ防止研修を何度もおこなっており、男性社員は研修を受けていながら、セクハラ発言を改めなかったことも、判決のポイントになっています。つまり、形式だけの免罪符的なセクハラ研修に対する批判でもありまし

た。最高裁の判断は、企業のセクハラ防止対策の徹底に影響を与えることはまちがいありません。

■まだまだ甘い? セクハラへの認識

セクシュアル・ハラスメントが日本国内で人権侵害として認識されるようになったのは、1990年代後半になってからで、海外に進出した日本企業が訴訟を起こされてはじめて、それが差別にあたることに気づかされたわけです。この言葉が英語のまま定着したことに、日本社会における「セクハラ」への社会的な意識の低さがうかがえます。(セクシュアル・ハラスメントの訳語は「性的嫌がらせ」ですが、その実態の深刻さをあらわしているとはいい難いため、英語のまま使用されています。)

日本は、外部から見れば、性差別が非常に厳しい国でありながら、あるいはそうだからこそ、内部にいる男女にはそれが実感されにくいのです。「セクハラは職場の潤滑油」などという男性従業員の言葉を女性従業員が横で"聞き流す"光景がつい数年前までありました。こうした、日本企業の社内慣行が、企業と一緒に海外にもちだされた結果、「セクシュアル・ハラスメント」として訴訟にまでなったのです。「日本の常識は世界の非常識」——性差別についてはとくにわたしたちの意識を問い直していく必要があります。

仕事に関係のないプライバシーへの介入——「お子さんは?」「子どもがいないとは、さびしいですね」「結婚しないの?」などの発言も場合によってはセクハラにつながります。

■日本の"常識"は世界で通用しない

「男は外で働き、女は家庭を守るべき」ということを公言する男性は、若い世代では、さすがに少なくなりつつあります。

日本では、現在、働いている人のうち、およそ10人に4人は女性です。

しかし相対的に女性は、経済的にきわめて弱い立場にありますし、社会・政治などの分野において、女性の地位が低いと指摘されています。「男は外で働き」「女は育児と家庭」という性別にもとづく役割分業意識の固定化が、女性差別を再生産してきたともいえます。

1979年に国連で採択され、1985年、日本政府が批准した「女性差別撤廃条約」は、そのような考え方を女性差別として明確に否定しました。

●女性差別とは

「性にもとづく差別、排除または制限であって、政治的・社会的・文化的・市民的、その他あらゆる分野においても、女性が男女の平等を基礎として人権および基本的自由を認識し、享有しまたは行使することを害し、または無効にする効果または目的を有するもの」

この条約の特徴は、女性に対して「差別となる既存の法律・規則・慣習および慣行」の是正処置を勧告していることです。

条約批准にあわせて整備された国内法に、父系血統主義から父母両系主義への「国籍法」の改正（※1985年改正施行、244頁参照）、「男女雇用機会均等法」（1986年公布。2006年の改正で、表向きには性別を問わない採用昇進要件だが、実質的には性差別につながる行為や慣行を間接差別として禁止）があります。また、男女別なく子どもを養育できる「育児介護休業法」も成立しました（2017年改正施行）。

さらに、条約にもとづいて、2000年に施行された「男女共同参画社会基本法」（1999年公布）は、その前文で、「性別にかかわりなく、個性とその人の能力がじゅうぶんに発揮される社会の実現を目的とする」とのべ、性別役割を固定化する慣習の見直し、男女がともにおこなう子育てなどの基本理念を謳っています。

このように、女性の権利確立と自立をめざす運動によって、平等への歩みは、進捗しているように見えますが、女性差別は個々人の意識だけでなく、日本の社会構造に、根深く染みついているといわざるを得ないのが現状です。

世界各国の男女平等の度合いを指数化した、世界経済フォーラムの「世界ジェンダー・ギャップ指数2015年度版」において、日本は調査対象145カ国のうち101位。先進国のなかでは最下位でした。同指数の「男女賃金格差」は106位と、厳しい格差があきらかにされています。（※世界ジェンダー・ギャップ指数は、経済・教育・政治・健康の4分野14指標を使い、絶対的な水準を指標に入れずに、女性が男性よりも下回ることによって生じる格差のみに焦点を当てて指数化したもの）

コラム22 マタニティ・ハラスメントに当たる言動

妊娠を上司に伝えると「いつ辞めるの?」、育休を取得すると「迷惑」といわれるなど、働く女性が、妊娠出産、育児にかかわって、解雇や降格、雇止めをされることや、職場で受ける精神的・肉体的なハラスメン

トが、マタニティハラスメント（マタハラ）、育児ハラスメントとして社会問題化しています。2014年、最高裁が「妊娠による降格は男女雇用機会均等法に違反する」との初の判断を下したことに続き、2015年、厚労省は「原則として妊娠・出産・育休を終えてから１年以内に女性が不利益な取り扱いを受けた場合はただちに違法と判断する」と、明確に労働局に通知、企業や行政に厳格な対処を迫りました。

　労働者からの相談も過去最多となっています。2015年秋に厚生労働省が実施した調査では、妊娠や出産、育児をした女性のうちマタハラを受けた人の割合は、派遣社員48.7％。正社員21.8％、契約社員13.3％、パート5.8％となっており、経験したマタハラで最も多かったのが、「『迷惑』『辞めたら？』など権利を主張しづらくする発言」でした。政府は、男女雇用機会均等法と育児介護休業法の2017年度改正に、マタハラ行為を禁止する規定を就業規則に盛り込むことや、相談窓口の設置、社員研修の実施など、ハラスメント防止策の企業への義務づけを盛り込む方針を明らかにしました。派遣社員も防止策の対象とし、違反した企業名について公表する方針です。

■女性管理職への門戸を広げた男女雇用機会均等法

　男女雇用機会均等法では、〈性別を理由とする差別を原則禁止〉しています。いっぽうで、男女の均等な機会や待遇の支障となっている事情を改善する目的のため、労働者に占める女性の割合が4割を下回っている場合のみ、女性のみを対象としたり、女性を有利に取り扱うことを認めてきました（総合職／一般職の管理区分）。しかし、産業別管理職に占める女性労働者の割合をみると、産業平均で7.6％。医療・福祉分野では42％と高いものの、建設業や鉱業ではわずか1％という状況です。2015年、厚生労働省は男女雇用機会均等法の指針を改正。女性管理職を増やすための積極的アクションとして、〈係長、課長、部長などそれぞれの役職に占める女性の割合が4割を下回っている場合、特例として、女性のみを対象としたり、女性を有利に取り扱うことが認められる〉としました。たとえば、その企業の状況に照らして「営業課長募集（ただし女性に限る）」といった表現で求人をしても問題になりません。女性の管理職を増やしていくこと、またその人材育成を通じて、企業・組織はさらに強いものになっていくでしょう。

■女らしさ・男らしさ

　性差別とは、文字通り性別にもとづく差別のことですが、この言葉が意味するものは、男／女の身体的・生物学的なちがいの問題ではありません。「社会的・文化的につくられた性別」にもとづく差別、すなわちジェンダーを理由とした差別についてです。

　「男のメンツが丸つぶれ」「女なんだから、もっとしとやかにふるまって」といった表現は、日常ひんぱんに使われてきました。「『女らしい』という言葉からどんなイメージを連想しますか?」と尋ねたとき、多くの人から返ってくるのは、「従順・やさしい・愛嬌がある・きめこまやか・控えめ」といった言葉です。しかし、「女らしさ」とは本当に女性にそなわる特質なのか、社会や文化によってつくられるものではないのか、ということを、作家シモーヌ・ド・ボーヴォワールは、つぎの言葉で象徴的に鋭く指摘しました。

　　　「人は女に生まれるのではない、女になるのだ」　(『第二の性』1949年刊行)

　女性は、女であることで、「女というものは○○である」とか、「女は○○すべきでない」と、多様な「個」をもつ存在として生きるよりも性別の社会規範のなかでワンパターンな生き方を求められてきました。その点は、男性も同じです。「ファイト!一発!」で知られるドリンク剤のTVコマーシャルに象徴される、「競争社会で勝ち抜くタフな男」というイメージに束縛され、「男らしさ」へのこだわりを無意識のうちにもたされてきました。「男のクセに決断力に欠ける」「男のクセにどこか頼りない」と評される男性は、「男らしさ」に価値を置く社会から疎外されます。(「男らしくない」とレッテルをはられた男性が、自尊心のバランスをとるために女性や家族に対して、より支配的な態度をとり、DVの加害者となる場合が往々にしてある現状が指摘されています。)あとでのべるLGBTなどの性的マイノリティに対する差別意識、またはホモフォビア(同性愛嫌悪)も、こうした文化規範のなかで醸成されるのです。

■身体機能のちがいを差別に転化

　さて、「女らしさ」「男らしさ」は男女の生来の特質であると主張する人々は、その根拠のひとつに身体機能のちがい(生殖器と生殖機能)をあげます。

　つぎの発言を、あなたは、どのように思いますか。

「もともと男と女はちがうのだから、それぞれのちがいを発揮して生かしあえばいい」

その通りだ、いやそうではない。あなたはどちらでしょうか。
性のちがいによってその役割を固定することを性別役割分業といいます。個々の家庭での役割分業意識はかなり薄れてきたものの、日本社会に広く浸透している性別役割分業意識は、依然として根強いものがあります。
女性学、ジェンダー研究者の船橋邦子氏は、つぎのように指摘しています。

> 「『男と女は違う。これは区別であって、区別と差別は違う。男女の区別まで差別だというのはおかしい』という人がいます。でも区別が差別につながっていくのです。たとえば『子育ては女の方が向いている』と決めつけて、性別役割分担へと結びつけるかぎり、性差別はなくなりません。」
> （「ジェンダーに関する問題を考える」より）

■英語にくみこまれた性差別——ポリティカル・コレクトネス運動

第1章で、**差別は差異を手がかりにして生みだされてくる**とのべましたが、女性差別も同じです。身体の性的差異を根拠として、女性は男性に保護されるべき存在であり、母親になって子育てをするのが女性ほんらいの自然の姿である——という考えが醸成され、女性のになう役割が固定化されてきた歴史があります。さきに紹介した船橋邦子氏は、英語のなかにくみこまれた性差別について、つぎのようにのべています。

> 英語の Man は「人間」であり「男性」、Woman は「女性」をしめす言葉です。Woman は、「womb + man」で成り立っており、womb は、人や哺乳動物の子宮をさす語です。すなわち Woman という言葉のもともとの意味は、「子宮をもつ特殊な人」なのです。男性という主体を補って成立させるものとして女性が位置づけられていたことがわかります。
> （『知っていますか? ジェンダーと人権 一問一答第2版』船橋邦子著 2006年）

ちなみに、アメリカでは、1960年代半ばから、英語にくみこまれた性差別をなくすべきとの声があげられました。それは、差別のない社会に向けての言語変革運動として、1980年代に盛んになったポリティカル・コレクトネス

2 実践編

運動（P.C運動）に引き継がれ、そのなかで、ビジネスマン（Businessman）／ビジネスウーマン（Businesswoman）という言葉が、ビジネスパーソン（Businessperson）といい換えられました。「マン」がつく言葉は、働く人は男だけではないにもかかわらず男性中心社会を肯定する言葉であるとして、より中立的（非性差別的）なパーソン（person）という英語が使用されるようになり、いまは、日本のビジネス社会でも普及しています。（オンブズマン→オンブズパーソンなど。）

■ジェンダー／文化的性別

女性差別の現実を、女性じしんの目を通して見直そうとする意識が深まっていくにともなって、性別を根拠に女性を差別する言葉や表現が、あまりにも多いことが、日本でも指摘されるようになりました。

その象徴ともいえるできごとが、1975年の「私、作る人。僕、食べる人」のテレビコマーシャルに対する問題提起です。この食品会社のCMは、男性は一家の長として「食べる人」であり、女性がエプロンを着けて「料理をつくる」という性別役割分業を肯定するものでした。最近のテレビの料理番組では、男のアナウンサーがエプロンをして登場するなど意識的な番組づくりがおこなわれています。

人は、誕生と同時に、生まれた性によって、赤ちゃんのときから「女の子」「男の子」「お嬢ちゃん」「お坊ちゃん」と呼ばれ、おもちゃや人形などを与えられ、女／男にわけられた子育てをされます。色もそうです。タイガーマスクの伊達直人によるランドセルの寄付が話題になりましたが、テレビに登場したランドセルは赤と黒の2色でした。赤は女子、黒は男子を想定しているからだと思いますが、赤が好きな男子もいるし、黒を選ぶ女子もいるでしょう。ほかの色が好きな子どももいるはずですが、そうした意思は無視され、つくられた「女の子」「男の子」の像によって、人は、それぞれ自分が「女である」「男である」と自覚させられながら成長していきます。

このように、社会や文化が、男女を二分化し、「男は男らしく、女は女らしく」をはじめとする性別役割によってつくられる性のあり様を社会的性別、すなわちジェンダー（gender）といいます。

それに対して、女性が妊娠し子どもを生む機能をもっていることは、生物学的性（sex）です。

●ジェンダー

「生物学的な性別の『セックス』に対し、『男は仕事、女は家庭』など、社会的・文化的に形成された性別を意味する言葉。『ジェンダー・フリー』とは「性別にとらわれず個性を発揮する」ことを目指すもので、『人間の中性化』を目指す」という意味ではない。　　　　（朝日新聞・キーワードより抜粋）

つまり、ジェンダーとは、男／女という線引きをしたうえで、「女は〜」「男は〜」と役割を固定化して、それにふさわしいイメージや「〜すべき」と枠づけする社会の文化規範です。そして、ジェンダー・フリー（ただし、この言葉をめぐっては、女性学やフェミニズム研究者においても議論があります）の「フリー」とは、「〜から自由になること」「〜にとらわれないこと」で、「女らしくあれ」「男らしくあれ」と決められた社会規範（ジェンダー）に束縛されずに、自分の可能性を追求することを意味しています。

■「男女差別」でなく「性にまつわるあらゆる差別」

ジェンダーの視点で見ると、性差別は、男／女という性別二元論を前提とした従来の「男女差別」ではなく、「性にまつわるあらゆる差別」の問題としてとらえられます。

LGBTをはじめとする性的マイノリティをめぐる差別問題はひじょうに複雑です。たとえば、心と体の性が一致しないトランスジェンダーの場合、肉体的には男性（女性）の身体をもって生まれ、男性（女性）として育てられたけれども、本人が自己認知する性と一致しないために苦しみ、性ホルモンの摂取や、性別適合手術（性的転換）をする人もいます。男性の身体的特徴をもって生まれた場合、自分の性器などに違和を感じ、女性なら胸などに違和を感じます。トランスジェンダーには、ジェンダーをもたないと認識している人、複数のジェンダーをもつと認識している人、男女ではない別のジェンダーをもつと認識している人も含まれます。

2004年に性同一性障害特例法が成立し、トランスジェンダーの人たちの性別適合手術や改名も可能になりました。しかし、「そもそもカミングアウトしていない」「職場では本当の自分を隠しているのでつらい」「社会生活のなかで外見や声で不当に差別されることが多い」と答える人や、「カミングアウトしたが家族とは絶縁状態にある」人がひじょうに多いのが現実です。

ほんらい、すべての人を女／男にかんたんにわけられるほど、性のありよ

うは単純ではありません。わたしたち自身の性別にたいする認識も、性的指向も、1人ひとり異なります。その意味でも「性同一性障害」と呼ばれている人々は、そもそも「障害」でも「病気」でもないわけです。

このように、ジェンダーという視点をとり入れることによって、さまざまな問題が浮き彫りになってきたのですが、「社会的・文化的性」と定義されているジェンダーの概念自体も変容しており、性的マイノリティをめぐる言葉の意味やとらえ方も変化していきます。

性的マイノリティをめぐっては、抑圧や干渉や差別のなかで、みずからのアイデンティティを確立できず、カミングアウトできない状況があります。それらの差別や表現の問題について、つぎに見ていきましょう。

ゲイ、レズビアン、トランスジェンダー、バイセクシュアル、インターセックス、アセクシュアル、パンセクシュアル

キーワード（性的マイノリティをめぐる差別的言葉）

オカマ、ホモ、ホモセクシュアル、変態、異常性愛、オネエ、ブルーボーイ、シスターボーイ、ゲイボーイ、男女（おとこおんな）、性倒錯、オナベ、両刀使い
（ただし、話者と受けとめる側、使われる場面や使われ方によって差別語として機能する場合とそうでない場合がある）

■性的マイノリティをめぐる差別

2015年、日本でLGBTなど性的マイノリティに該当する人は13人に1人（7.6%）という電通の調査結果が明らかにされています。

欧米各国の大都市で、みずから同性愛（ゲイ）であることをカミングアウトし、同性愛結婚を実行している首長はめずらしくありません。今日では、同性愛者であることによる社会的不利益（たとえば、婚姻が認められないために、社会的・市民的権利が充分に保障されないなど）も、国および、州単位で、解消されつつあります。

欧米と比較して、セクシュアルマイノリティに対する日本社会の視線は、

多くの場合、冷ややかなものです。根本的な問題は、この世には男女の性別しかなく、男／女の異性同士が恋愛し、結婚し、家庭を築き、子どもをつくるのが「正しく、自然なこと」――という社会の強固な文化規範にあります。その規範が、マイナーなセクシュアル関係をもつ人々を抑圧しています。同性愛やトランスジェンダー、バイセクシュアル（両性愛）、パンセクシュアル（性別に囚われない人）であることは、「秘匿すべき性的嗜好」であり「背徳」として見られてきました。こうした偏見が払拭されない理由に、LGBTをはじめとする性的マイノリティを否定的にとりあつかい、嘲笑うメディアの影響、学校教育における従来の家族観や「異性愛」を前提とした「性教育」のあり方が指摘されています。

■性的指向の自己決定権

同性同士の性的な関係は、「人は異性を好きになるのがあたり前」という異性愛を自明とする強固な社会規範によって、「異常」か「病気」とされ、同性愛者はからかいの対象や笑いのネタにされてきました。

同性愛は、「正常」か「異常」かという問題ではなく、また、かつてそうであったように、「病気であり、治療の対象」というとらえ方はまちがっています。少し難しくいえば、「生」と「性」の自己決定権の問題です。"普通"ではない生き方をする権利」の主張であり、国際的に認められている、「民族自決権」の個人への適用だとする主張もあります。

同性愛に対する理解は、世界的に急速に拡がっており、性的指向を理由とする差別の禁止は各国で立法化されつつあります。2011年、アメリカのオバマ大統領は、「性的指向をめぐるあきらかな差別の歴史」を考慮した結果、「婚姻は男性と女性の結合によってのみ成立する」と規定する96年連邦法を違憲と判断したことを発表しました。

一方、ロシアでは、同性愛の権利を認める世界的な人権潮流を無視するかのような「同性愛宣伝禁止法」※が、ソチ五輪開催前の2013年夏に成立しました。オリンピック憲章（2014年改正で「性的指向によって差別されない」との文言を追加）が、性差別をはじめ、すべての差別を許さないと宣言していることをロシアは知らないのでしょうか。同性愛を犯罪と見なしたナチスドイツや、旧ソ連邦時代への逆行であるといわねばなりません。ちなみにG7加盟国のなかで、性的マイノリティの権利を保障する法律をもたないのは、日本だけです。

差別語　ゲイ、レズビアン、トランスジェンダー、バイセクシュアル、インターセックス、アセクシュアル、パンセクシュアル

❷実践編

差別語　ゲイ、レズビアン、トランスジェンダー、バイセクシュアル、インターセックス、アセクシュアル、パンセクシュアル

※註「同性愛宣伝禁止法」　未成年者に同性愛を宣伝することを禁じる法律で、同性愛者の権利を主張するイベントの実施、同性愛が異性愛と同等と主張した場合、罰金ないし禁錮刑に処される可能性がある。社会からの同性愛者排除を目的とした「同性愛禁止法」と批判されている。

　自分の性指向は自分で決める権利がある——このことを承認する国は年々増えています。しかしながら、同性愛をカミングアウトすることは、個人的な苦痛であるとともに、大きな社会的不利益を被り、蔑視され、存在を否定される状況さえ招くこともしばしばでした。いまも、「オカマ」という侮蔑的意識をふくむ言葉として日常的に使用されています。

　日本の社会文化史をひもとくまでもなく、セクシュアルマイノリティは、歴史にその名を残しています。日本でも古くから同性愛者のことは文献に登場しています。しばしば時代劇にもでてくる、江戸時代の男性同性愛者（衆道）は、「かげま」「にゃくどう」と呼ばれながら生活していたことが、「陰間茶屋」の存在からあきらかになっています。

　ところが、女性の同性愛者は、日本の歴史的文献にはほとんどといってよいほど登場していません。このことは、今日の社会においても、女性の同性愛者が、無視と抑圧にさらされている現実につながっています。女性の同性愛者に対する「かつて男に傷つけられ失望した女がレズビアンになる」、「ほんらい、女性の同性愛者は存在しない」といった発言は、女性の自立性と自律性を無視し、おとしめようとするものであり、つまるところ、凝縮された女性差別にほかなりません。

コラム23　ゲイとホモセクシュアル

　「ホモセクシュアル」という語は、直訳すれば「同性に対して性的関心をもつ」ということになります。この言葉はギリシャ語とラテン語を合体させて19世紀半ばに造語された「病理用語」であるとされ、当事者たちからは敬遠されるのが一般的です。

　いっぽう、「ゲイ」は、もともとの「陽気な（人々）」という意味が、「無分別で浮ついた奴ら」に転化していたのを、ゲイ・リブの運動のなかで誇りをもった自称として、とらえなおしてきたものです。

　「ゲイ」と「ホモセクシュアル」という２つの言葉は、「この言葉を使用する人」「呼ばれる人」「使われる場所と状況」「言葉を向ける人と受けとめ

る人との具体的な関係」によって、意味あいが異なってくることに、心して欲しいと思います。ちなみに「ゲイ」は、日本では男性同性愛のことをさすことがほとんどですが、アメリカではgay men、gay womenといったように、性別にかかわらず使われることがあります。

コラム24　多様なセクシュアリティと「レズビアン」

　同性愛（ゲイ）の当事者がカミングアウトすることは、ゲイを排除する社会、同性愛を嫌悪し、差別する社会と対峙して生きていくことを意味します。異性愛をあたり前とする社会のなかでは、同性を好きになる自分自身を受容することは非常に苦悩を伴なう決断といえます。男性の同性愛者は、ゲイ＝女性的というレッテル貼りのために、そして女性の同性愛者は、レズビアン＝「かつて男に傷つけられ失望した女」といった偏見に苦悩してきました。とくに、女性の同性愛者に対する偏見には、「ほんらい、女性は男性によって補完される存在である」という差別観、さらには女性嫌悪が根底にあるといわざるを得ません。

　『「レズビアン」である、ということ』の著者である掛札悠子氏は、「女性の同性愛者にとって、『自分が親密な関係をつくっているのは女性である』と言うことは容易ではない。その一言は、自分の日常すべてさえも破壊しかねないからだ」と語ります。さらに「○○さんという女性が好きだ」という自分に気づきながら、「自分はレズビアンなんかじゃない」と葛藤したことを、つぎのように語っています。

　「なにより同性愛者は自分が同性愛者であることを隠して生活しなければならない、そうしなければさまざまな点で傷つかなくてはならないからだ——このことが差別でなくてなんだと言うのだろう？『隠さずに言ってみればいいんじゃない？　そんなのは思いすごしで、べつになんともないかもしれないよ。私は差別なんかしないし』、そう思う異性愛者は、ためしに明日、自分のまわりの人たちに「私は同性愛者だ」と言ってみてほしい。それが本当に『なんともないこと』かどうかがわかるだろう。」

　「女性に対する女性の欲望が社会的にタブー視されていなければ、『自分がレズビアンであるかどうか』について私が悩む必要はなかっ

> ただろう。それ以前に、『レズビアン』という言葉さえ最初から存在しなかったにちがいない。社会的に定められたタブーさえなければ、すべては一人一人の欲望の指向として、一人一人の人間の『個性』として位置づけられていただろうから。」
>
> 『「レズビアン」である、ということ』(掛札悠子著、河出書房新社、1992年)より

■性別――「男」「女」に分類するための生物学的特徴

　ある雑誌が、『野茂とホモの見分け方』という同性愛者をあなどる企画を掲載し、ゲイリブ団体から強く抗議を受けたということがありましたが、同じ職場や学校、生活している地域で、差別に悩んでいる同性愛者の存在に思いをはせることが大切です。

　さきにものべましたが、トランスジェンダーとは、「性を超える人」「性をまたぐ人」という意味です。つまり、人間は「男」か「女」かのどちらかであり、「女」に生まれたら女性として、「男」に生まれたら男性として生きていくのがあたり前とされている社会のなかで、身体の性別（sex：「女」「男」に分類するための生物学的特徴）と、自認する性（gender identity）との間に、なんらかの形でギャップをもつ人々のことです。

　バイセクシュアルは、「男とも女とも性的な関係をもつ」といわれていますが、バイセクシュアルは、「女」「男」にわけられた性別を重要な基準としない人、つまり、「自分が好きになる相手の性別にとらわれない人」ともいえます。「わたしはバイセクシュアルだ」という人は、同性愛であるとか異性愛者だとか決めつけないでほしい、という気もちをこめて発言しているのです。

　インターセックス（「半陰陽・両性具有」）の人たちが、「男」「女」の生物学的特徴（一次、二次性徴）をともにもつ、多彩で多様なセクシュアリティとして自己存在の声をあげるようになったのは、日本では1980年代以降です。社会は、インターセックスの人を「不完全」と見て、医療関係者によって、本人の意志とは関係なく生まれてすぐに、男／女どちらかの性別へと近づける「治療」がおこなわれてきました。そのために、心や体の痛みに苦しむ当事者たちがいます。

　身体の性別には多様性があり、当事者が自認する「性」と、多様な性的指向を自己決定して生きる権利は、1人ひとりにあります。

　"健常者"中心、性別違和のない"普通"の人を標準とした社会が正統とす

る発想は、アイヌ民族、朝鮮人、中国人、琉球人などを排除した、"単一民族幻想"と同じ誤りをふくんでいることを知らねばなりません。

多文化共生社会とは、他民族への理解と共生というだけでなく、少数者の人権、価値観を認める社会、多様性にとんだ文化をもつ社会のことです。

■性自認——自分の性別はなにか（身体的にではなく）

性自認とは自分自身の性別についての認識、あるいはその認識内容のことです。たとえば、身体的には男（女）として生まれたけれど、自己の性自認（ジェンダー・アイデンティティ）は女（男）であるなど、身体の性（sex）と本人が自己認知する性（gender identity）が一致しないケース、または人々をあらわす言葉がトランスジェンダーです。性別違和に悩み、かつ、社会的な偏見と抑圧に苦しんでいる人々は、学校や職場で男女別の制服を着ることが当然とされ、また、男女別の銭湯、トイレ、更衣室などが、あたり前とされている社会的現実に違和を感じつつも、それを表にだせず、ほんらいの性自認とはちがった社会生活を強いられながら生きています。「性同一性障害」という"病名"で呼ばれたりしていますが、トランスジェンダーは「異常」でも「病気」でもありません。ちなみに、当事者によって、性自認は必ずしも男／女のどちらかというわけではなく、複数の性自認をもつ人またあるいは、そのときどきによって性自認が変わる場合などもあります。

■性的指向——どんな人を好きか（男／女に関係なく）

自己がもつ身体（sex）に関係なく、惹かれる対象となる相手方の性別。異性か同性、またはそのどちらにも感じるのか（bisexual）、あるいはどちらにも感じないのか（asexual）。自分の性的好みがいずれに向いているのか、または、「いずれ」にもとらわれないのかということ。男が男を好きになる場合もあれば（ゲイ）、女が女を好きになる場合もあります（レズビアンあるいはゲイ）。

「性自認」のところで見た、身体（肉体）の生物学的特徴は男だが、自己の性自認は女という場合でも、性指向では女性が好きということも、またその逆も、あるいは両方（あるいは、どちらをも性愛の対象としない）という場合もありうるわけです。

身体の性別（sex）、性自認（gender identity）、性的指向（sexual orientation）によってさまざまなバリエーションのくみあわせがありますが、それがほんらい、人として自然な状態です。

2 実践編

差別語　ゲイ、レズビアン、トランスジェンダー、バイセクシュアル、インターセックス、アセクシュアル、パンセクシュアル

> **ポイント　セクシュアリティの多様性**
>
> 個々人のセクシュアル・アイデンティティは
> 1. 身体的性別
> 2. 性自認
> 3. 好きになる性の組み合わせにより、ひじょうに多様性をもつ。

■コミック・イラストにおける差別表現

　コミックやイラスト等で、たとえば口元に手をあてたり、コーヒーカップをもつときに小指を立てて描き、「オカマ」やゲイであると強調するような絵、あるいはお尻をクネクネ振って誇張するなど、セクシュアル・マイノリティをからかいの対象にする典型的な表現があります。いわゆる「オカマ表現」「オネエ表現」です。当事者のなかで実際にそのような行動様式をとる人がいることは事実ですが、それをからかい半分で描いたり、揶揄する文脈で描くのは問題です。もちろん、カミングアウトを表明している人のなかには「からかわれたってどうということはない」という人もいるでしょうが、いずれにしろ、コミックやイラストや映像のなかで誇張した描き方をするのは、表現者の創造性の貧困といわれても仕方ありません。

　さらに、コミックや映像のなかで、相手をからかったり、おとしめたりという機能を、ゲイを登場させることでもたせていることが多々あります。たとえ、権力者を笑いおとしめるための表現であっても、人をおとしめるために、ゲイをはじめとするセクシュアル・マイノリティを負の要素として使用している場合は差別表現とみなされます。

■「性同一性障害」から「性別違和」へ──日本精神神経学会の新ガイドライン

　2014年、日本精神神経学会は、性的マイノリティや心の病などの名称や用語の変更を全国に呼びかけました。注目すべきは、「性同一性障害」から「性別違和」への変更です。LGBT※、つまりレズビアン、ゲイ、バイセクシャル、トランスジェンダーなど性的マイノリティの人々が、身体と心の性自認の不一致や性的指向の多様性をもつことを理由に、"ふつう"とは違う精神的に病をもつ人々」と決めつけられ、社会的差別を受けてきたことを考えれば、名称変更は、たんなるいい換えではなく、社会的にきわめて積極的な意味をもちます。

[3]性差別

解離性同一性障害（多重人格）	➡	解離性同一症	性同一性障害	➡	性別違和
注意欠如・多動性障害（ADHD）	➡	注意欠如・多動症	言語障害	➡	言語症
アスペルガー症候群、自閉症	➡	自閉スペクトラム症	学習障害	➡	学習症
アルコール依存症	➡	アルコール使用障害	不安障害	➡	不安症

※註　LGBTという言葉は、いま世界の共通語となっているが、それにたいし性的指向をもたない、つまりLGBTの枠に入らない「アセクシュアル」（恒常的に恋愛感情や性的欲求をもたない人々）、「パンセクシュアル」（性的関心や恋愛対象において性別にこだわりをもたない人々）、「ノンセクシュアル」（恋愛感情はあっても性的な欲求を持たない人々）などの存在を考慮し、「セクシュアルマイノリティ」「性的マイノリティ」「性的少数者」という全体を包括する言葉が適切ではないかという意見がある。

性差別にかかわる差別表現事例

事例1……1975年、ハウス食品工業のCMキャッチコピー「私、作る人、僕、食べる人」に対して、性別役割分業の固定化を容認するものとして、女性団体が抗議。

事例2……1984年、講談社発行のコミック誌『モーニング』の中吊り広告に、透けるTシャツを着た女性の乳首をハシでつまんでいる写真を載せ、「チチも愛読。ハシからハシまで大人のコミック」というキャッチコピーをつけていることに対し、女性団体が抗議。

事例3……1993年、平凡社『大百科事典』の「同性愛」の項目内容に「異常性欲」などの記述があり、同性愛者の団体が抗議。抗議を受け、平凡社は内容改訂を決定。

事例4……1996年、日産スカイラインのCM「男だったら乗ってみな」に苦情が寄せられる。その後、「キメたかったら乗ってみな」に変更。

事例5……2004年、TBSの昼のワイドショーで、中学1年生の息子が父親に「体は男だけど心は女で、女の子より男の子に興味がある」と告白し、「化粧してスカートをはいて」父親をドッキリさせた後、妻が「嘘だよ」といって、父親が"安心"するという企画が放送され、磯野

差別語　ゲイ、レズビアン、トランスジェンダー、バイセクシュアル、インターセックス、アセクシュアル、パンセクシュアル

❷実践編

差別語　ゲイ、レズビアン、トランスジェンダー、バイセクシュアル、インターセックス、アセクシュアル、パンセクシュアル

貴理子（現磯野貴理）と田中律子と局アナが大爆笑するという構成に対し、「性同一性障害者の人権を著しく損なう」と抗議される。配慮を欠く企画であったと翌週の番組内でお詫びのコメントをだす。

事例6………2005年、エイズ検査の促進を訴え2005年度放送ギャラクシー賞を受賞した公共広告機構のCM「（見えない連鎖）カレシの元カノの元カレを、知っていますか？」が、ゲイコミュニティ団体からつぎのような主旨で批判される。「カレの元カノの元○○が、『カレ』であるとはかぎらない。カノ女の元カレの元○○が、『カノ』であるとはかぎらない。世のなかには男と女の異性愛しかない、性別二元論を前提にしたもの。恐怖をネタにしてAIDSを語るという無神経さを露呈した広告であり、感染拡大防止の大義名分のもとに1個人のプライバシーを暴き立ててよい、という考えが垣間見える」と抗議。

事例7………2007年1月、柳沢伯夫厚生労働大臣〔当時〕が松江市での講演で、少子化問題にふれるなかで、「15から50歳までの女性の数は決まっている。産む機械、装置の数は決まっているから、機械というのはなんだけど、あとは一人頭でがんばってもらうしかない」と発言し、野党、女性団体から非難を浴びる。「妻も働いており、娘も男性と同じ教育を受けさせた」「女性への差別意識はまったくなかった」と後に語る。

事例8………2010年12月、東京都の石原慎太郎知事は同性愛者について「どこかやっぱり足りない感じがする。遺伝とかのせいでしょう。マイノリティで気の毒ですよ」と発言した。石原知事はPTA団体から性的なマンガの規制強化を陳情されたさい、「テレビなんかでも同性愛者の連中がでてきて平気でやるでしょ。日本は野放図になりすぎている」とのべており、その真意を確認する記者の質問に応えたときのもの。さらに、過去に米・サンフランシスコを視察した際の記憶として、「ゲイのパレードを見ましたけど、見てて本当に気の毒だと思った。男のペア、女のペアあるけど、どこかやっぱり足りない感じがする」と話す。同性愛者のテレビ出演に関しては、「それをことさら売り物にし、ショーアップして、テレビのどうのこうのにするっての(ママ)は、外国じゃ例がないね」と改めて言及した。（2010年12月7日毎日新聞）この一連の

発言について、強い抗議がおこなわれた。

事例9……2011年、田中聡沖縄防衛局長が、オフレコ（非公式）記者懇談会の席で、環境アセスメント評価書の年内提出を問われ、「これから犯す前に犯しますよと言いますか」と女性差別的暴言を吐いた。田中局長は即日更迭。この女性差別発言の背後には、もともと沖縄に対する蔑視感情があり、それが女性差別的比喩として表出したもので、二重の差別発言。

事例10……2014年1月1日号『人工知能学会誌』の表紙デザインに、充電ケーブルに繋がれた女性型アンドロイドが、うつろな目でホウキをもち掃除する姿のイラスト画。女性蔑視との批判を受け、人工知能学会は見解で、「女性を差別するような意図はなかった」「解釈の余地を与えたことについて配慮が足りなかった」と「反省」。だが、差別
（表現）か否かは、表現者（発言者）の主観的意図とは関係なく、社会的文脈において客観的にどう受け止められるかの問題。この「反省」からは、何が問われているのかがわかっていないというべき。マサチューセッツ工科大学助教授で現代アーティストのスプツニ子！氏は、「家事をする女性ロボットが学会誌の表紙を飾るのは、国際的なジェンダーの問題意識に無自覚。米国で、学会誌が黒人のお掃除ロボットを表紙にしたら問題になるのと同じ構図」（2014年1月9日付『朝日新聞』）と指摘。

事例11……2014年6月18日の都議会性差別ヤジ事件。都議会本会議で、塩村文夏都議（みんなの党）が、少子化、出産子育て支援についての質問中、自民党席から、「早く結婚した方がいいんじゃないか」「産めないのか」などのヤジが複数の男性都議から飛ばされる。最初のヤジを飛ばした自民党の鈴木彰浩都議は、当初否定していたが、事実を認めて謝罪、会派離脱（他のヤジを飛ばした議員は追及されず）。都議会には1日で1千件を超える抗議電話が殺到、ネット上の抗議署名は20万人にのぼった。イギリスのメディアは、この事件を「性的虐待（sexist abuse）」

と報じた。

事例12……2015年12月、神奈川県海老名市の鶴指（つるさし）眞澄市議が、同性愛について「人類の根底を変える異常動物」とツイート。当事者をはじめマスコミに批判され、謝罪して削除。海老名市議会は鶴指氏の辞職勧告を可決。また同月、鶴指市議に賛同し、「同性愛は異常」とツイートした岐阜県技術検査課職員も批判を受け、処分される。

事例13……2016年3月、新潟県三条市議会の委員会で、西川重則市議（自民党）が、地元FM放送の番組パーソナリティについて「おかまと聞いている。行政が（番組制作委託料を）支援することはないのでは」と発言。批判を浴び、西川市議は「性的少数者に対し差別的な発言だった」として謝罪、撤回。

事例14……2016年6月、米フロリダ州オーランドのゲイ・クラブが銃撃され、50名以上が亡くなる。アメリカ史上もっとも悲惨な銃撃事件の背景に、誰でも合法的に銃を購入できるアメリカの銃社会の問題が指摘されるが、同時に、この凶行は、マイノリティであるゲイの人たちを狙ったヘイトクライムだった。ハフィントンポストUS版は「銃撃犯自身の性的指向がどうであれ、『同性愛は恐怖であり、恥であり、秘匿すべきこと』と教えている社会が生んだ事件」（ノア・マイケルソン／6月16日）と伝えている。

ポイント 渋谷区パートナーシップ証明書

2015年、東京渋谷区は、性的少数者への社会的偏見や差別の根絶を理念とする「男女平等及び多様性を尊重する社会を推進する条例」を制定。これにもとづき、2015年11月からパートナーシップ証明書発行を開始しました。戸籍上の性別が同一である二者間の社会生活関係を「パートナーシップ」と定義し、男女の婚姻関係と変わらない程度の実質を備えるものです（ただし法的拘束力はなく税の配偶者控除は受けられない）。

条例は性的少数者を、同性愛者、両性愛および無性愛者、トランス

ジェンダーを含め性別違和がある者、と規定しています。こうしたとりくみは、世田谷区や宝塚市など、全国の自治体へと拡がっています。

ポイント 全米で同性婚を認めた連邦裁判決

　2015年、アメリカ連邦最高裁は、同性婚を認める判断を示しました。これまで同性婚に対する判断は各州で分かれていましたが、これにより全米で同性婚が合法化されることになりました。アメリカではこれまで、2004年にマサチューセッツ州で同性結婚の登録が始まって以来、全50州のうち37州とワシントン特別区で同性婚が法的に認められてきた一方、反対も根強く、残る13州では同性婚が禁じられていました。その内の４州（ケンタッキー・ミシガン・オハイオ・テネシー）での同性婚を禁じる州法を違憲として、同性カップルたちが訴訟を起こし、今回の審理に発展しました。その結果、2015年６月、最高裁９人の判事のうち、５人が同性婚を合憲としたことで決定されました。

コラム25 「オカマ」は差別語か

　「オカマ」という言葉が差別語として機能する場合のひとつは、いわゆる「男らしくない男」に対する罵倒（ばとう）の言葉としてもちいられるときです。非常に典型的なのは、たとえば、「お前、オカマか」といういい方です。いい争いをしているとき、いっぽうが相手に「お前、オカマか」と罵ることよって、相手を黙らせるわけです。「オカマか」といわれた相手は、一瞬、ひるみます。なぜ、このひとことで、男性はひるむのでしょうか。それは、「お前は男としての価値がない」といわれているに等しいからです。そこにあるのは、「自分は男である」と思っているのに、「お前は男でない」といわれてプライドを傷つけられ、屈辱を受けるという構図です。ここでおとしめられているのは、「男のクセに男らしくない」男だけでなく、女でもあるわけです。つまり、「お前、オカマか」という言葉は、女性であることに強いマイナスの価値が与えられていることを前提とした、女性差別をふくんだ差別表現なのです。

　『アンチ・ヘテロシズム』（パンドラ、1994年）の著者である平野広朗氏

③性差別

差別語　ゲイ、レズビアン、トランスジェンダー、バイセクシュアル、インターセックス、アセクシュアル、パンセクシュアル

は、当事者にとっては「オカマ」という言葉には、いろいろな意味あいや背景があるとして、つぎのようにのべています。「『おかま』といわれて深く傷ついてしまう人もいれば、そんな言葉しか知らずに生きてきた世代の同性愛者もいる。あるいは、差別されることをもふくめて、自から引き受けようとしている人もいる。」

「同性愛」「オカマ」「ホモ」「ゲイ」――これらの言葉はポピュラーに使われていますが、その言葉がさししめすもの、そこにふくまれている差別性は、時代やそれを使用する人々相互の関連性にともなって流動化しています。当事者につけられた蔑称(べっしょう)を名乗ることによって、差別を逆手にとりながら変革していこうという考え方は、欧米では広がっていますし、日本でも、そういう方向で運動している人もいます。

たとえば、英語圏では「変態」「偽物」あるいは男性同性愛者をさす蔑称として使用されていた「クィア」(queer)という言葉がありますが、1990年代になって、異性愛を規範とする社会に違和感をもち、性的指向や性自認の自己決定権を主張する人々が、あえて「クィア」を自己肯定的につくり変えて使用するようになっています。

『QUEER JAPAN』の責任編集者として、「クィア」という言葉を肯定的にとらえかえし、90年代ゲイ・ムーブメントの先駆的役割をはたしてきた作家・評論家の伏見憲明氏は、「オカマ」という言葉をめぐって、言葉自体が『悪』なのではなく、問題は文脈であり、「ずっと以前は『同性愛』という言葉で差別が行われたし、『オカマ』であろうが、『ホモ』であろうが『レズ』であろうが、差別があるところでは、その人たちを語ろうとする言葉はすべて差別語になっていた。中立的な表現なんてなかった」と語っています。(『性という[饗宴]』、ポット出版、2005年。)

■複合差別

複合差別は比較的新しい概念で、いくつかの差別がたんに重層的に蓄積しているだけでなく、たがいにからみあい錯綜している状態をさします。なかでも、マイノリティに属する女性が受けている複合差別が注目を集めています。具体的には、被差別部落出身者、アイヌ民族、在日韓国・朝鮮人、そしてさまざまな障害をもつ、マイノリティグループに属す女性が受けている、重層的・複合的な差別についてです。たとえば、被差別部落出身で障害をも

つ女性は、二重・三重の差別のなかに置かれています。そこでは、女性差別の問題が部落差別や障害者差別のなかに隠されてしまい、主張することすら難しく、見えない存在として女性差別を深めることにもつながっている状況があります。被差別部落出身者、在日韓国・朝鮮人、アイヌ民族などのマイノリティ集団における女性差別の実態を告発することに躊躇し、沈黙せざるを得ない女性の存在を「複合差別」の視点からとらえ直す必要性が強調されています。

社会学者の上野千鶴子さんは、「複数の差別が、それを成り立たせる複数の文脈のなかでねじれたり、葛藤したり、ひとつの差別がほかの差別を強化したり、補償したりという複雑な関係にあり、その関係を解き明かす必要がある」とし、「すべての被差別者の連帯を強調する理想主義は（社会的集団間および）集団内の差別を隠蔽する効果を生む。むしろ、さまざまな差別の絡みあいを解きほぐす必要がある」と主張しています。

コラム26　水平社宣言の見直し

　日本初の人権宣言といわれ、全国水平社創立大会で発せられた水平社宣言。しかしながら、起草当時の時代的制約をのがれなかった文言も、一部には見られます。

　とくに性差別の観点から考えると、「長い間虐められて来た兄弟よ」「男らしき産業的殉教者」という文言は、男中心の価値観であり、女性の人権に対する水準の低さを表したものとの批判を受けています。また「大正11年」の元号使用についても西暦にすべきという意見が出されました。融和運動から自主的解放運動へと転換させた水平社創立宣言は、歴史的な文書であり、普遍的精神が凝縮されたものです。とはいえ、女性差別という「負」の遺産を消し去ることなく、この事実としっかり向き合い議論していくことが必要という提起が、解放同盟の組織内とくに広島県連からはじまっています。

4 部落差別

部落差別にかかわる差別的言葉

キーワード

穢多、非人、特殊部落、新平民、川向こう、四ツ、夙(宿)、隠亡、長吏(ちょうり)、ちょうりんぼう、皮坊(かぼ)、かわた、かわぼう、番多、河原乞食、乞食非人、藤内、鉢たたき、茶せん、細民部落など。「血筋」「士農工商○○」の形容

- 「あの人は同和の人なの」「(被差別部落の人をさして)そんなふうに見えないね」「同和関係者」「同和部落」などの表現
- 歴史的資料や文献に見られる差別的記述の問題

■部落差別とは

「全国に散在する吾が特殊部落民よ団結せよ」ではじまる水平社宣言が発せられたのは、1922(大正11)年3月の全国水平社創立大会のときでした。
「吾々がエタであることを誇り得る時が来たのだ」と社会に訴えかけて、すでに95年近い歳月が流れています。

日本における最初の人権宣言といわれる水平社宣言から43年後の1965年にだされた「同和対策審議会答申」は、「同和問題(部落問題)の解決は国の責務であり、国民的課題」と強調し、つぎのようにのべました。

「いわゆる同和問題とは、日本社会の歴史的発展の過程において形成された身分階級構造にもとづく差別により、日本国民の一部の集団が経済

的・社会的・文化的に低位の状態におかれ、現代社会においても、なおいちじるしく基本的人権を侵害され、とくに、近代社会の原理として何人にも保障されている市民的権利と自由を完全に保障されていないという、もっとも深刻にして重大な社会問題である。」

この答申を受けて、1969年に特別措置法として同和対策事業がはじまり、2002年に終結するまで、33年間にわたり被差別部落(「同和地区」は被差別部落をふくむ、同和事業対象地域をさす行政用語)の劣悪な環境改善や教育の保障、就業支援など、さまざまな成果をあげ、実態的差別の解消は大きく前進しました。

しかし、結婚差別に顕著にあらわれているように、差別はいまなお深く社会に根を張っていることを直視しなければなりません。

第1章でものべていますが、**部落差別とは、中世の賤民(せんみん)を手がかりにしながら、豊臣政権下で基礎がかたちづくられ、徳川幕藩体制下で確立された身分制度=「武士・平人・賤民」に根拠をもつ封建的賤視観念による社会的差別**のことです。近年とくに"ケガレ"意識とのかかわりの重要性が指摘されています。しかし、たんに中世・近世以来の古い賤視観念として、部落差別が現代まで残存しているのではなく、明治以降、新たに形成された近代日本社会のしくみのなかに——つまり、"近代化"それ自身が、差別を温存させてきたことが、いま問われているわけです。

被差別部落および被差別部落民の数は、「6000部落・300万人」と、象徴的に語られています。

■社会問題としての部落問題の成立

江戸時代の身分差別が、部落差別として社会問題となったのは、いうまでもなく封建制度が、1868年の明治維新でおわりを告げ、近代がはじまってからです。

1871年(明治4年)にだされた太政官布告、いわゆる「賤民解放令」(以下、解放令)によって、「身分、職業とも平民同様たるべき」とされたにもかかわらず、古い封建的賤視観念にとらわれた民衆の旧賤民身分の人々に対する差別的言動が後を絶たず、紛争も頻発していました。明治政府も、一片の布告をだしたのみで、具体的な差別撤廃政策を実施しないばかりか、旧穢多部落を"特殊部落"と呼称するなど、あい変わらず差別的な感覚を保持していました。

「解放令」がだされ、建前ではあれ"四民平等"の世の中になったにもかか

わらず、差別がなくならないという政治的・社会的状況のもとで、"部落問題"が社会問題として浮上し、可視化されてきたわけです。1922年に結成された被差別部落民の自主的運動組織＝水平社は、このような時代背景から誕生しました。

■**差別的言動への抗議からはじまった**

注目すべきは、さきに見たように、この全国水平社の創立大会決議の冒頭に掲げられたのが、「吾々に対し穢多及び特殊部落民等の言行によって侮辱の意志を表示したる時は徹底的糺弾を為す」であったという事実です。

まず差別は「言行」（言動）によっておこなわれ、それに対する抗議から運動がはじまったことがわかります。差別的実態は、まずもって言葉によって表現され、意識され、認識されるわけです。全国水平社の差別反対闘争が、言葉の問題、表現の問題からはじまっていることに注目すべきです。

1871年「解放令」がだされてから、145年の歳月が流れていますが、いまだに部落問題は解決するにいたっていません。部落差別は、日本固有の人権問題といってよいでしょう。

戦後、部落差別にかかわる差別表現についての糺弾闘争は、1960年代なかごろに当該団体である部落解放同盟から、とくにマスメディアの分野で厳しくおこなわれてきた歴史があります。この解放同盟による嵐のような抗議・糺弾行動は、いっぽうで禁句・いい換えという現実回避のことなかれ的対応を生みだし、また、「"言葉狩り"ではないか」という声も作家などの書き手、表現者からあがりました。他方、被差別者、社会的弱者、マイノリティの側からは、解放同盟とともに、差別語を容認する社会に対し、異議申し立てが主張され、差別表現問題が大きな社会的関心を呼び起こしました。これ以降、表現者およびマスメディアの言論・表現の自由と被差別者の人権との問題が深められ、今日にいたっているわけです。

■**部落問題にかかわる差別語と差別表現**

もっとも典型的な差別語は、「穢多」「非人」「特殊部落」「新平民」などですが、とくに、「特殊部落」という語は、閉鎖的で悪の巣窟のような状況を比喩的にいいあらわす場合に数多く使用され、保守・革新を問わず著名な作家や文化人、学者、そして媒体としてのマスメディアが抗議されています。

「国会を特殊部落にしてはならない」「東大を特殊部落にしてはならない」

「芸能界は、そりゃあ特殊部落ですよ」「映画の世界は、やっぱり特殊部落ですよ」など、枚挙にいとまがありません。

この「特殊部落」という言葉は、1871（明治4）年に布告された、いわゆる「賤民解放令」によって、封建的身分差別から解き放たれた被差別民とその居住地域を、新たに"特殊（種）部落"と官側が呼称したことに起源をもちます。それが、明治維新を経て、時代がかわり、四民平等になったとはいえ、古い封建的賤視観念にとらわれていた庶民には、"普通"でない"特殊"な部落、つまり旧来の差別的内容を包含する穢多・非人部落の蔑称として定着し、今日にいたるもなお、使用されている差別語です（1章36頁参照）。

これに関係する身分差別を前提とした言葉として、職能的には葬送にかかわる「おんぼう（隠坊・隠亡）」、皮革産業にたずさわる「かわた（皮多）」、「藤内（旧加賀藩）」、地域によりその意味が異なる「長吏（自称でもある）」などの呼び名があります。また、現在でも、地域的に被差別部落を隠喩する「川向こう」とか、穢多・非人が差別語だから使用できないということで江戸時代の身分制度とされていた「士農工商」の下に職業名などを記し、自虐的かつ否定的なマイナスイメージを付与した「士農工商〇〇」という、婉曲的な表現も数多く見られますが、この表現は差別語を直接使用していないものの、表現の差別性という観点から厳しく抗議を受けています。

同じく職業にかかわる、屠場労働、清掃労働などへの偏見から、「牛殺し」や「クズ拾い」などと表現することも、社会人として叱責を受けることを覚悟しなければなりません。

コラム27 部落問題は民族問題か

部落差別の歴史と起源を説明する書物は数多く出版されていますが、なかには「トンデモ本」もあります。その代表が、部落問題を民族・人種問題と主張する書物の存在です。

現在では少なくなりましたが、かつては、かなりの人が被差別部落出身者を古代朝鮮から「帰化（渡来）」した人の末裔と思いこみ、また、大和政権に抑圧された各地の先住民を祖先にもつ集団などとみなしていました。

とくに、「帰化人」の末裔とする主張は、朝鮮民族差別と深く結びついてでてきたものです。いずれの主張も、歴史的批判に耐えない、非科学

差別語 部落差別

的なものであることが、今日あきらかにされています。
　島崎藤村の名作『破戒』のなかに、主人公丑松の噂をするなかで、被差別部落民（「新平民」）は「皮膚の色がちがう」とか、「容貌でわかる」といった、「人種」がちがうととらえているような表現がでてきます。その『破戒』の成立事情や取材などが書かれている、『山国の新平民』という随筆には、藤村の被差別部落観が吐露されています。
　「私の見た処では、信州あたりの新平民を大凡二通りに分けることが出来る」「high class とでも言はうか、開化した方の新平民」と、「low class, 開化しない方の新平民」がある。「開化した方の新平民は、容貌も性癖も言葉づかひなぞも凡ての事が殆んど吾々と変る所はない」が、「開化しない方では…容貌も何となく粗野で、吾儕の恥かしいと思ふことを別に恥かしいとも思はない風である。顔の骨格なぞも吾儕と違つて居るやうに見える。殊に著しいのは皮膚の色の違つてる事だ。他の種族とも結婚しない…。」と、語っています。前者の「high class」で「開化した方」の典型が、主人公の丑松であり、猪子蓮太郎とされているわけです。
　このような藤村の被差別部落民（「新平民」）に対する「人種主義的」偏見は、当時の社会に広く流布していたと思われます。

■被差別部落を世間はどう考えているか

　部落差別は、民族差別でも人種差別でもなく、奈良・平安時代以降の賤民史の流れをくみ、江戸時代に確立された被差別民、すなわち「穢多」「非人」の系譜に属する集団が居住した地域に対する、近代的な差別です。部落差別の撤廃をめざす運動家のなかに、擬似民族的に部落問題をとらえていた人がいたことはたしかですが、部落差別は、文字通り被差別部落と、その住民に対する差別であり、民族、いわゆる"血筋"の問題ではありません。被差別地域としては連続性をもつものの、住民すべてが血縁性をもつと考えるのは幻想にすぎません。事実、数十年前と比べ、とくに都市部落住民の多くが入れ替わっているという調査結果もあります。つぎに、被差別部落出身者を世間がどう判断しているのかについて見てみましょう。
　大阪府でおこなわれた府民意識調査（2000年11月）の一部を紹介します。
　調査では、被差別部落出身者かどうかの判断基準は、①現住所②本籍地③出生地④父母・祖父母の現住所・本籍地、という順になっています。

〈大阪府民の認識〉　　　　　　　　　（大阪府実態調査より／回答は複数回答）
1) 本人が現在、同和地区に住んでいる　　　　　　　　　　　（56.5％）
2) 本人の本籍地が同和地区にある　　　　　　　　　　　　　（47.9％）
3) 本人の出生地が同和地区である　　　　　　　　　　　　　（44.3％）
4) 父母あるいは祖父母が同和地区に住んでいる　　　　　　　（39.2％）
5) 父母あるいは祖父母の本籍地が同和地区である　　　　　　（37.3％）
6) 職業によって判断している　　　　　　　　　　　　　　　（22.1％）

　注目したいのは、「戸籍」（本籍地）を重視していることです。
　部落解放運動が、戸籍の閲覧制限（「壬申戸籍」の閲覧禁止／1968年）などのとりくみを積極的におこなってきた背景には、結婚にさいしての身元調査による差別をなくすことが大きな目的でした。その後この運動は、差別につながる身元調査の禁止や、第三者の住民票の写しや、戸籍謄本などの交付に対する登録型本人通知制度などのとりくみとして引き継がれています。

> **ポイント まとめ　部落差別とは**
>
> ● 部落差別は、「人種」・民族・宗教・言語・文化の相違に起因するものではなく、前近代から受け継がれたケガレ意識（浄穢観念）、血統意識（貴賤観念）、家意識（家父長制）などにもとづく差別意識、また近代社会のもとで醸成された優生思想・衛生思想を温存・助長する明治期以降の新たな社会構造のもとで、再編された。
> ● 被差別部落とは、封建社会の身分制度のもとで身分・職業・居住が固定され、穢多・非人などと呼称されたあらゆる被差別民の居住集落に、歴史的根拠と関連をもつ現在の被差別地域のこと。
> ● 部落民とは、歴史的・社会的に形成された被差別部落に現在居住しているか、過去に居住していたという事実によって、部落差別をうける可能性をもつ人の総称。
> ● 現在の部落問題とは、憲法14条でいうところの〈社会的身分又は門地〉による差別であり、自由と平等を原理とする近現代社会でも、被差別部落に属すると見なされる人々が、人間の尊厳や市民的権利を不当に侵害されている社会問題。（部落解放同盟第68回全国大会改正綱領参照）

コラム28 ケガレとは

　部落差別がケガレ意識と深くかかわっていることは前にのべました。"ケガレ（穢）"とされている事象は、地震・日照り・台風・凶作などの天変地異（自然現象）に関するものをのぞくと、大きくわけてつぎの4つに分類されています。

　①人間の死や改葬など
　②女性の出産や生理・妊娠など
　③六畜と称される馬・羊・牛・犬・豕（猪）・鶏の6種の家畜の死・産
　④家の火事など。

　"ケガレ"については、民俗学的・宗教学的、そして、文化人類学的視点など、さまざまな観点から論じられています。
　民俗学では〈ハレ・ケ・ケガレ〉の循環構造で説明され、ケガレは〈気・枯れ〉・〈気・離れ〉であり、俗にいう気が抜けた状態のことです（気が完全に抜けた状態が〈死〉と考えられる）。それを回復するためのハレ（晴れ）の儀式を通じて日常的なケ（気がある）の状態に戻るという循環として語られています。
　古来、ケガレは"不浄"とも呼ばれ、〈浄・穢〉の観念をもとに、「死穢」「産穢」「血穢」を三不浄として、忌み嫌う禁忌が、触穢意識を生みだしました。穢れに触れることを触穢といい、ケガレは伝染すると考えられていたため、その場合は一定期間の忌みごもりをしなければなりませんでした。
　日本の中央政府が触穢にかかわって定めた法令（ケガレ規定）は大きく2つあります。
　1つは927年の「延喜式」。もう1つは徳川第5代将軍綱吉が1684年より何度もだした「服忌令」です。「延喜式」は平安中期の927年に成立した、古代の朝廷運営のマニュアル。人の死・出産、動物の死・出産、そして肉食などについて、なにがどのようにケガレにあたるのかを細かく定めています。人々の日常生活の細部にわたって穢れの禁忌を制度化したこの「延喜式」、なんと、1873（明治6）年、近代に入って触穢の制度が廃止されるまで形式上は生きつづけていました。そして徳川綱吉による

「服忌令」は、触穢を忌み、喪に服してケガレが伝染しないようにするという法令です（「服忌」とは、「忌穢」と「触穢」があわさった概念）。「延喜式」は貴族を対象とした法令だったのに対し、「服忌令」は武士だけでなく、庶民全般に対してだされた点に注意して下さい。これら２つの触穢にかかわる法令は、明治初期まで人々の思考や生活のすみずみに影響をおよぼしていました。明治になっても、人々の意識が一気に変わらなかったことは、廃止令や禁止の布告からも読みとれます。

〈明治維新後の部落問題関係法令〉

1871（明治4）年3月	斃牛馬（へいぎゅうば）勝手処置令 （牛馬の持ち主が勝手に処理・売買できる）
1871（明治4）年8月	「賤民解放令」 （穢多・非人の呼称を廃止。身分・職業が平民同様）
1872（明治5）年2月	産穢の廃止令。「六曜」などの迷信を禁止
1873（明治6）年2月	混穢（穢れの禁忌）制度を禁止する布告

　今日でも、父母きょうだいなどの死にかかわって慣習化している"忌引き"は、そのなごりです。また、「喪中につき年賀欠礼」の葉書をだす社会習慣も、もとはといえば、徳川綱吉の「服忌令」からきています。「延喜式」で定められたキヨメ（清め）の習慣は、１千年以上を経た現代も、社会文化として息づいているわけです。

〈貞享元（1684）年「服忌令」〉

父母	忌50日　服13ヵ月	子が喪に服する
養父母	忌20日　服150日	子が喪に服する
夫	忌30日　服13ヵ月	妻が喪に服する
妻	忌14日　服90日	夫が喪に服する
嫡子	忌14日　服90日	父母が喪に服する
末子	忌7日　服30日	父母が喪に服する
末孫	忌3日　服7日	祖父母が喪に服する

コラム29 六曜カレンダーは差別を助長する「迷信」か

　2015年12月、大分県佐伯(さいき)市は、市民への無料配布を予定していた「10年手帳」の配布中止を発表。同県杵築(きつき)市も、配布予定だった「世界農業遺産カレンダー」の再印刷を決めました。いずれも、理由は「大安」「仏滅」といった六曜を載せていたことでした。「六曜は科学的根拠のない迷信や慣習であり、ひいては差別を助長しかねないと、作製後に気づいた。公的な配布物としてふさわしくないと判断した」と説明しています。

　六曜は「六曜星」の略。室町時代に中国から伝わった時刻・日の吉凶占い。先勝・友引・先負・仏滅・大安・赤口の六つの吉凶を、旧暦に順にあてはめていくもので、江戸時代終わり頃から民間で流行しはじめました。ところが、明治の初めに太陽暦が採用され、政府の発行する暦には六曜などを載せないことになりました。

　六曜が直接、差別につながるわけではありません。しかし、結婚や葬式など人生の節目と密接に関わるため、人々の行動への強制力をもちます。「あの家は仏滅に結婚式をしたらしい。なんか変だ」といった意識、そうした社会意識が媒介となって、差別感情を強めるのです。

　行政には、迷信や因習をなくしていく社会啓発を進める義務がありますから、官公庁が発行する手帳に六曜を載せるのは問題があるといえるでしょう。

　また、「差別と意識する方が差別を助長するのでは」という意見もありますが、それは部落問題について「寝た子を起こすな」と言うのと同じで、黙っていれば差別がなくなるかと言えば、なくなりません。逆に差別は強まります。さらに、科学の進歩だけでは迷信がなくならないことは「血液型性格判断」(BPO放送倫理番組向上機構が警告)や「運勢占い」の流行、戦前よりも戦後になって「60年に1度の丙午(ひのえうま)」の出生数が激減した事実がしめしています。

　科学的根拠のない迷信・因習にとらわれることと、先人が経験から学び伝える「生活の知恵」の尊重は、別のことです。

部落差別にかかわる差別表現事例

●「特殊部落」表現 (いずれも抗議主体は部落解放同盟)

事例1……1969年、岩波書店の月刊誌『世界』3月号に掲載された大内兵衛東大教授の論文「東大は滅ぼしてはならない」のなかの「大学という特殊部落」という表現に抗議。岩波側は当該3月号を回収、4月号に「自主的回収についての経過と見解」、5月号に大内兵衛教授の「部落解放運動へ一層の力を注ごう」との自己批判文を掲載。

事例2……1972年、テレビ東京「人に歴史あり」の番組司会者、八木治朗氏の「当時のアナウンス部は特殊部落」という発言に抗議。

事例3……1973年、日本テレビ系『ドキュメント73 この若き官僚たち』に出演した外務省職員(谷内正太郎 現・国家安全保障局長)の、「わたしたちを特殊部落的に見てもらいたくない」という発言に抗議。

事例4……1973年、フジテレビ系『3時のあなた』で司会の山口淑子氏の「お子様がもし、歌手になりたいといったら」の問いに、ゲストの玉置宏氏が「大反対します」「そりゃやっぱり特殊部落ですよ、芸能界ってのは」と発言。フジテレビは番組の最後にお詫びと訂正をしたが、社会的に大きな問題となる。(担当プロデューサーは、日枝久 現・会長)

事例5……1973年、産経新聞に、映画評論家・淀川長治氏の「特殊な部落の銭湯に入った」との記事が載り、抗議。

事例6……1977年、日本テレビ「おはよう!ニュースワイド」に出演した、社会党の新委員長飛鳥田一雄氏の「社会党は特殊部落」との発言に抗議。

事例7……1979年、「中日スポーツ」紙のコラムに、「プロ野球は一昔前から"百鬼夜行の世界"とか"特殊部落"といわれてきました。」との記事が載り、抗議。

❷実践編

差別語　部落差別

事例8……1979年、水道産業新聞に元厚生省水道課長が、「厚生省の中で水道課は特殊部落的存在であった」と記述。部落解放同盟と全水道労働組合が抗議。

事例9……1984年、東大出版会のPR誌に掲載された「日本紹介のむつかしさ」にあった、海外で日本を紹介するとき、「特殊部落の差別あつかい」という表現に抗議。

事例10……1984年、日本テレビ「ルックルックこんにちは」に出演していた政治評論家の宮川隆義氏の「国会は特殊部落」という発言に抗議。

事例11……1985年、枻出版社の月刊『ライダーズクラブ』1月号に「同じメンバーで毎年やっているからマンネリ化し、特殊部落化しとる…。」という表現に抗議。

事例12……1986年、電通が業界紙記者を対象におこなった「地域開発プロジェクト」説明会で、地域開発室長が、ニンニクを生産するアメリカの町を、「その町に住むことが日本でいえばエタ部落に住んでいるような」と発言したことに抗議。

事例13……1987年、日本テレビ「11PM」に出演していた早川茂三氏（元田中角栄首相秘書）の「永田町は特殊部落」という発言に抗議。

事例14……1987年、タマス社発行の月刊『卓球レポート』6月号が「高校運動部という独特の伝統に支えられた特殊部落…」という記事を掲載。著者の元朝日新聞記者の中条一雄氏は、前年の1986年にも著書『原爆と差別』（朝日新聞出版局）のなかで「特殊部落」表記をおこない、部落解放同盟から抗議を受けているにもかかわらず、同様の差別表現をしたことに強く抗議。

事例15……1987年、『新編・函館町物語』（幻洋社）のなかに「特殊部落」「半島人」などの記述があり、なんの注釈もないことに、部落解放同盟と朝鮮総連函館支部が抗議。

> **事例16**……1987年、フジテレビ「おはよう！ナイスデイ」に出演していた映画監督の斉藤耕一氏の「映画界は特殊部落」という発言に抗議。
>
> **事例17**……1991年、山と渓谷社の雑誌『山と渓谷』1月号に、「特殊部落」をマイナスの価値を付与しての記述に抗議。
>
> **事例18**……1995年、毎日新聞2月27日付の朝刊に載った雑誌『経営コンサルタント』の広告コピーのなかに、「散歩道、特殊部落との交流」と小見出し表現があり、抗議。
>
> **事例19**……1994年、元毎日新聞記者の内藤国夫氏が、宗教団体主催の講演会で「…これは差別用語でうっかり発言はできないんですが、創価学会というのは結局、特殊部落みたいなもんですよね」と発言したことに抗議。
>
> **事例20**……1997年、元朝日新聞のニューヨーク支局長が、講演のなかで「われわれは、ワシントンって考えますけれども、ワシントンは、ほんとに政治を中心にした特殊部落であって、あれは全然アメリカの姿ではない。」という発言に抗議。

■「士農工商○○」表現の問題点

　これまで「士農工商○○」という表現に対して抗議された事例は、数十件以上あります。「士・農・工・商・編集者、広告代理店」という表現が圧倒的に多いようです。

　社会的に立場の弱い、疎外されている自己を自嘲的にあらわす「士農工商○○」という比喩は、封建的賤視観念、つまり、「部落・および部落出身者は蔑視される存在」という世間の差別的社会通念を前提とした表現として、強く抗議されています。

　いっぽうで、「この表現は差別表現などではなく、たんに順位・序列を意味しているだけで差別的意図はない」と主張するメディア関係者もいます。しかし、たんなる順位をしめすものであるならば、たとえば「上・中・下、その下が○○ですよ」という抽象的表現、または華族の序例を表す「公・侯・

伯・子・男・その下が〇〇」という表現を使用してもよいはずです。ところが、そのような表現例は過去1度もなく、すべてが「士農工商〇〇」と表現されてきました。つまり「士農工商〇〇」を使用して表現するところに隠喩としての社会的意味があるわけです。

たとえば、社会制度や文化が異なる国では「士農工商・それ以下の人間ですよ」という表現は存在しません。というのは、この表現は、あくまでこうした身分差別社会の歴史を引きずり、部落差別が存在する日本社会でしか意味をなさないということです。つまり、被差別部落、あるいはその出身者に対する歴史的・伝統的な差別観念が社会意識として存在している現実を前提としないかぎり、成り立ちえない表現なのです。

したがって、「士農工商」の後に、なにかをつづける表現は、発言者・執筆者が意識する、しないにかかわらず、「〇〇はもっともおとしめられてきた『穢多・非人』と同じだ」と揶揄するものにほかなりません。さらに、このような比喩が、放送や活字で流され、視聴者が受け入れていくことを通じて、部落差別意識は温存され強化されていくわけです。

コラム30 「士農工商」表現のルーツ

部落問題については小・中・高校時代に「士農工商、穢多、非人」という江戸時代の身分序列をあらわす言葉として、縦書きで、あるいは身分図式ピラミッドとして、「士農工商」という「一般」よりも「さらに低い身分」、と学習したかと思います。「士農工商、〇〇」という表現は、そうした前提のうえで使用されていることはさきにのべたとおりですが、実は江戸時代に法制上、「士農工商」という序列であらわされるような身分制度はなく、「士と農工商」でした。しかも「農工商」の間には、実際には身分上の上下関係は存在せず、江戸時代の身分制度の実相をあらわしたものではありません。江戸時代の身分制度は、正確には「士農工商」ではなく、「武士・平人・賤民」とあらわすべきです。被差別民も、「穢多」「非人」だけでなく、多様な人々（いわゆる「雑賤民」）がいたことが、あきらかにされています。さらにいえば、「穢多」と「非人」間の関係もこのようにストレートに上下であらわせる実態ではありません。また、江戸時代に普及するようになった「士農工商」という言葉は、「世間一般」という意味でもちいられていたこともあきらかになってきています。

> したがって、「士農工商、穢多、非人」を前提とした「士農工商〇〇」表現は、身分制度のとらえ方として不正確というだけではなく、自己を卑下(ひげ)したり自嘲気味に表現する場合に使われてきたとはいえ、まちがった理解を前提とし、かつ、それを肯定するものです。

「士農工商〇〇」にかかわる差別表現事例
（いずれも抗議主体は部落解放同盟）

事例1……1982年、読売新聞に掲載された「士農工商ポリエチレン」という表現に抗議。

事例2……1982年、雑誌『ビックコミックスピリッツ』（小学館）のなかの、「士農工商予備校生」という表現に抗議。

事例3……1983年、フジテレビのドラマ「金曜劇場―冬化粧の女たち」のなかの「士農工商代理店」というセリフに抗議。

事例4……1984年、東京新聞に連載していた阿久悠氏の「この道」のなかの、「士農工商代理店」という記述に抗議。

事例5……1984年、週刊『アサヒ芸能』（徳間書店）の「士・農・工・商SM感覚というぐらいで、SMは、人間以下の行為でされている」という記述に抗議。

事例6……1984年、月刊『ブレーン』（誠文堂新光社）に「士・農・工・商・現代女性」という記述に抗議。

事例7……1984年、白夜書房の『白夜通信』5号が「昔から、士・農・工・商・本屋の店員といわれるように、彼らは、最下層の低賃金団体労働者です」という記述に抗議。

事例8……1984年、『週刊プレイボーイ』（集英社）が「まったく士農工

商・犬猫・宣伝マンとはよくいったものだ」との記述に抗議。

事例9……1985年、社会党の機関紙『社会新報』の「士農工商、そしてヘルパー」という表現に抗議。

事例10……1985年、月刊『MSX』7月号（アスキー）の「士農工商編集者。身分相応という言葉をしっかりかみしめよう」という記述に抗議。

事例11……1986年、テレビ朝日系の広島ホームテレビで放映された深夜番組『ウソップランド血液型封建時代』のなかで、「日本政府は江戸時代の士農工商にならい、血液型を基準にして貴族階級のA型、上流階級のO型、平民のB型、最下層級のAB型」という表現に抗議。

事例12……1990年、『週刊読売』（読売新聞社）のなかの「士農工商代理人、そのまた下にフリーランス」という記述に抗議。

事例13……1990年、『夕刊フジ』（産経新聞社）の「はやりうた昭和劇場」に「士農工商芸人」という表現に抗議。

事例14……1991年、『静岡リビング』のコラムに「パートなんて人間じゃない。士・農・工・商・管理職・本社員・パート社員という態度がありありだったとか」という記事に抗議。

事例15……1996年、電通が毎週発行している広告専門誌『電通報』の連載記事のなかで「士農工商代理店、われら車夫馬丁（しゃふばてい）にござんす」の表現があり、発行後気づいた電通は、筆者の了解のもとにこの1節を削除、刷り直し、「この表現が人権尊重の理念にもとるものであったことを深く反省し、お詫びいたします」という謝罪文を掲載。同時に定期購読者を対象に、「お詫びとご協力のお願い」と題する回収要請文と返信用封筒、改訂版を同封して郵送。

事例16……1997年、佐賀新聞の中尾清一社長が、公開シンポジウムで「佐賀というのは福岡から下に見られ、福岡人が士農工商の『商』であ

れば、佐賀は『えた・ひにん』であることによって東京コンプレックスを昇華するようなところがある」という発言に抗議。（佐賀市内で開かれた国際空港シンポジウムで、九州での一極集中化がすすむ福岡と、佐賀との関係についての発言。）シンポジウム終了後、参加した佐賀新聞関係者から指摘があり、部落解放同盟佐賀県連合会に報告、謝罪。全国紙でもこの件は大きくとりあげられた。その後同紙上で中尾社長の「おわび」が掲載され、「差別の痛苦無理解だった」として、紙面を通じて従来以上に同和問題・人権問題をとりあげ、正しい理解を訴えることなどを約束。

事例17……1998年、自治労主催の活動家養成講演会で、連合の役員が「差別用語で使ってはいけないけれど、士農工商犬ワンワン猫ニャンニャン」と発言。さらに参加者の組合員が自己紹介のときに「自分たちの職場は、まるで士農工商穢多・非人のようである」と発言。さらにその後、当時の講演録が資料として配布され、「当時、士農工商犬猫エージェンシーといわれておりまして、士農工商の下に、犬はワンワン、泥棒よけ、猫はニャンニャン、ネズミを捕るけれどもエージェンシーはそれ以下だ」との記述が掲載されていた。（抗議を受けた連合組織調整局長は、「みずからの組合活動をとり巻く情況を説明するための表現だったが、誤っていた」とし、謝罪）。

事例18……2001年、ネコパブリッシング発行のバイク雑誌『クラブマン』（12月号）の編集後記に「編集部において最も下っ端の僕。士農工商のエタヒニンK（編集者の実名）君ぐらいの存在」の表現に抗議。

事例19……2002年、NHKの人気シリーズ『プロジェクトX・東京ドーム　奇跡のエアー作戦』（5月21日放映）のなかで、インタビューを受けたテント会社の技術者が、かつて会社が苦境にあった時代をふり返り、「士農工商テント屋」と発言、加えてスタジオでキャスターが「さきほど士農工商のような発言がありましたが、テント屋という感じだったのですか」とフォロー。VTRで編集したものだが、だれも気づかなかったため、そのまま放映したことに抗議。

事例20……2016年5月『ダーリンは70歳　高須帝国の逆襲』（小学館）が、

発売から5日で絶版・回収。小学館が問題とした箇所は、子どもの頃の著者が"ばあちゃん"から聞かされたエピソード。「昔は『士・農・工・商・穢多：非人』という身分制度があって『お前のひいおじいさんは、とても情け深い人で"穢多も同じ人間じゃ。差別してはいかん"と言うて、穢多の子どもたちに餅を投げてやった。子どもたちがそれを拾って食べると"穢多の子は可愛いのう"と目を細めていた』と、ばあちゃんは言う。この話をすると、サイバラは『なんてひどいことするんだ。ものすごい差別じゃん！』って怒るんだけど。」

「昔は……」以下の文脈に、曽祖父や祖母の同情融和的な優越（差別）意識があり、また、高須氏がそれを肯定していることは確かだが、差別表現とは一概に言えない。こうしたケースでは、版元側は、編集者の責任として、著者の了解のもと、きちんとした注釈ないし解説をつけて、原文のまま出版すべき。（※"穢多""非人"という差別語が文脈中に使用されているが、歴史的事実に沿って書かれているだけで、問題はない。）

『週刊朝日』差別事件
（2012年10月16日発売　佐野眞一＋今西憲之・村岡正浩）

『週刊朝日』2012年10月26日号掲載の「ハシシタ 奴の本性」が、ジャーナリズムをゆるがす大問題となったことは記憶に新しいですが、その前年の2011年には、『新潮45』、『週刊新潮』、『週刊文春』が、橋下徹前大阪府知事をめぐる「出自」をもとにした、差別的なネガティブキャンペーンを繰り広げ、批判を浴びました。

まず、これらの差別記事・広告事件の問題点をみておきましょう。

●『週刊新潮』『週刊文春』広告の問題点

〈「同和」「暴力団」の渦に呑まれた独裁者「橋下知事」出生の秘密　オヤジはヤクザで同和に誇り〉　　　　　　（『週刊新潮』2011年11月3日号）
〈暴力団員だった父はガス管をくわえて自殺、橋下徹42歳　書かれなかった「血脈」〉　　　　　　（『週刊文春』2011年11月3日号）

　上の2つの広告リードの差別性は、「同和」や「暴力団」という言葉の使用にあるのではなく、個人の意志ではどうしようもない事柄であ

る社会的属性（＝被差別部落出身者を父にもつこと）を、「出生の秘密」「書かれなかった『血脈』」と表現したところにあります。

● 『週刊新潮』『週刊文春』記事の問題点

〈「あいつのオヤジは、ヤクザの元組員で、同和や」こう語ったのは、橋下知事の叔父、橋下博煕氏である。スター知事の生い立ちにまつわる衝撃的な発言。〉 （『週刊新潮』同掲）

　記事の問題点は大きく2つです。①被差別部落出身ということがなぜ"衝撃的"なのか。②被差別部落に対する社会的差別が厳存する中で、「苛烈な言動の源泉を追う」という理由で、人の「出自」を暴くことが許されるのかということ。

　百歩ゆずって、橋下氏自らが、自己と被差別部落の関係を社会的に明らかにしているとしても、他者が、とくにマスコミが、ことさらそれを衝撃的事実として報道する権利も社会的必要性もありません。政治家に対する政治的批判は自由ですが、世間の差別意識を掻き立てた形での個人攻撃は、ジャーナリズムとして恥ずべき行為でしょう。

　もっとも大きな問題点は、「生まれ」と「人格」を結びつける発想です。政治家の人格や政治手法と、被差別部落出身者ということが、どう結びつくのか、その検証を欠き、世間の差別意識に乗じた情緒的批判は、被差別部落への差別を助長するものです。

　記事だけでなく、差別的な広告を掲載した新聞社と、中吊り広告を掲載した鉄道会社の広告審査に対する社会的責任もある。

● 『週刊朝日』「ハシシタ 奴の正体」（連載第1回）の差別性
〈ハシシタ　橋下徹のDNAをさかのぼり本性をあぶり出す〉

　問題の核心は、「DNA」＝「血脈」＝被差別部落出身という"出自"の中に、橋下市長の全人格の根源があるととらえて、差別と人格を無批判、無媒介に結びつけているという1点につきます。優生思想的であり、社会的差別としての部落差別を助長する行為です。

　2012年10月18日の会見で、橋下氏はつぎのように抗議しています。「今回問題視しているのは、自分のルーツ、育てられた記憶もない実父の生き様、当該地域が被差別部落という話について、それがぼく

の人格を否定する根拠として、先祖、実父を徹底的に調査するという考え方。ぼくの許されない人格が何なのかといえば、血脈、DNA、先祖、実父という発想のもとで、ぼくとは無関係の過去を無制限に暴き出していくということは、公人であったとしても、認めることができないし、違うと思う。」

● 取材目的の差別性と取材方法の違法性

特定人物の人物像を描くことと、出自（血脈）を暴くことは、まったく別の事柄です。ほんらい、ジャーナリズムの観点から究明すべきは、その人物の人間性、つまり、育った環境、受けた教育、育んだ人間関係や社会関係です。ところが『週刊朝日』編集部は、橋下氏の全人格の根源が、そのルーツ（出自）にあると差別的にとらえ、橋下氏本人が部落出身だという「確証」をとることを、最重要目的としました。編集部も筆者も、悪質な興信所が行う身元調査のような感覚・手法で、先祖の地を「取材」したわけです。取材目的の差別性は、取材方法の違法性の中にも表現されています。

● 問われたことは何だったか

①筆者や編集部の「差別的意図の有無」が問われたのではなく、被差別部落出身者という出自の中に特定人物の人格の根源があるととらえる意識の差別性について問われた。

②朝日新聞社は「報道と人権委員会」の「企画そのものが、出自を根拠に人格を否定するという考えを基調」とした「見解」を受け入れ、橋下氏に謝罪しました。しかし、忘れてはならないのは、この差別報道により、全国の被差別部落出身者が貶められたばかりか、当該地区にゆかりをもつすべての人々を標的とする、新たな差別攻撃を誘発させる事態に至った謝罪は、未だ十分になされていません。

③文化人やジャーナリストの一部に、「表現の自由」を掲げて擁護する意見もありました。筆者の佐野眞一氏も、抗議を受けた後で、「事実を書いた」と語りましたが、問われていたのは「事実か、事実でないか」でなく、「差別かどうか」でした。ジャーナリストの、自己の内面に刷りこまれた差別意識への自覚の欠落が指摘されたのです。

④ 部落差別

そのほかの部落差別にかかわる差別表現
（いずれも抗議主体は部落解放同盟）

事例1……1973年、フジテレビの『小川宏ショー』に出演していた俳優の千秋実さんの「当時の世相というのは、役者になると河原乞食になるという風な時代」という発言に抗議。

事例2……1973年、NET（現テレビ朝日）の番組『特別機動捜査隊』のセリフに「いくらがんばっても靴屋のせがれは靴屋のせがれだ」に抗議。（※この表現は、たとえば、"八百屋ふぜい" とか "魚屋のくせに" という表現とは、部落問題に関係している職業ということで、ちがいがある点に注意が必要。八百屋（食料品店）、魚屋（鮮魚店）にはケガレ観念にもとづいた差別意識の存在がない。しかし、靴屋（靴店）には皮革製造過程にかかわって、部落差別につながる差別意識がともなっている。肉屋（精肉店）にも同じことがいえる）。

事例3……1973年、読売テレビの『お笑いネットワーク』に出演していた笑福亭松之助氏の「非人乞食に身を落とし」という発言に抗議。

事例4……1980年、翻訳本『将軍』（ジェームズ・クラベル著・宮川一郎訳、TBSブリタニカ）のなかに、「eta village」を「エタ部落」と訳していること。および、屠場差別などの表現に対して抗議。

事例5……1981年、翻訳本『地球時代の文化論』（M.ミード著・太田和子訳、東大出版会）に「ごく一握りの貴族や穢多の間にも見られることもある」との表現に抗議。

事例6……1981年、中央公論『世界の名著』、マリノフスキーの「西太平洋の大航海者」なかに「unclean village」を「穢多部落」と訳していることに抗議。

事例7……1982年、人事院の局長が、講演で「世の中には、とかく公務員は〈特殊部落〉の存在であるような感じがございます」と発言したことに抗議。

事例8……1983年、日本テレビ系『久米宏のTVスクランブル』で横山やすし氏が「サラ金業者のなかにはコレもんが多い」と小指を曲げて手をかざす。部落差別的な所作「四つ」の意味にも受けとれると、部落解放同盟が抗議。

事例9……1983年9月1日付『毎日新聞』投書欄に掲載された、教育に関する文章中に「落伍者は非人ということになりかねない」という表現があり、抗議。『毎日新聞』側は紙上にて「非人」を「非人間」とする訂正文を掲載したが、同盟側は「たんなるいい換えであり、文脈上意味を成さず、事態をごまかそうとしている」と強く抗議。

事例10……1983年9月16日付『京都新聞』夕刊の広告に、伏見銘酒会の「銘柄クイズ」が掲載されたが、その出題文中に「ちょうりんぼう（馬鹿め）！」という差別語が使われていた。『京都新聞』は18日付朝刊で謝罪。広告主の伏見銘酒会八社と広告制作にあたった電通京都支社もそれぞれ謝罪。ところがその過程で、問題の文章が司馬遼太郎氏の『竜馬がゆく』から引用したものとわかり、部落解放同盟京都府連が、司馬氏に抗議。司馬氏は、「長吏と人間の尊重について」と題する自己批判文を提出。

事例11……1984年、朝日新聞社出版局が発行した、『朝日百科・世界の地理』49・50号に掲載された神戸市と高知市の古地図に「穢多村」「エタムラ」等の地名がそのまま記載されていると、部落解放同盟、行政当局が抗議。朝日側は、回収。

事例12……1984年中央公論社の宮尾登美子著『櫂（かい）（上）』に、「市の火葬場がある地獄谷には監獄上りの隠亡たちがいて…、隠亡といえば今でも人間のうちの人間ではないような感じがある」という記述に抗議。

事例13……1985年、新潮社の山崎豊子著『女系家族』のなかに、「宇市は、そういうと、まるで隠亡が死者の衣類を剥ぎとるような凄まじい物欲に漲った視線で文乃を見詰め…」という記述に抗議。

事例14……1985年、反骨のジャーナリストとして知られる宮武外骨（みやたけがいこつ）の

著書『宮武外骨　予は危険人物なり』(筑摩書房)、『宮武外骨』(河出書房新社) に抗議。頻出する「穢多」等の差別語についてはあえてそのまま残し、編者が解説を加えていたが、その内容が不充分と指摘されたもの。

事例15……1985年、『大隈重信』(渡辺幾治郎著、時事通信社) のなかに「解放令」についての感想をのべた大隈重信の言葉のなかに「穢多・非人」という表現があったため、そこを「……」としたことに抗議。差別語を抹消するという自主規制に対する問題提起。

事例16……1985年、社会党の中央機関紙『社会新報』3月1日付の「ロマン小説ブーム」の記事中「家柄、社会的地位、年収などが女性にとって結婚相手を選択する上で重要」との表現があり、抗議。

事例17……1986年、データハウス社発行の『子女の手帳』に「トシ、マッチに共通する女性」として「兄弟の数の多さから推し量るに、四本指に属している」という差別表現があり抗議。回収、謝罪。

事例18……1987年、フジテレビ系『笑っていいとも!』で、タモリ氏とゲストで、福岡県出身の財津和夫氏が、福岡市の被差別部落の地名をあげて、「あそこちょっと怖いよね」などと発言し、部落解放同盟福岡県連から抗議され、謝罪。

事例19……1989年、小学館の『週刊ポスト』の特集記事「部落差別許すまじ!」の〈中吊り広告〉(車内ポスター) を、JR東日本と営団地下鉄が掲示を拒否。理由は「部落差別」の文字が入っていたからと、後に解放同盟が抗議するなかで判明。マニュアル的対応による思考停止の最悪のケース。なぜ、部落差別に抗議している記事広告に反対するのかと、厳しく批判される。

広告の掲載を拒否された

事例20……1990年、JR東海の子会社「ウェッジ」が発行している『ウェッジ』に、「ルーツ調べの有力な武器」として戸籍謄本をあげ、「謄本の

とり方やそこからたどれる事柄」を書いていることに対して、差別を助長する恐れがあるとJR東海同和対策室が判断。9万部を回収し、問題部分を差し替えて再発行。

事例21 ⋯⋯ 1990年、『AERA』(朝日新聞社)で、連合会長(当時)の山岸章氏がインタビュー記事で、戦争体験を語るなかにある「三日三晩、隠亡をやった」などの記述に抗議。

事例22 ⋯⋯ 1990年、アメリカ製ゲーム『ランド・オブ・ニンジャ』の説明書に、日本の封建社会では「あらゆる職業は、公家・武家・平民・エタの4つの階層に属する」などと無批判に記されていた。ゲームは日本の封建社会を舞台にした、ロールプレイングゲームの1種。

事例23 ⋯⋯ 1990年、『産経新聞』3月6日付夕刊文化面の、遠藤周作氏の連載コラム「花時計」に、「焼いた骨を隠亡がガンジス川に流す」という記述があり、「火葬作業にあたる人たちをさす『隠亡』は差別語である」と抗議。産経側は最終版から「火葬係」に差し替え、翌日謝罪記事を掲載。

事例24 ⋯⋯ 1991年、『週刊女性』(主婦と生活社)の連載「事件の中の女性」(円つぶら執筆)に、奈良県を舞台に実際に起こった犯罪と女性のかかわりを、フィクションとして描いた文のなかに、実在の解放住宅(改良住宅)の写真を載せるなど、部落と犯罪を意図的に結びつけ、「部落は怖い」ところで、犯罪の巣窟という予断と偏見のもとに書かれていると抗議。部落解放同盟中央本部と奈良県連合同で大規模な糾弾会がおこなわれる。

事例25 ⋯⋯ 1991年、福武書店(現ベネッセコーポレーション)が1990年末に創刊した就職情報誌『夢の助』のなかに、結婚について、「強力なコネがあるかどうか親類縁者を調べて結婚する」といった表現に抗議。福武書店は、6万3千部を自主的に回収。

事例26 ⋯⋯ 1992年、山形県で開かれた「べにばな国体」の折、山形県内

の複数の市町村が、「被差別部落と同じに見られては困る」として、"部落"という地名表示を"地区"に変更しようとしたことに対して抗議。

事例27……1994年、『全共闘白書』(新潮社)のなかに「特に同和地区、八幡では(教育レベルが)非常に低い。暴力事件も多い」等の表現に抗議。

事例28……1995年、主婦と生活社が1994年10月に発行した『男の冠婚葬祭百科』の履歴書の書き方の項に、本籍地記入を町名番地まで書くよう教示している部分に対し、「身元調査をあおる表現は問題」と堺市人権教育局が抗議。主婦と生活社は出庫停止、回収。

事例29……1996年、日本テレビが、ある番組の舞台裏を放送したなかに、フロアーのADが秒数をカウントダウンする映像があり、4をしめすときの指の形に対し、いわゆる、ボカシ処理をおこない4の形が分からないようにした事件。5・3・2・1にはボカシは入っていない。なぜ"4"だけボカシを入れるのか。ADの部落問題認識の浅さと、その行為が呼び起こす視聴者の不信感はだれに向かうのかが問われる。

事例30……2002年、6月17日付交通新聞社発行の『交通新聞』に以下のような記事が掲載された。「(略)男と女の関係と同じで、結婚の前に相手の家柄、家族、そして本人のことを調査し、納得の上で結婚する。これくらいの冷静さをもって、取引を開始する前に相手先を十分調査することが必要」。取引上の要諦を結婚前の身分調査を引きあいにしていることで、差別を助長する表現と指摘、抗議。

事例31……2003年、テレビ朝日『題名のない音楽会』(3月30日放映)で、『五木の子守唄』の歌詞スーパーで「非人」というルビを流した。「おどま、かんじんかんじん、あん人たちゃよか衆」の「かんじん」を「非人」というスーパーで放映。これに対して解放同盟熊本県連は「なぜ解説を入れなかったのか」と抗議。

事例32……2004年、テレビ朝日の『報道ステーション』が、郵政民営化問題をあつかったときに、代々特定郵便局長の一家をとりあげ、「代々

❷実践編

郵便に人生を捧げてきた由緒正しき血筋なのだ」というナレーションに対し、視聴者から抗議。

事例33……2004年、予備校の最大手、代々木ゼミナールの古文担当の講師が講義のなかで、みずからが暴走族で鑑別所に入所した体験を話し、「鑑別所にもランクってあるんです――俺なんか18んとき入ってるじゃん。暴走族の特攻隊長のとき入ってんだよ。で、シャブで入ってるもんなんで鑑別所に入った瞬間に天皇陛下級なの。ほんとに――これ、あのレイプとかな、強姦なんかで入った日にゃエタ・ヒニンだ。ほんとに」などと発言、この講義が各地の支部校に衛星放送で流されたため、一部生徒の間から指摘があり、抗議。

事例34……2006年、東京ニュース通信社発行のテレビ情報誌『TV Bros』(6月24日号)の、カンヌ映画祭のレポート記事のなかに、カンヌ映画祭では記者に配布されるプレスパスにも階級があり、白、ピンク＋白、ピンク、青、黄の五段階になっていて、黄色パスを配布された記者が「午後からは黄色パスのエタ、ヒニンは全くお呼びでない感じ」と書いた。この表現に抗議。

事例35……2011年発行の『大江戸古地図散歩（文庫版）』『大江戸今昔マップ』(新人物往来社)に、解放同盟東京都連合会が抗議。『大江戸今昔マップ』は、1849年（嘉永2年）の江戸古地図30点を掲載したもの。「現代マップ＋江戸切絵図」、つまり現代地図を古地図（切絵図）に重ねることで、「切絵図をもとに現代を歩ける」として出版された。切絵図に「穢多村」となんの注釈もなく表記されたものがあり、現代地図上には名所一ヶ所と町名が記載。これらを重ね合わせることで、じっさいの被差別部落の所在を特定でき、しかも、その古地図を他の情報とすり合わせることで被差別部落の住民個々人さえ特定されるとして、抗議を受け、新人物往来社は謝罪。

事例36……2012年5月7日NHK放送の『鶴瓶の家族に乾杯』で、俳優の谷原章介氏が、故郷の先祖をたどるためにお寺（浄土真宗本願寺派）に行き、寺の関係者が「過去帳だ」と言って、明治年間の記録「門徒明

細簿」や「門徒戸数控」を見せる様子が放映された。部落解放同盟広島県連から抗議を受ける。放送局に対しては、寺院に行けば「過去帳」が閲覧でき、情報を得ることができると視聴者に思わせた責任が、問われた。寺院側に対しては、過去帳を「開示したか、どうか」「身元調査についての意識の弱さ」のみでなく、釈迦と親鸞の教えを説く教団である浄土真宗本願寺派全体の部落問題認識が問われた。

● 過去帳の閲覧がなぜ差別につながるのか
　過去帳は「旧穢多」「新平民」などの差別記載があり、被差別部落出身を特定するための身元調査で、興信所・探偵社に悪用されてきたことから、1986年、教団側が自主的に閲覧禁止とした経緯がある。

事例37……『週刊現代』「ユニクロ・柳井が封印した『一族』の物語」（2014年8月18日発売号／本誌記者・藤岡雅）。サブタイトルに「『ヤクザと同和運動』に彩られた真の創業者」「地元・山口を嫌う柳井正」とあり、新聞広告にも同様のタイトルとサブタイトルが載る。

● 見出しの問題点
　「ヤクザ」と「同和運動」を同列に並べた点ではなく、わざわざ「同和運動」と表現して、柳井氏を被差別部落と関連づけているところに、「スクープレポート」と銘打たれた記事の企図がある。

● 記事の問題点
　被差別部落出身という社会的属性と人格、経営手法を結びつける発想そのものに、潜在した自覚されない部落差別意識がある。運動団体の幹部の言葉を引用して、解放運動の活動家であった伯父を評価しながら、「家系図」まで載せて、柳井氏のセンシティブな個人情報を、何のためらいもなく明らかにしている。

● 橋下徹氏に対する一連の差別記事との共通点
　自らの出自に誇りを持ち、それを明らかにしている解放同盟初代委員長・松本治一郎の出自をたどり伝記を書くことと、自らの社会的属性を名乗っていない著名人の「血脈」「血筋」「一族」を、当事者の意

思を無視し、意に反して描くことは、まったく次元の違う問題。著名人の個人史を描くこと一般が問題なのではない。厳しい社会的差別が存在している中で、なぜ被差別者の「出自」を描く必要があるのか。問われるのは、著名人や公人の「出自」を描く必要性とその意図、表現が与える社会的影響であるが、柳井氏の「『一族』の物語』」で部落問題に触れる社会的必要性と合理的な理由を、この記事から読みとることはできない。同記事は、スポーツ界、芸能界、歌謡界などでがん張っている、すべての被差別部落出身者にかかわる重大な問題をはらんでいる。

コラム31 猟奇的事件と差別問題

　1997年、作家の鈴木光司氏が母校で記念講演をしたさいに、神戸の小学生殺害事件について「事件のあった地区は、被差別部落のあったところを造成して団地にしたところである」「容疑者の母親は被差別部落の出身者である」と発言したことに、解放同盟が抗議。動機が不可解で猟奇的性格を帯びている事件と、被差別部落を、なんの根拠もなく、たんなる伝聞にもとづいて安易に結びつけ、なにかを悟ったかのように吹聴することの差別性を指摘しました。（ちなみにジャーナリストの嶌信彦氏は、同じ事件について、在日コリアン犯人説をテレビで主張。226頁参照）ところが、その抗議に対してだされた"お詫び"の文章がさらに問題視されることになります。その"お詫び"には、つぎのように書かれていました。

　〈事件のあった場所が同和地区であり、容疑者の母親が被差別部落の出身者というのは伝聞にもとづいたものであり、調査の結果、事実でなく誤った情報であったことが判明したので、「事実無根の情報流布は、誤解と偏見を招き、差別の再生産につながることである」とし、反省し、お詫びする〉

　上の"お詫び"文書の第1の問題点は、果たして、事件が被差別部落の地域で起き、容疑者の母親が被差別部落出身者であれば、記してもいいのかという点にあります。極めて猟奇的な事件と、被差別部落およびその出身者を安易に結びつける思考そのものにひそむ差別性こそが問

4 部落差別

　われているのであって、事実か否かの問題ではないということです。
　犯罪を被差別部落、在日韓国・朝鮮人、精神障害者など社会的マイノリティと安易に結びつける発想が、批判されているわけです。
　第2の問題点は、「調査の結果、事実でなく誤った情報であったことが判明した」としている部分です。鈴木氏は一体どのような手段を使って、そこが被差別部落かどうか、母親が被差別部落出身者か否かを調べたのでしょうか。興信所や探偵社に高い料金をはらって調査を依頼したのでしょうか。驚くのは、身元調査（出自・国籍・政治的見解・宗教などセンシティブ情報を本人の知らないところで調べたり、問いあわせを依頼すること）そのものが、違法性をもつ人権侵害であることに対する認識の希薄さです。
　このような、動機不明の不可解な猟奇的事件と被差別部落を結びつける傾向は、おもだった事件だけでも別表のようにあげられます。

グリコ・森永事件	1983年	食肉関係者・部落への見こみ調査
オウム真理教事件	1995年	麻原（松本智津夫）部落出身者説
和歌山毒入りカレー事件	1998年	「犯人」部落出身者説
音羽"お受験"殺人事件	1999年	〃
京都伏見小学生殺人事件	1999年	〃

コラム32　差別戒名（さべつかいみょう）・差別法名（さべつほうみょう）

　戒名・法名とは、仏門に入った者や死者に対して与えられる名前です。生前の社会的地位や、寺院や宗派への貢献の度あいによって、「〇〇院号」「〇〇道号」などがあり、一般には「〇〇居士」「〇〇大姉」「〇〇信士・信女」がつけられます。しかし、賤民階層身分の人々に対しては、極めて差別的な戒名がつけられ、死後もなお差別が継続されました。
　差別戒名・差別法名は、『貞観政要格式目』（成立年不明）、『無縁慈悲集』（1660年）、『無縁双紙』（1667年）などの指南書にもとづいてつけられています。
　畜・賤・草・僕・非・革・鞁・僮・卑・婢・隷・革門・革尼・畜男・畜女・屠士・屠女・卜男（卜＝僕）・卜女・連寂・栴陀羅などの、極めて露骨な字句を使用しています。さらに、文字を分離して「玄田牛一」（重ねて読むと"畜生"となる）などという悪質な戒名も存在しています。

また、朝鮮人に対しては、日本人の戒名が6文字が一般的であるのに対し、4文字でつけ、かつ墓石の側面に「鮮人」と記すなどの差別戒名も見つかっています。

差別的な戒名・法名については、戦前から指摘され抗議がおこなわれていましたが、1980年以降の部落解放同盟などからの指摘を受けて、各宗派で独自の調査がおこなわれ、本格的な見直しがはじまって、今日にいたっています。

コラム33 「四ツ」という言葉について

本書のなかで、広告の自主規制の問題点を各々の項でとりあげていますが、事例19の『週刊ポスト』の広告掲載拒否に見られるような事態は、日常的に密かにおこなわれているといってよいでしょう。

「ボケ老人」を「徘徊老人」「ボケ防止」を「老化防止」といい換えるのはまだしも、「赤ちゃんが四つん這いでハイハイしている」を「赤ちゃんが手をついてハイハイしている」にいい換えさせるにいたっては、なにをかいわんやです。

かつて、大相撲の千秋楽で、曙対貴乃花の優勝がかかった一番の大見出しを、ある全国紙が、第1版では「四つも曙」としたところ、社内からクレームがつき、以降の版を「組んでも曙」と変更したということがありました。では、なぜ「四つ」という言葉がそれほどタブー視されるのでしょうか。『広辞苑』(第6版)は、その5番目に「(『四足（よつあし）』の意という）近世以降、最下層身分の人を差別意識から卑しめていう語」としています。つまり、被差別身分であった〈穢多〉の専業として、斃牛馬、つまり「四足（よつあし）」動物の処理をおこなっていたところからつけられた蔑称として、江戸時代から使用されていたようです。

親指を曲げて4本指で「被差別部落」を揶揄し、「レンガ1束」(4個で1束)、「B29(プロペラが4発)」などの差別的隠語もここに源をもっています。事例8、事例29もそうです。

1979年に青春出版社からだされた新書『おしゃれ会話入門』(久米宏著)のなかにも、「四つ足なんていうのもいけないし、大阪じゃ、ちあきなおみさんの『四つのお願い』という曲もかけられないんじゃないか、コタツなんていうのも、そのうち、放送禁止用語になるかも知れない、四

つ足だから。」とちゃかして書かれています。このような事実無根の曲解が「四つ」という言葉に対する忌避感を増幅させたことは否めません。そして、結局は部落問題と部落解放運動に対する正しい認識をもつことを妨げる結果となっているわけです。こんな意味不明の自主規制をするなら、東京の「四ツ谷」も大阪の「四つ橋」も、千葉県にある「四街道」などもっての外ということになるでしょう。あまりにも思慮に欠けた姿勢であり、それこそ「メディアの思想的脆弱性」(筒井康隆氏)をしめすものではないでしょうか。

指が4本に見えるイラストは、過剰な自主規制の対象となった。右上の赤ちゃんの手のイラストも同様

コラム34 ネット上の差別書き込み・ヘイトスピーチ動画に新たな展開

　ブログや会員制交流サイト(SNS)の普及にともない、インターネット上での人権侵害を訴える声は年々増加しています。

　インターネット上に、差別表現、差別的な書き込みがされた場合、どう対処すればよいのでしょうか。2008年、インターネット掲示板で、ある企業の社員の実名をタイトルに掲げ、「おい〇〇、おまえはBか。BならBらしくしろ。いつも偉そうに」「あの顔は穢多の特徴そのもの　〇〇は穢多出身　戸籍謄本に記載　だから40すぎても結婚できない」(〇〇は実名)と中傷する事件がありました。部落差別に限らず、ネット上の差別的な書き込みに端を発する、いじめや誹謗中傷の問題が深刻化しています。

　活字や映像の世界では、記事や広告、書籍、放送の中に差別表現があった場合、抗議と話し合いがなされてきました。ところが、ネット上の書き込みは、削除してもまた、データを複製・アップロードでき、半永久的に消えないシステムになっています。Winny上で流出した「部落地名総鑑」も、様々な形で流通し、広がりました。こうした問題への対策として、悪質な書き込み・画像・動画に対してはプロバイダ責任制限法が施行され、「発信者の情報を開示する責任義務」がプロバイダにあり、

触法的な書き込みを削除しても、プロバイダ側は免責されるという流れになりました。

そして、2010年、ネット上の書き込みで名誉棄損が成立するという判断を最高裁が初めてしめしました。これは、ネット上の表現も、活字・放送媒体と同じように考えるとした判決です。しかしながら、名誉棄損は個人（法人）の訴えにしか対応せず、被差別マイノリティ集団に対するヘイトスピーチの書き込みや動画・画像には対処できません。

2016年2月、「『朝鮮人を日本からたたき出せ』などとレイシストらが在日韓国・朝鮮人に対するヘイトスピーチ（差別的憎悪煽動）をおこなっている動画がネット上で公開されているのは人権侵害に当たる」とする被害当事者からの訴えに対して、法務省が複数のサイト管理者に削除を要請。「ニコニコ動画」など複数のサイトが「人格権侵害」などの理由で削除しました。ヘイトスピーチによる人権侵害を抑止するための法務省の措置が、ヘイトスピーチ動画削除につながった初のケースです。また、2016年7月施行の大阪市ヘイトスピーチ抑止条例では、インターネットに掲載されているヘイトスピーチ動画や画像をプロバイダに削除要請することなどが、盛り込まれました。

コラム35　ネット上にさらされた被差別部落地名リスト

● ネット上にさらされた被差別部落の地名

以前よりネット上で、全国の被差別部落所在地などを、さらしていた「鳥取ループ・示現舎」が、2016年2月、差別図書『部落地名総鑑』の原本の一つ「全国部落調査」を復刻販売しようとする事件が起きました。

「全国部落調査」とは、1936年（昭和11年）当時の中央融和事業協会が作成した被差別部落の調査報告書で、1975年に発覚した『部落地名総鑑』の元本とされているもの。

　　「アマゾンで『全国部落調査』の受付を開始しました」
　　「昭和11年に発行された幻の書を復刻、5360余りの部落地名に加え、現在地名もできる限り掲載」

2005年にブログ「鳥取ループ」を、2012年に「同和地区Wiki」サイ

トを開設したその人物は、明確に差別図書『部落地名総鑑』を意識して、全国の被差別部落の所在地をさらすという差別的犯罪行為を、目的意識的に行おうとしました。

　土地（居住地）と一部職業を媒介（ばいかい）にした身分制をもとに、近代以降に作り上げられた部落差別は、ほかの差別と違い、外見上の〈差異〉がありません。ですから一般社会に入ってしまえばその人が部落出身者であるかどうかは見た目ではわかりません。

　だからこそ、部落出身かどうかを特定するために、差別的身元調査が「必要」なのであり、それを許さない反差別のとりくみもまた、寺の過去帳、壬申戸籍の閲覧禁止、戸籍や住民票不正所得の禁止などとして、続けられてきました。人の出自を当人および地域住民の了解なしに暴く行為そのものが、犯罪です。

　「部落の所在地を暴いた図書を売ること自体が差別行為」との教育関係者たちの抗議により、アマゾンや全国書店グループ等は、とりあつかいを中止。参議院法務委員会で、有田芳生議員が、ネット上の部落地名リスト及び『全国部落調査』発行を中止させるべく法務省を追及。また運動団体が裁判所に訴え、3月28日、出版差し止め仮処分となりました。

　ところが、その後、「鳥取ループ」は、差別犯罪本『全国部落調査』の電子データをサイト上にさらしました。（後日『全国部落調査』データおよび『同和地区Wiki』サイトは裁判所命令により削除。だが地名データはすでにミラーサイトに拡散されており、「鳥取ループ」は「もう自分は関係ない」とうそぶいている。）

● 広島法務局人権擁護部長の暴言

　「鳥取ループ」は、ツイッター上で「部落地名総鑑は差別ではないと言った広島法務局人権擁護部長を徹底擁護せねば」と書き込んでいます。どういうことでしょうか。

　2014年5月、広島県呉市で開かれた人権擁護委員対象の研修会で、広島法務局呉支局総務課長が、「『部落地名総鑑』を配っただけでは人権侵害にならない」と発言。参加者から質された広島法務局人権擁護部長は、「『部落地名総鑑』を就職差別等の目的に利用したかどうかが問題で、使用しなければ人権侵害にはならない」との認識を示したのです。

　この発言は大問題となりました。「部落地名総鑑」は、作成する目的の中に、すでに違法性と差別性が潜んでおり、「保持していること、利用目

❷実践編

的に差別的意図がなければ人権侵害にあたらない」と言うのは、主観的に「差別意識がなければ差別ではない」と言うに等しい暴言です。日本では、許可なく銃を所持していれば罪に問われます。銃器と同じく、被差別部落出身者を社会的に抹殺する凶器をもつことを容認する発言に対し、部落解放同盟広島県連が強く抗議。同県連を中心に、厳しい追及がなされました。

5 職業差別

職業差別にかかわる言葉

キーワード

屑屋(くずや)・バタ屋・ゴミ拾い(ゴミ屋)・クズ拾い(クズ屋)・汚穢屋(おわいや)・屠殺人(とさつにん)・犬(牛・豚)殺し・労務者・「○○までして」

- 凄惨な光景を「屠畜(殺)場(とちくさつば)のような……」と比喩的に形容すること
- 冷酷・残酷さの比喩として「屠殺人のような……」と形容すること
- 屠場を残酷な現場、恐いところ、あるいは屠畜・食肉処理を残酷な仕事とみなす表現
- 人の嫌がる場所へ行くことを「屠所にひかれる羊のように…」と形容する表現

■職業への貴賤感覚

「職業に貴賤はない」と人はいいますが、本当にそうでしょうか。

親の職業によって、子どもたちが学校で冷たい視線や、いじめを受けることがあってはならないのは当然ですが、現実はどうでしょうか。子どもが職業についてあれこれ考えているのではなく、家で、地域社会で聞く大人の言葉のなかから、あるいは、テレビやマンガを通して子どもは無意識に職業についての価値判断(差別意識)を刷りこまれているのです。

人が自分史を語るとき往々にしてこんなことがあります。「子どものころ、新聞配達や牛乳配達までしてがんばってきた」とか、「家政婦や掃除婦までし

て、子どもを育ててきた」などと、苦しくつらかったときをふり返りながら「…までして」と無意識にさりげなく、職業の貴賤を語るのです。語っている当人に悪気があるわけではありませんが、「新聞配達」「牛乳配達」「家政婦」「掃除婦」を一段低い職業、つまり賤業と考えているのではないでしょうか。あるいは、社会がそのような職業を賤業と考えていることを前提に語っているのではないでしょうか。自己の苦難の歴史を語る引きあいにだす職業に、決して、「教師」や「税理士」「医師」や「弁護士」までして、とはいわないでしょう。これらの職業は、社会的に"良い"職業、またステータスの"高い"職業とみなされているからです。

さらに、1985年、男女雇用機会均等法制定の裏で、ひそかに制定された労働者派遣法の度重なる改正で、パート・アルバイト・契約社員・派遣社員など、非正規雇用の職種規制が緩和されるなか、2015年末には、全雇用者のうち、非正規雇用の職員・従業員数は、40％を初めて超えました。不安定な就労のもとで所得格差が拡大するなか、〈正規―非正規〉〈常勤―非常勤〉など、雇用形態の相違による新たな差別が生みだされています。

■屠場差別、清掃労働者への差別

ここでとくに注意したいのは、清掃労働と屠場労働にたいする偏見です。

「バタ屋」とか「くず拾い」という言葉の意味する職業の代表は、清掃労働です。親が子どもに、「勉強しないとゴミ集めのような仕事をするハメになるよ」と諭す風景が目に浮かびます。いうまでもなく、"ゴミ"はそれが産業用であれ、家庭用であれ、わたしたちが生みだし、それを清掃労働者に収集してもらうことによって、事業と生活がスムーズさをとりもどす循環的な仕事です。社会的に必要で有用な労働です。

同じことは、屠場労働についてもいえます。

肉を食べることができるのは、牛や豚の解体作業（屠畜）を経た後のことです。屠場および、屠場労働がなければ、肉を口にすることはできません。このあたり前の事が忘れられ、動物を殺す（屠畜）のはひどいとか、殺生をすれば、来世で"たたり"があるなどの非科学的迷信にとらわれて、今日でも屠場労働に対する偏見と差別が強く存在しています。これをひとことでいえば、「肉をつくっているのはわかるけれど、やっぱり嫌だ」という意識です。（魚料理では"生造り"が珍重されるというのに）動物を殺すことを忌み嫌う思想は、仏教の殺生戒とともに古代日本にもちこまれてきたといわれています。さきの

部落差別のところでふれたケガレ意識とも深くからみあいながら、屠畜や皮革処理にかかわる仕事をになう人々への賤視が強められてきました。長い歴史のなかで醸成された社会意識は、現代でもなお払拭されていません。

■人の嫌がる仕事?

ここでひとつ、つけ加えておきたいのは、「部落は人の嫌がる仕事をしてきたから差別された」というとらえ方の誤りです。しかし、そうした見方の底にあるのは「人の嫌がる仕事」、「こんな仕事をしているから差別を受ける」という、実は現代人がもつ職業に対する序列意識＝差別意識です。斃牛馬処理を前提とした皮革業は、江戸時代は部落固有の仕事（公務）でした。部落がそれらの仕事をすることはよくないことでしょうか。斃牛馬処理や皮革業にたずさわっていることが、差別をなくすさまたげになっているのでしょうか。部落の仕事が身分や差別と結びついたという点だけでなく、人間の労働、技術の意味や喜びを正当に評価し、むしろ現代社会の職業観や序列意識そのものを問いかえしていく必要があるのではないでしょうか。

差別は古い意識の名残りだけではありません。その意味から、社会に存在する清掃労働（者）や屠場労働（者）に対する無理解を強め、差別と偏見を助長する言葉と表現は、厳につつしまなければなりません。

コラム36　「殺処分（さっしょぶん）」と「屠畜」のちがい

2010年、宮崎県で発生した口蹄疫（こうていえき）によって、多くの牛や豚が「殺処分」されたのは記憶に新しいできごとです。「殺処分」という耳慣れない言葉を、はじめて聞いた人も少なくないでしょう。「殺処分」の対象となるのは、ペットや実験動物など、動物愛護法に定められた動物で、伝染病などに罹患した家畜・家禽類を処分する場合も「殺処分」と呼ばれています。ほんらい、食用になるべき牛や豚は「殺す」のではなく「屠る（ほふる）」という意味で、「屠畜」と表現されています。狩猟は、野生の動物を仕留め、殺すのですが、屠畜という言葉は家畜飼育した牛や豚などを「殺す」のではなく「屠る」ことで、家畜発生以前にはなかった言葉です。古来屠畜は、屠り（ほふり）葬って（はぶって）、祝う儀式つまり、祝屠葬としてあったわけです。凄惨な殺人現場を「屠畜（殺）場」のような──と比喩的に表現することのおろかさを理解しましょう。

2 実践編

とくに、屠場および屠場労働者に対する差別表現をめぐって、これまで多くのメディアが問題点を指摘されてきましたが、差別表現をおこなった人のほとんどが現場を見たこともありません。にもかかわらず、社会的に流布されている屠場に対する偏見やイメージ、貧困な想像力で文章を書いてしまう。それが屠場差別に見られる現実です。屠場差別をめぐっては、以下の記事ないし書籍の表記に抗議がおこなわれています。

- 『朝日新聞』（興和不動産が旧国鉄用土地を落札した記事）
  「周辺の開発が遅れ、近くには屠殺場もあって、三井不動産や三菱地所などの大手が魅力がないと入札しなかった曰く付きの土地で…」

- 『略奪の海カリブ』増田義郎著（岩波書店）
  「暴風雨になれば、通風孔も塞がれ、船倉は完全な密閉状態になる。暑さと臭気が充満し、床は汚物に覆われる。しばしば熱病や赤痢が発生して、屠殺場のような有様になる」

- 『ラグビーマガジン』（ベースボール・マガジン社）
  元気がないとみると、とげのあるジョークをぶつける。（関東学院大ラグビー部監督）「なにか、お前ら屠殺場にいるみたいだぞ。このやろう。戦う闘志がないよ、顔に」

- 『竜馬がゆく』司馬遼太郎著（文藝春秋）
  「だいいち竜馬は、吉田東洋暗殺の下手人ではないかとみている。あいつが、そんな屠殺人のような下卑た仕事をやるものか」

職業差別にかかわる差別表現事例

事例1……1973年、テレビ西日本が大映映画『浮草』（小津安二郎監督）を放映したところ、「旅役者風情と結婚なんかさせてなるものか」「人種がちがうんだ、人種が」の台詞があり、部落解放同盟北九州八幡地区協議会が「職業を蔑視しており、差別を助長する映画」と抗議。

事例2……1974年、朝日新聞で「20年間女手ひとつで3人の子どもを育て、清掃作業までして我が子のために貯えてきたトラの子とわかった」との記事に抗議。

事例3……1974年、TBS『8時だよ!全員集合』出演者が「小使い」を嘲笑（ちょうしょう）的に連発。大阪市学校従業員組合、大阪市職員労働組合、部落解放同盟が抗議。

事例4……1974年、読売新聞が、国家公務員と異なる現場業務の例として、「教員・警察官かつ清掃員まで」の表現に抗議。

事例5……1974年、朝日新聞で「仏大統領、エリゼ宮開放を実行、ゴミ清掃夫、朝食に招く」の見出し記事。

事例6……1976年、『月刊廃棄物』で「日本は中学出がゴミ屋をやっているから」「くみとり屋のおじさんを学校の用務員にしたら非常に喜びましたね」との記事に抗議。

事例7……1978年、新潮社発行『週刊新潮』のコラム「東京情報」のなかの「ゴミ屋を警官に」の記事が、清掃労働者に対する差別であると自治労が抗議。

事例8……1979年、毎日新聞（1月31日付）・日経新聞（2月4日付）が、「ポル・ポトは食肉処理業者だ。彼はカンボジア国民を強制労働用の牛か豚のように考えていた。」と共同通信社配信記事を無批判に掲載。

事例9……1980年、日本テレビ系『スターに挑戦!』で、ホウキで掃く真似をして「用務員」の答えをあてさせるゲームを放送。大阪市学校職員労組が「職業差別だ」と抗議。

事例10……1982年、劇団俳優座の5月公演予定のブレヒト作『食肉市場のジャンヌ・ダルク』に対し、「屠殺場」「牛殺し」などの台詞がふんだんにあり、屠場労働者に対する「差別と偏見を拡大助長させる内容」

❷実践編

だとして、全芝浦屠場労組、全横浜屠場労組、都庁食肉市場分会、部落解放同盟品川支部が抗議。

事例11……1984年、フジテレビドラマ『乙女学園男子部』で、「そんなこといっているから用務員にしかなれないんだ」の台詞に抗議。

事例12……1988年、『日刊スポーツ』2月26日付のプロ野球キャンプ記事で、西武コーチのコメントとして「バットを持たせると生き生きしているのに、グラブを持たせると屠殺場へ行くみたいな顔になる」とあり、全芝浦屠場労組と全横浜屠場労組が抗議。

事例13……1989年、岩波書店が発行した岩波新書『報道写真家』(桑原史成(くわばらしせい)著)のなかで、ベトナム戦争の戦場で撮影したときの心境を、「写真を撮る行為そのものが、非情に思えてならない」としたうえで「戦場という異常な状況下では、牛や豚など家畜の屠殺と同じような感覚になるのであろうか」と表現。東京都職労中央市場食肉分会、全芝浦屠場労組が抗議。岩波書店は同書3万6200部を回収し、主要新聞に「お詫びとお知らせ」を掲載。

事例14……1989年、TBS系『ニュース23』第1回放送で、キャスターの筑紫哲也氏がビートたけし氏とコロンビアの麻薬戦争について話していたさい「(麻薬の値段を)いま吊りあげたら、ニューヨークの街も多分屠殺場だね」と発言。全芝浦屠場労組、全横浜屠場労組が抗議。

事例15……1990年、集英社発行の雑誌『少年ジャンプ』に、学校用務員に対する差別を助長する表現があるとして、自治労大阪府本部が抗議。集英社は謝罪し、回収をおこなう。抗議された内容は、学校の用務員を「ただの働くおっさん」「バカ職員」と表現。全編にわたって、用務員の仕事とその存在を否定する内容となっており、学校用務員とその家族に、はかり知れない屈辱を与えるもの、として強く抗議。

事例16……1990年、TBSの『3時であいましょう』に出演していた俵萌子(たわらもえこ)氏の、海岸でイルカを撲殺している映像を見た後、「牛を殺すために

育てて、屠殺しているほうがもっと残酷ですよ。」という発言に抗議。その後、俵萌子氏は、大阪・松原の屠場で現地研修をおこなう。

事例17……1991年、文藝春秋（文春文庫『誓約』N・デミル著）、集英社（コバルト文庫『海のトリトン』若桜木虔著）、バンダイ（同『海のトリトン』映像化、玩具化）、電通（同『海のトリトン』宣伝）、徳間書店（徳間文庫『鬼畜』西村望著）、朝日新聞社（『湿原』加賀乙彦著）、潮出版社（コミック『三国志』横山光輝著・全60巻）、JICC出版（現・宝島社『別冊宝島』第2号『道具としての英語』）、光文社（光文社文庫『滅びの笛』西村寿行著）、双葉社（コミック『地球最後の日』西岸良平著・第1話「全自動人間屠殺機」）の出版物に、屠場あるいは屠場労働者を差別する表現があるとして、全芝浦屠場労組、全横浜屠場労組が各社に合同抗議。

事例18……1991年、東北新社発売のアメリカの人気コメディ映画『メン・アット・ワーク』のビデオカバーや内容に、清掃作業員に対して偏見を抱かせる差別的表現があるとして、自治労が抗議。カバーに「ふとどき者はくずかごに!」とあり、内容に「ゴミ収集作業員としてふがいない毎日を送っていた」との台詞がある。

事例19……1992年、講談社発行のコミック本『チョコ22歳・学問ノススメ』（鈴木由美子作）に、学校用務員を蔑む表現があるとして、日教組と自治労が抗議。生徒がプール清掃について、「あんなにきったねぇ地味な仕事は用務員に任しときゃいんだよ」と発言したり、校長が用務員に向かって「この役立たず、能なし」と罵るなどが、用務員への差別的表現と抗議された。

事例20……1994年、竹書房発行『近代麻雀オリジナル』1月号掲載の劇画のなかに、「あるいは地獄の屠殺人か」の表現があり、部落解放同盟、全芝浦屠場労組、全横浜屠場労組が抗議。

事例21……1993年、解放出版社発行の『部落解放』誌の「特集・アジアの先住民族」のなかに、「生存者の証言によれば、政府軍は、多くの住民を銃や刃物で殺した後、老人や女性や子供を家に入れてカギをかけ、

2 実践編

そこに火を放った。ロガングの『集約村』は、『火葬場』と化した。」との記述があり、解放出版社は自己批判。

事例22……1994年、集英社発行『少年ジャンプ』4月10日号の連載ギャグマンガ「王様はロバ」(なにわ小吉著)に学童養護職員(愛称・みどりのおばさん)をレビュー姿で描き、あわせて「みだらで、みごとな、みどりのおばさん」というセリフをかぶせたマンガが掲載され、自治労、都職労東京本部が「職業差別である」と抗議。

事例23……1995年、『日本経済新聞』10月15日付の連載コラム「私の履歴書」(黒岩重吾著)の第14回連載分に「今回は屠殺場に引きずられていく牛の心境に一脈通じるものがあった」との、軍隊入隊時代の回想表現に対し、全芝浦屠場労組、全横浜屠場労組が抗議。

事例24……1995年、雑誌『週刊金曜日』6月30日号グラビア「絵筆に託して"従軍慰安婦"にされたハルモニの思い」の写真説明に「何処か知らない世界に連れていかれる直前の一人の朝鮮の乙女の心情を、あたかも牛が屠殺場に連れていかれる直前の眼の光に似せた」の表現があり、全芝浦屠場労組、全横浜屠場労組が抗議。

事例25……1995年発行、朝日新聞社出版局の朝日文庫『コルチャック先生』(近藤二郎著)に「絶え間ない発砲とふり下ろされる鞭、屠所に追われていく羊の群れのように、長蛇の列を成して、ゲットーの大通りを人々が駆り立てられていく」の表現があり、全芝浦屠場労組、全横浜屠場労組が「と場労働者への差別助長の表現」と抗議。

事例26……1997年、NHKのFMラジオ番組『ベスト・オブ・クラシック』(生放送)のなかで、声楽家の岡村喬生(たかお)氏が、舞台に登場する直前の心境を司会者から聞かれ、「屠所に引かれる牛のごとく」「生贄(いけにえ)に捧げられる羊のように」と発言。放送終了後、全横浜屠場労組が抗議。

事例27……2000年、マガジンハウス社発行の雑誌『クロワッサン』の特集記事のなかに「昔は犬殺しと呼ばれていましたけど、今は子供でも

差別語 屠場差別

安楽死と呼びますよね。全然安楽死なんかじゃないのに─。ガス室に入れられて、長くもがき苦しみながら死んでいくんですよ。動物愛護センターという美しい名前がついていますが、私たちにいわせると、あそこは屠殺場なんですから」の記述を自社社員が発見。会社は全芝浦屠場労組に連絡。

事例28──2005年、『週刊アスキー』3月1日号所載の連載マンガ「電脳なおさん」(唐沢なおき著)のなかに、ホームレスに対して石を投げ、「家のない人だ」「くさい」「フロに入れよ」「働けよ」と追いはらう場面があり、関係団体が抗議。出版社側は数度の協議、謝罪の後、6月14日号『週刊アスキー』誌上で「謝罪文」を掲載。

事例29──2005年、集英社文庫『ダ・ヴィンチ・レガシー』(ルイス・パーデュー著、中村有希訳)に「屠場差別」表現があることを自社社員が発見、会社は全芝浦屠場労組に報告。問題の表現は「まさに屠殺小屋だ。死体がまるで脱ぎ捨てた服のように部屋中に散乱している。床には死者たちが最期に動いた血の軌跡がのたくっている。」の部分。

事例30──2014年11月、「味の素」が商品『ブレンディ』のウェブ限定版CM動画で、特濃牛乳を使ったカフェオレの魅力を、牛に擬人化された生徒らの、それぞれの進路が決まっていく場面を映像で流す。問題となったシーンの一つは、女子高生が胸を強調して走る姿に「濃い牛乳を出し続けるんだよ」という校長の言葉をかぶせ、女子高生を、胸の大きい「乳牛」として表現したCMに、抗議が殺到、炎上した。問題シーンの二つめは、「就職先は食肉加工場」と告げられた男子高生が、号泣する映像。このCM動画に対し、食肉処理場に対する差別意識を前提にしたものと芝浦屠場労組、部落解放同盟東京都連、品川支部が抗議。これらの問題は、男女の高校生を、たんに牛に擬人化したことではなく、差別的に擬人化したところにある。

2 実践編

6 地域差別

地域差別

キーワード

表日本・裏日本・都落ち・辺鄙（へんぴ）・辺境・「どさまわり」「○○は日本のチベット」「（本社に対する）現地社員（従業員）」「田舎っぺ」

- 「○○は陸の孤島」「ガラパゴス化（現象）」
- 「○○は恐い場所」「○○は柄の悪い地域」「○○はアブナイところ」「地域下位地域」「問題地域」など

■文化的優越意識が生みだす地域差別

いまでは、地理の教科書にも載っていないと思いますが、裏日本（日本海側）、表日本（太平洋側）といういい方に代表されるのが、地域差別です。交通が不便で、冬降雪量の多い、山陰・北陸、東北の日本海側地域について、否定的な価値を付与した言葉が「裏日本」という表現です。（山陰・山陽も同じニュアンスを感じます）。これに、沖縄、北海道、流刑地であった佐渡、「離島」「孤島」などに偏見をもって語る場合、それはれっきとした地域差別です。中央に対する地方もまた同様に、人の意識のなかで、しっかりと価値づけされています。

たんに都市と田舎という意味だけにとどまらず、「都落ち」「どさまわり」などという言葉にこめられたマイナスイメージが、企業活動のなかにも反映され、地方出張や、地方への転勤などにさいして、「左遷」と同じ意味で使用されているわけです。

このように、「地方」＝「田舎」を軽んじる意識は、「中央」＝「都市」という優越意識の反映であり、それは、無意識に「方言」よりも「標準語」をよしとする、文化的差別意識にも連なっています。自覚的に注意することが必要です。

　かつて、一般的に交通の便が悪く、住むのに適していない、厳しい自然環境や地理的条件の劣悪な場所などをさして、「○○は日本のチベット」などと表現していましたが、これらの言葉は、いっぽうで、歴史と文化をもつチベットの人々に対する非礼であるばかりでなく、比較対照された地域に住む人々をもおとしめる表現であることを自覚しましょう。

■「ガラケー」は「フィーチャーフォン」に

　最近、日本だけで通用する独自の"進化"を遂げた携帯電話が、「ガラパゴス化現象（ガラケー）」と自虐的に呼ばれていますが、当のガラパゴスに住む人々が聞いたら、どんな気もちになるでしょうか。

　朝日新聞（2011年2月16日朝刊）の記事によれば、「日本国内で独自に発達した製品を島固有の動物にたとえる言葉だと（ガラパゴスに住む人たちに）説明したが、揶揄する響きに気づくと、皆たちまち表情が曇る」と書いています。ガラパゴスの市長も、「ガラパゴスをそんな否定的な意味で使うのは看過できない。わがエクアドルの駐日大使に知らせて日本政府に抗議しなくちゃいかん」と眉間にしわを寄せ、不快感をあらわにした、とあります。悪気のないたとえであっても、その比喩に使われた国や地域の人々の心情は別のものです。注意を要する事柄です。（「ガラケー」と呼ばれていた携帯電話は今、「フィーチャーフォン」と呼称。フィーチャーfeatureは「特徴・特色」を意味する英語）

■不動産広告と「土地差別調査」

　地域差別は部落差別とも密接につながっています。現在、在日韓国・朝鮮の人が多く住む地域や、被差別部落周辺の土地を、「地域下位地域」「同和問題に関わってくる地域」などと明示し、差別的な報告書を作成していたディベロッパーとリサーチ会社、広告代理店が、部落解放同盟など当該地域に居住する人々から、土地差別調査事件として厳しい抗議を受けています。（1985年に大阪府で制定された「部落差別事象に係る調査等の規制に関する条例」が改正され、2011年、土地差別調査が加えられる。）

　また、社会のひずみや矛盾が集中している、生活水準の低位な地域や、寄

せ場と呼ばれる山谷や釜ヶ崎（現、あいりん地区）に対する差別的目線をふくんだ呼称も避けるべきです。いうまでもなく、貧困は当人の責任ではなく、社会問題であるという認識をもち、社会的弱者の居住する地域を差別的な呼称で呼ぶことは、厳につつしまなければなりません。

地域差別にかかわる差別表現事例

事例1……1989年、JTB（日本交通公社）発行のガイドブック『フリーダム・ハワイ自遊自在』のなかに、ハワイ・オアフ島の「ナナクリ」地区について、「あぶないナナクリってどんな所?」という記述があり、「ハワイ先住民に対する人種差別的な表現」として、ハワイ先住民族運動のリーダーが抗議。JTBは回収し記事を差し換えることを決める。

事例2……1996年2月、少女コミック誌『別冊フレンド3月号』（講談社）に「西成＝大阪の地名、気の弱い人は近づかないほうが無難なところ」と記載。この表現に対し、地元、西成区長をはじめ、地元の校長会や労働組合、宗教団体、在日韓国・朝鮮人問題活動センターなどの団体から、この表現は「西成に対する差別である」との抗議が寄せられ、抗議集会が西成区役所で開かれる。講談社側は全面的に非を認め、西成地区の地域文化向上のために、出版社として、できるだけの支援と協力をすることを具体的に約束する。

事例3……2010年に「鳥取とか島根は日本のチベットみたいなところで、人が住んでいるのか、牛が多いのか、人口が少ない」と発言した民主党の石井一選対委員長が、両県民から強く指弾される。

7 人種・民族にかかわる差別語

人種・民族にかかわる差別語

キーワード

ガイジン（外人）・毛唐・ジプシー・ジャップ・イエローモンキー・チンク・シナ・チャンコロ・鮮人・ロスケ（露助）・ヤンキー・ニグロ（ニガー）・クロンボ・スピック（「ヒスパニック」の蔑称）・スコッチ（スコットランド人の蔑称）

- 人種・民族にかかわるあらゆるステレオタイプの形容
- 「ヒスパニック」は「スペイン語を話す人」のこと。アメリカに住むスペイン語やポルトガル語を母語とする中南米出身者とその子孫は「ラティーノ」（ラテン系の）と呼ばれている。

■人種差別とはなにか

　この項では人種・民族にかかわる差別語について、とりあげていきます。

　1章の基礎編では、日本の政治家の人種差別発言をとりあげながら、差別語問題の基本をみてきました。皮膚の色など外観的な身体的特徴によって、人の集団を分ける考え方の問題点、つまり、「白色人種」「黒色人種」「黄色人種」に分けることの差別性についてです。

　人種差別や民族差別を考えるとき、「人種」や「民族」に学問的に明確な定義はないことを、まず、確認しておかねばなりません。ところが、辞書で「人種」を引くと、つぎのように、いまだに「人種」が科学的な事実と受け止められかねない印象を与える記述になっています。注意をはらうことが必要です。

❷実践編

【人種】

「人間の生物学的な特徴による区分単位。皮膚の色をはじめ、頭髪・身長・頭の形・血液型などの形質を総合して分類される。」　　　（『広辞苑』第6版）

『広辞苑』ではこのように「人種」を規定していますが、厳密な意味で〈人種〉の概念は流動的であり、科学的に定義できるものではありません。たとえば、アメリカ合衆国では、1滴でも黒人の「血」が混じっていると〈白い肌の黒人〉とみなされてきたように、差別する側によって恣意的に分類され、差別を正当化するために人種概念が利用されてきた歴史があります。

人種差別について、人種差別撤廃条約（1969年発効。日本は26年遅れて1995年に批准しているが完全批准ではない）は、つぎのように定義しています。

● **人種差別とは**（人種差別撤廃条約における定義）

「人種、皮膚の色、世系※又は民族的もしくは種族的出身にもとづくあらゆる区別、排除・制限又は優先であって、政治的、経済的、社会的、文化的その他のあらゆる公的生活の分野における平等の立場での人権および基本的自由を認識し、享有し又は行使することを妨げ、または害する目的、または効果を有するもの」

語彙解説

世系　「祖先から代々続いている血統」『広辞苑』（第6版）とされているが、憲法14条にある「社会的身分又は門地」に近い意味。英語では「descent」で、家系、血統、家柄、出自などの意味がある。

ようするに、**人種差別とは、皮膚の色や頭髪および頭の形などの身体的特徴（差異）などを根拠として、一定の人間集団を差別し、排除するイデオロギーのこと**です。

とくに、人種差別が苛烈を極めたのは、15世紀にはじまる大航海時代以降のヨーロッパ諸国が押しすすめたアフリカ、アメリカ大陸の植民地化過程においてです。その植民地支配を正当化するために考えだされたのが、「優等人種の白人が劣等人種の有色人（非白人）に文明を与える」という人種優越主義の思想です。この思想が当時の啓蒙主義（人間は理性的な存在であり、理性によっ

て自然や社会を統御していくべきとする西洋近代合理主義にもとづく考え方）ともあいまって、植民地侵略を推しすすめていきます。

　差別禁止を謳った人種差別撤廃条約が発効したのは1969年でしたが、驚くべきことに、その少し前に、人類学者のあいだで、「白人」と「黒人」との間には遺伝的な差異にもとづく知能指数の差があるとする主張をめぐって、激しい議論がたたかわされていたほどで、「人種」はあるという見方がいかに強固だったかがわかります。「人種」は科学的な概念ではないことを、しっかり認識しなければなりません。（くわしくは「黒人差別」の項を参照。）

■**民族差別とはなにか**
　この項のテーマは、民族や人種をめぐる偏見や誤解をとりあげながら、差別語問題を考えていくことにあるのですが、じつは「人種」と同じく「民族」も、その定義はあいまいです。

> 【民族】
> 言語・宗教・歴史、そして生活慣行（生活様式・心理的習慣）など「文化や出自を共有することからくる親近感を核にして歴史的に形成された、共通の帰属意識をもつ人びとの集団」
> 　　　　　　　　　　　　　　　　　　　　　（『広辞苑』第6版）

　『広辞苑』ではこのように定義していますが、やはり漠然とした説明です。現実世界に生起する民族紛争や民族差別の問題を念頭におきながら、少し補足しましょう。民族も、そのあり方は固定的なものではなく、状況とともに、その範囲も、そのなかにふくまれる集団も変化しており、新たに生成される民族もあります。民族意識は他民族（国内少数民族をふくむ）との差異意識（対抗意識）をそのうちにふくんでいます。

　少し難しい言い方になりますが、**民族とは、特定の自然環境や歴史的風土のもとで、共通の言語や、世代を通して受け継がれる風俗・習慣など、文化的伝統を共有する、同族意識で結ばれた人間の集団**といえるでしょう。

　そして**民族差別とは、そうした「文化の伝統を共有する」同族意識をもつ民族集団を、他の民族集団が、政治的・経済的・社会的、かつ文化的に差別し、排除するイデオロギーのことです。**

　民族差別は、国民国家の形成と深いかかわりをもちます。近代ヨーロッパで、「1つの民族が国家をつくる」という考え方がうまれ、それにもとづいて、

国家が形成されてきました。とくに言語の共通性にもとづいて民族国家が生まれてきたことを背景に、1つの言語＝民族＝国家という虚構がつくられることになりました。1つの国家は確定した領土をもち、その領土内には同質の国民が統合されているという考え方は、そこから逸脱する少数者への抑圧や排外主義をうみだしました。現実には、力をもっている民族が、領土内の他民族を抑圧・排除してきたわけです。

たとえば、独自の言語と固有の文化をもつロマ民族は、ヨーロッパ地域では中世以来、1千万人を超える人々が生活しており、18世紀のフランスにも数十万人が居住していました。

しかし、フランス革命後、フランス共和国という国民国家が成立すると、少数民族としてさらに迫害を受けてきた歴史をもちます。（ロマ民族については209頁参照）

民族差別は、国家と国家の間にも起こりますが、もっぱら国家をもたない日本のアイヌ民族や琉球人のような先住民族、ミャンマーとバングラデシュに居住し、イスラム教を信仰する少数民族のロヒンギャ人、あるいは、さきに見たロマ（「ジプシー」）、クルド、バスクなどのヨーロッパから中近東に居住する少数民族に対する差別、排撃などに顕著です。またユダヤ教やキリスト教、そしてイスラム教など、宗教による同族意識をもつ民族集団に対する差別も広く存在しています。

■人種・民族にかかわる差別語を考える視点

では、日本の場合を考えてみましょう。日本人という場合、あなたはなにを基準に考えていますか。法律的な意味の「日本人」とは、国籍法によって日本国籍を取得した人のことです。しかし、国籍がそのまま民族と重なるわけではありません。現在の日本列島には複数の民族集団が暮らしています。

人種・民族に関する差別語は、日本国内では、とくに、先住民族であるアイヌ民族および琉球民族、そして、植民地支配と強制連行という負の歴史をうちにふくむ在日韓国・朝鮮人、中国人に対する蔑称の問題として存在します。それだけでなく脱亜入欧という「近代化」の過程で生じた、東南アジア諸国に対する、旧植民地宗主国的まなざし（外国人といったとき、それが多くの場合、欧米人を想像するのはなぜかを考えることは重要なポイント）、黒人に対する欧米風の差別観、ブラジル、ペルー、パキスタンやバングラデシュから来日している移住労働者に対する、文化的差異による忌避感にもとづいたさまざまな

差別語、差別表現が存在します。

　グローバリゼーションがすすみ、企業活動がすでに地球的規模で展開されている今日、それぞれの国や民族の伝統と文化を尊重（理解）することは、国際社会で交流を深めるための必須条件です。アメリカ人を"ヤンキー"と呼ぶのも、親しい間柄ならまだしも、気軽に呼びかける言葉ではありません。それはアメリカ人が日本人に対して"ジャップ"と呼ぶのと等しいことです。

　明治の開国以来、日本にもちこまれた外来文化や知識は、それをもちこんだ国の文化規範や価値観（差別観）がふくまれています。そのことは、黒人についてほとんどなにも知らなかった開国前の日本人が、ヨーロッパ文化をとり入れるようになった明治維新以降、なぜ黒人に対して偏見をもつようになったかを考えてみればわかります。欧米の白人の眼を通して見たステレオタイプ化され、カテゴライズされた黒人像が「文明開化」によって欧米文化とともにとりこまれ、刷りこまれているわけです。したがって、諸外国からもちこまれた知識は、必ずなにがしかのプリズムを通したものであることを、自覚することが大切です。

　加えて、当該国内における"標準的"な人々、すなわち、多数派（マジョリティ）の人々による国内少数派（マイノリティ）に対する差別問題についても注意をはらう必要があります。

■ガイジン（外人）という言葉

　ヨーロッパでは、アフリカ諸国など旧植民地国からの入国者（移民）や、トルコ、アラブ諸国からの移住労働者に対する排外主義をともなった差別的言動が、反イスラムという宗教感情と結びつき、イスラムフォビアの嵐が吹き荒れています。イスラムフォビアは、イスラム教やムスリムに対する憎悪、宗教的偏見です。その背景に、移民や難民が入ってくることによって、自分たちマジョリティの社会文化が侵されるのではないかという不安（恐怖）があると指摘されています。他方、日本では、「『日本人』は自明であり民族も国家も1つである単一民族」と思い込んでいる人が多く、日本が多民族国家である事実に、きわめて鈍感です。だからこそ、「外人」「外国人」「異人」という言葉のニュアンスの相違について理解しておかなければ、意図せぬ誤解を招く場合もあります。外国人（異人）は、異文化の所有者であり、その異文化（民族文化）を尊重（理解）することが、友好関係を築くうえで、重要なことです。それを否定ないし無視して、日本文化を押しつけること、あるいは日本

文化のものさしによって異文化（多様な民族文化）を見下すなどは、同化主義を根底にもった差別意識（民族排外主義）と批判されてもやむをえません。

とくに、「外人」（ガイジン）という呼称は、たんに外国人の略語というだけではなく、排外主義的なニュアンスをともなった、"よそ者"の意味に理解される危険性があります。成田国際空港の出入国審査室に掲げられていた"エイリアン"（Alien）の表示が外国人旅行者からの抗議によって、撤去され、"外国人"（Foreign Passport）に変更されたのは、10年前のことです。

人種・民族にかかわる差別表現事例

事例1……2014年1月、全日空の羽田発ANA国際線増便をアピールするコマーシャルが、「外国人をステレオタイプ化しており人種差別的」との苦情を受け、CMを中止。ポスターも撤去して謝罪。内容は、お笑いタレントが「日本のイメージ変えちゃおうぜ」と言い、金髪のカツラと高さを強調するゴム製のおもちゃの鼻をつけた。金髪に青い目、高い鼻という、日本人が欧米人に対してもつステレオタイプの表現が、とくに日本在住の外国出身者から、「人種差別的」だと批判された。

事例2……2013年1月、サッカープレミアリーグ、韓国出身の朴智星選手とナイジェリア出身ヴィクトル・アニチェベ選手に人種差別発言を浴びせたイギリス人サッカーファンに、有罪判決。被告は観客席から朴智星に「チンクを倒せ」と言ったという（英サンデーミラー紙）。チンクは「裂け目」を意味し、西洋人が東洋人を侮蔑するときに使う言葉。目撃者は、被告がアニチェベ選手に向けても「物乞い猿」と発言したと証言。イギリスには人種差別禁止法があり、人種や出身地で差別すれば処罰される。さらに、指定サッカー試合における下品なまたは人種差別的なはやしたてを禁止する「サッカー犯罪防止法」もある。

アイヌ民族差別

> **キーワード**
>
> 土人、原住民、酋長(しゅうちょう)、征伐(せいばつ)、反乱
> 「日本は単一民族」「滅びゆく民族」「劣等民族」「下等民族」
>
> - 「未開人特有の○○」など未開・野蛮をアイヌ民族に重ねる形容
> - 「アイヌ民族はもういない」「自称アイヌ」「本物のアイヌ」などアイヌの先住民族性を否定する発言
> - 体毛の濃さをアイヌ民族の特徴とする民族差別

■アイヌ民族にかかわる差別表現

　かつて、アイヌ民族にとって神聖な儀式であり、貴重な伝承文化である"イオマンテ"を「未開人」の野蛮な踊りとして"笑い"をとるコントが、あるテレビ番組で放映され、厳しく批判がなされました。これは二重の意味での文化的犯罪といわねばなりません。

　ひとつは、当該アイヌ民族の歴史と伝統に対する無知・無理解からくる、侮辱と民族の尊厳の破壊であり、もうひとつは、アフリカ、オーストラリア、ポリネシアおよびアメリカ大陸の先住民族の文化と歴史に対して、ステレオタイプ化された偏見を視聴者に植えつける国際的な犯罪であるということです。

　かつて中曽根総理大臣が、「アメリカに比べ、日本は単一民族国家だから優秀だ」「私もアイヌの血が入っているから体毛が濃い」と発言、国際的にも大きな批判を浴びました。その後も、少なくない政府要人が、同じような発言をくりかえし、いまもアイヌ民族がうけている厳しい差別の現実についてまったくの無知をさらけだしました。そのような経緯と反省の上に、2008年6月にアイヌ民族を先住民族と認める国会決議が、衆参両院で可決されたことを知らねばなりません。

　アイヌ民族についての差別は、1899（明治32）年に制定された「北海道旧土人保護法」という極めて侮蔑的な言葉を冠した法律が、1997年まで存続していたことに象徴されます。

❷実践編

　「アイヌ文化の振興並びにアイヌの伝統等に関する知識の普及及び啓発に関する法律」（アイヌ文化振興法）が1997年公布・施行されるまで、アイヌ民族を劣った存在とみなして強制同化政策をすすめる差別法が生きていたのです。（ちなみに、この「アイヌ文化振興法」には、アイヌの人々の先住民族としての権利や日本政府による迫害・同化政策による被害の補償は盛りこまれていません。）

■アイヌ民族の半数が「職場で差別を受けた」と回答

　北海道が2013年に実施した「北海道アイヌ生活実態調査」には、道内に住むアイヌ民族の生活や教育などにおける厳しい状況がうかがえます。生活保護率は以前と比べて改善されたとはいえ、全国平均の3倍以上の数字をしめしており、また、大学・短大進学率も、2分の1と極めて低位な状態で、社会的差別による生活困窮を余儀なくされている実態があきらかになっています。

　さらに、具体的な差別体験については、「かつて差別を受けたことがある」「他の人が受けたことを知っている」と答えたアイヌ民族が併せて33％でした。その内容は、「就職」21.4％、「職場」50.0％、「結婚」14.3％、「学校」21.4％、「交際」14.3％、「行政」14.3％、「その他」14.3％（複数回答）となっています。注目すべきは、最近6、7年に「職場」で差別を受けたとの回答が、50.0％にのぼっていることです。まさに職場における人権意識が問われているといわざるを得ません。

■アイヌ民族とは

　アイヌ民族とは、日本とロシアによって、その領土を分断された北方先住民族のことです。とくに、北海道・千島列島・南樺太を生活圏としています。現在、北海道と呼ばれている大地は、松前藩と明治政府が、先住民族アイヌから土地を奪って植民地化した場所です。日本人（大和民族…後述）は、アイヌを大和政権にまつろはぬ民として蝦夷（エゾ）、北海道を蝦夷地、と差別的に呼んできた歴史をもちます。ちなみにアイヌ民族から大和民族は和人（シャモ）と呼ばれていました。

　"アイヌ"とはもともと自然の神々を意味する"カムイ"に対して、"人"を意味するアイヌ語です。アイヌ民族の身体的特徴（民族的個性）である、彫の深い容貌などをとらえて差別的な言葉が投げつけられ、「あ、犬（アイヌ）が来た」とあざけりをもって愚弄された歴史もあります。現在、北海道内に約24000人、関東に約3000人で、国内全体で30000人が生活していると推定

されています。(これは調査に応じた人数であり、実数はその数倍と思われます。)

さきに、日本人のあとにカッコをつけて、大和民族と表記しました。「大和」とは、日本列島を最初に統一した大和朝廷を母体とする政権のことです。もともとこの列島には大和民族だけではなく、さまざまな先住民族集団が住んでいました。朝鮮半島を渡って鉄器をもってきた集団が3世紀ころまでに諸集団を制圧して畿内を本拠地とし、統一政権としての大和政権を準備します。それに対して、日本神話で描かれるオオクニヌシの国ゆずりに登場する「出雲」の一族は、歴史的には大和政権をおびやかす強大な力をもった社会集団であったと考えられ、大和と出雲の間で、なんらかの争いや交渉がおこなわれたと推定されています。また、南九州の隼人や熊襲などは、大和政権に服属しなかった民族集団であったといわれています。そして、同じくアイヌ民族も、この列島に先住していた民族です。大和政権は畿内を足がかりに列島各地を制圧していきますが、東北地方は8世紀末にアテルイ(エミシの棟梁)が敗北するまで、エミシたちの土地でした。つまり、「異域」(大和政権からすれば「化外の地」)であり、海を隔てたその北方に位置したアイヌモシリ(北海道)はまさに「異国」だったのです。

コラム37 多数派に属する者は自分に名づけをしない

アイヌ民族について考える場合、まずそれを考えている側は何民族なのかが問われます。これまで、アイヌ民族が暮らしていたアイヌモシリを侵略した側は「和人」とあらわされてきました。「和人」が、どのような出自かあきらかではありませんが、18世紀になると江戸幕府はアイヌ民族を「夷人」(野蛮人・未開人の意)と呼び、みずからを「和人」と呼ぶようになります。その意味で「和人」は民族の自称のひとつといえるかもしれませんが、実体的には、アイヌ民族に接する道南地域に居住する大和民族系の人々に対する呼称でした。もちろん、近代国民国家ができるまで、どの民族もはっきりとした民族自称をもっていたわけではなく、他称の方がより明確だった場合もあります。しかし、近代国家の誕生の過程で、支配民族の概念も確立されてきました。

たとえば、『大日本史』(水戸藩主・徳川光圀の命で編纂された、神武天皇から後小松天皇までの歴史。1906年完成)のようにひとつの民族の「物語」が、ほかの民族を不当に無視して、つくられることになります。そしてこの時

2 実践編

> 代に、意識的に使われるようになった民族自称が「大和民族」です。
> 第二次世界大戦以前は、日本（正式な国家名称は、大日本帝国）の支配民族の名称は「大和民族」で、「大和魂」や「戦艦大和」がその精神や力のシンボルとされ、帝国内に住む多くの民族を支配し、差別しました。そして、第二次世界大戦がおわると、日本には大和民族という単一民族によってのみ国民が形成されるという「単一民族国民国家幻想」がふりまかれるようになり、日本の支配的集団は、みずからの民族名称をあえていわなくなったのです。しかし、これは「単一民族国民国家幻想」の裏がえしでもあり、多文化・多民族社会の形成には、みずからの民族の歴史的責任を認識するためにも民族的自覚をもつことが必要です。

差別語　アイヌ民族差別

■**アイヌ民族の歴史**

　アイヌ民族は、南樺太（みなみからふと）、北海道本島、千島（ちしま）列島、東北北部を伝統的生活圏としてきた民族で、北海道はその中心にあたります。（とくに樺太アイヌには「エンチュ」という固有の名称があります。）アイヌ民族の問題を考えるとさまざまなほかの民族問題も理解できるようになります。

　それは、琉球人、在日韓国・朝鮮人、在日中国人、そのほかの日本に居住するすべての民族についてのことです。

　とくに、アイヌ民族については、日本における先住民族であるという認識をもつことが大切です。ほんらい、先住民族アイヌの居住地であった樺太や千島列島を、近代になって国民国家を形成したロシアと日本が、アイヌ民族の頭越しに、国境の線引きをして、土地の略奪と民族分断をおこなった歴史的事実を知らねばなりません。（1855年「日露和親条約」）

　1855年の日露和親条約によって、アイヌ民族の伝統的生活圏の中心に位置する北海道本島を領土化すると、日本政府（江戸幕府）は、アイヌ民族に「和人化」を推奨するようになります。1869年、明治新政府は開拓使を設置、「北海道開拓」事業が開始されると、北海道の土地は、国有地として、そこに国内の行政制度である国郡制が敷かれ、大和民族の入植者に土地がはらいさげられるようになりました。しかし、同じ日本国民であるはずのアイヌ民族は、その対象外でした。そのいっぽう、1872年には、アイヌ民族の伝統的な文化や習俗である女性の刺青や男性の耳輪が未開な風習として禁止されます。また、その後、アイヌ民族の伝統的な狩猟方法も禁止され、政府によって管理

されるようになった河川では伝統的な漁労も禁止されるようになりました。土地を奪われ、また生活の糧を奪われて、アイヌ民族の生活は困窮を極めるようになります。

■アイヌを「土人」、戸籍に「旧土人」と記載

　このようなアイヌの人々の悲惨な生活状況を「改善」させる名目で制定された法律が、1899年の「北海道旧土人保護法」でした。しかしこの法の目的は、アイヌ民族の意思を無視し、アイヌ民族固有の文化的伝統、民族言語をことごとく否定し、大和民族との同化を強制するものでした。

　また、1871年の戸籍法（いわゆる壬申戸籍）によって、「平民」に編入されたものの、戸籍には「旧土人」と差別的に記載されました。これは、国内における被差別部落民を「新平民」、「旧穢多」と記載したのと同じく、明治政府の前近代性と差別性を象徴していると同時に、後の台湾戸籍や朝鮮戸籍のように、実質的な別戸籍という意味でも、植民地支配を物語るものでした。

　江戸時代の政策を引き継ぎ、富国強兵をめざした明治政府のもとでおこなわれたアイヌ民族に対する迫害と同化政策は、近代ヨーロッパの植民地政策に範をとったものでした。たとえば、アメリカ大陸ではフロンティア精神の名のもとに北米・中南米の先住諸民族を迫害し、アフリカと同様に土地と資源を支配していきます。こうした近代ヨーロッパの植民地拡張政策と、明治政府がおこなったアイヌ民族迫害に共通しているのは、「未開人」「野蛮人」に対する「文明化の使命」＝近代化の名のもとにおこなわれた侵略であり、自然とともにあった生活と文化の破壊です。

　そして、アイヌ民族に対するさまざまな差別語および、侮蔑的な形容詞をつけた言葉は、アイヌモシリへの侵略の過程で生まれてきた、ということを心に刻んでいただきたいと思います。

人種・民族にかかわる差別表現事例

●単一民族、アイヌ民族否定

事例1……1986年、当時の中曽根首相が「日本は単一民族国家」と発言し、アイヌ民族と世論から厳しい批判を受ける。日本国内には、独自の文化と伝統をもった先住民族であるアイヌ人と在日韓国・朝鮮人など複数の民族が居住しており、単一民族発言は、このような日本に住

む、先住民族や他民族の存在を無視ないし、軽視する発言で、政治家としての見識が問われる。

事例2……1989年、古川清・北海道大使（北方領土に対する外国の要人の視察などのために外務省に置かれた特別職）が根室市で講演した際、「民族問題というのは日本にはない」「日本ぐらい単一民族で…」と発言。宇野外務大臣は、古川大使に口頭で厳重注意。

事例3……2005年、九州国立博物館の式典で、麻生太郎外務大臣（当時）がのべた祝辞「一文化、一民族、一言語の国家は日本だけ」の発言に、アイヌ民族団体が抗議。「アイヌ民族の存在を否定するような発言で憤りを覚える」と小泉首相宛てに抗議書を送付。麻生氏は、「民族、言語、文化が大幅に入れ替わらず、比較的まとまってきた日本の特徴をのべた」とする書簡を返信。「アイヌ民族の独自性などを排除してきた歴史認識に欠けていて到底容認できない」と反論される。

事例4……2009年、ベルリンで開かれていた、世界陸上競技選手権大会を放送していたTBSのキャスター織田裕二氏が、「日本は単一民族だから強い」と叫び、ひんしゅくを買う。

事例5……2010年3月17日付朝日新聞朝刊に、つぎのような"おわび"が小さく掲載されていた。

> 「15日付「シンポジウム『女性の元気が日本を変える』」の特集面で、対談したSさんの発言の一部に不適切な表現がありました。『日本は単一民族なので歩みは遅いのです』の部分を、おわびして削除します。」

発言者のSさんは、ワーク・ライフ・バランスの実践者で、社会的に大きな評価を得ている人。ここで問われなくてはならないのは、Sさんの当該発言を無批判に紙面化した朝日新聞編集局の責任。重要なのは、個人の発言を紙面化＝社会化することの社会的責任は、なによりも朝日新聞編集局に帰するということ。この"おわび"には、その

視点がまったく欠けており、加えて「単一民族」という表記の問題点にもふれていない。マスコミ関係者にとどまらず、企業の広報などの担当者にとってもこうした社会性の自覚は必要。

事例6……「世界大百科事典第二版」（平凡社、2005年）のアイヌ民族の項にある「民族としてのアイヌはすでに滅びた」とする記述について、アイヌ民族団体から、「先住民族の概念が構築される1970年代以前のものを2005年発行版に用いるのは不適切」として抗議。記述した知里真志保（1909～61年）はアイヌ民族復権に情熱を注いだアイヌ言語学者。その意図には、政府の差別抑圧政策によって、アイヌの文化・言語を取り戻す運動が停滞する状況を憂い、民族の自覚の覚醒をうながす意図があった。だが、この記述は、「先住民族」の定義がなかった当時の、「民族とは固有の言語・文化・宗教・生活様式をもつ集団」との見地から書かれており、しかも、内容が編集されたのは1970年代末。2007年に大改訂された「改訂新版 世界大百科事典」では、先住民族に関する国際社会の標準的認識（「民族固有の特徴」でなく「自己認識」を規準）を踏まえ、アイヌ民族を「日本の先住民族」と定義している。

事例7……2014年8月、札幌市の金子やすゆき市議が「アイヌ民族なんて今はもういない」「利権を行使しまくっているこの不合理」とツイッターに書き込んだことに対し、札幌を中心とする反レイシズムカウンターが「差別を煽動するヘイトスピーチ」と抗議して問題化。アイヌ民族団体が公開質問状をだす。北海道知事、各紙の批判報道を受け、金子市議は自民党会派離脱処分。9月、金子市議の辞職勧告決議案可決。2015年4月札幌市議選で金子氏落選。同じく、北海道議会の小野寺まさる議員（自民党）が2014年11月、道議会で「アイヌ民族が先住民族かどうかは非常に疑念がある」と発言。北海道アイヌ協会が抗議。歴史的に被った差別抑圧への回復措置を「利権」としてアイヌ民族を攻撃し、「アイヌはすでに民族ではない」という民族否定論は、在日コリアン、被差別部落、琉球などすべてのマイノリティ攻撃にくり返し用いられているレイシズムの反知性主義的「ロジック」である。

事例8……2015年11月、プロ野球北海道日本ハムファイターズが、新

千歳空港に「北海道は、開拓者の大地だ」とバナー広告を掲げる。北海道アイヌ協会から「アイヌ民族に対する配慮が足りず遺憾だ」との抗議を受け、撤去。先住民族アイヌの土地を"無主の地"として奪い、アイヌ民族を迫害した歴史に少しでも理解があれば、このようなバナー広告コピーが問題であることは容易に想像できる。

事例9………『女性セブン』2014年6月12日号の記事で「日本は単一民族」と記述。同じくアイヌ民族存在の事実を否定するものとして、抗議された。

●日本は単一民族社会ではない

日本が他国との比較において、同質性が高い社会であることは事実ですが、決して国民が「単一民族」の国家ではなく、また「純粋な大和民族」という表現も、交じりのない血筋があることを前提とした幻想にすぎません。さらに問題は、こうした幻想のもとで、この国の領土内の住民に多様性を担保する人権上の権利が保障されないばかりか、その議論さえ充分におこなわれていないことです。アイヌ民族や琉球人のような先住民族や、さまざまな理由で国籍をとった外国人にも多様な権利が保障される必要があるでしょう。すでに国際社会は、国籍をもたない外国人をふくめて、領土内の人々にも普遍的に権利を保障する方向に向かっています。

●酋長

事例1………「昔、あるところにアイヌ人の酋長がありました」。この文は、小説『春をつげる鳥』(大正から昭和初期に活躍した作家・宇野浩二の著作)の冒頭部分の言葉。この小説を小学校5年生の道徳副読本に載せた学習研究社が、1996年「アイヌの酋長」という表現や「アイヌ民族への無理解とともに偏見、差別を拡大する」内容が多々あるとして、アイヌ民族の関係団体から、強い抗議を受ける。本文には「酋長になって―腰に敵の首を幾つもぶら下げながら…」などの、事実と異なる差別的な記述もあるが、より問題なのは、この童話が、戦いや狩りが嫌いな10歳の村長の息子が、1人山中で修行中に殺生を嫌って餓死し、その魂が春を告げる鶯になって、村の人たちを感動させたというストー

リーにある。つまり、狩りをして獣の命を殺めることを悪いことだとする思いこみは、大和民族の一方的な発想で、狩猟民族には狩猟民族独自の生命尊重の仕方があることが無視されており、こうした童話が、「アイヌ民族は野蛮で恐ろしい民族」というイメージを子どもたちに植えつける恐れがあるという点がひとつ。もうひとつは、アイヌ民族のなかにも、殺生を嫌う優しい少年もいたという作者が描こうとした「よいイメージ」が、狩猟民族を否定的にとらえることになり、全体としてまったく逆の効果を生みだすことになっているという点。

　原本が刊行された1927年当時は、問題にされなかったが、それは、時代的制約であると同時に、アイヌ民族が抗議の声をあげられないほどの抑圧と差別のなかで呻吟(しんぎん)していた状況に思いをはせる必要がある。このケースは、人権意識の高まりを背景に、差別的描写や侮辱的表現に対して、アイヌ民族が抗議の声をあげたことによって、その差別性があきらかにされてきた事例。このケースにかぎらず、とくに、明治から大正、昭和初期の文芸作品などの復刻にさいしては、現在の人権状況に照らして、問題点を洗い直し、人権意識の水準に相応しい注釈をつけることが必要。

● 酋長という言葉にふくまれる意味

　酋長という言葉は、さきに見たアイヌ民族を「文明国」「先進国」という優越意識から、「土人」と見る視点と同じく、「未開人」「野蛮人」集団の長(おさ)、または、盗賊などの頭(かしら)という侮辱的な意味をふくんでおり、明治時代初期の政府文書では「琉球国王」に対して「酋長」という呼称が使われています。また1991年に朝日新聞が「フィジーでは『伝統の尊重』政策によって『先住民』の『酋長が復権』」と記し、「ミクロネシアの『酋長』会議議長代行が」と表現しています。昭和初期に大ヒットした『酋長の娘』という歌謡曲は、大日本帝国の支配下にある南洋群島の人々に対する差別的な目線をふくむ歌であり、当時の優越的国民意識が反映されています。

『酋長の娘』

　1、わたしのラバさん　酋長の娘　色は黒いが　南洋じゃ美人
　2、赤道直下　マーシャル群島　ヤシの木陰で　テクテク踊る

❷実践編

> 3、踊れ踊れ　どぶろくのんで　明日は嬉しい　首の祭り
> 4、踊れ踊れ　踊らぬものに　誰がお嫁に　行くものか
> 5、昨日浜で見た　酋長の娘　今日はバナナの　木陰で眠る
>
> （作詞作曲：石田一松、1930年）

●征伐、反乱

事例1……1998年、NHKサービスセンター発行のテレビ情報誌『ステラ』に掲載された番組案内「堂々日本史」のアイヌ民族に関連した解説文中に、「徳川幕府、太平へ向け最後の大征伐」「シャクシャインの乱」「酋長シャクシャイン」「アイヌが反乱」などの記述があり、アイヌ民族の関係団体が抗議。

● 征伐・反乱はだれからみた表現か

　征伐とは、悪者集団や、服従しない者を攻め討つことを意味します。民族自衛の闘いとしてのシャクシャイン戦争を、反乱と呼ぶべきではなく、この表現は不適切の誹りをまぬがれません。かつて、秀吉の朝鮮出兵（侵略）を「朝鮮征伐」（朝鮮では、「壬辰倭乱」と呼ぶ）と表記していた受験参考書や歴史書が、在日韓国・朝鮮人の団体から批判されていますが、それと同じ意味です。

●先住民族文化

事例1……1994年、日本テレビ系放映の『ビートたけしのお笑いウルトラクイズ』のなかに、タレント9人が金粉をまとった半裸姿で、下半身に大きな突起物を着け、『イオマンテの夜』の曲にあわせて踊るというギャグに、アイヌ民族団体と支援団体が「アイヌ民族に対する差別と偏見を助長」「ことさらに珍奇な扮装と振り付けでもって歪曲し、広く公共の電波に流したことは、アイヌ民族への公然たる侮辱で、絶対に看過できない」と抗議。また障害者団体からも「なぜ笑いの矛先を弱者に向けるのか」と抗議が寄せられた。テレビ局側は全面謝罪。

事例2……2010年1月、フィギュアスケート欧州選手権のアイスダンスペアのロシア代表が、オーストラリア先住民、アボリジニーの儀式をもとに演技したことに、アボリジニーの団体から抗議される。アボリ

ジニー文化を意識した「顔にインクを塗り、茶色い衣装を着て」演技したことに、当該アボリジニーの団体が「アボリジニーにとって神聖なダンス・儀式」を尊重せず、冒瀆しているとして抗議したもの。

● **ギャグのネタにされる先住民族文化**

　先住民族文化を笑いのネタにすることの裏には、自民族が文化的・経済的・軍事的に優越している、という意識が隠されています。民族文化に優劣はありません。多文化共生は、まずなによりも他民族の文化を尊重（理解）するところからはじまります。独裁国家や権力者を風刺し、揶揄するのとは根本的にちがいます。2010年、あるテレビ番組で、アマゾンの奥地を訪ねた日本のタレントが、そこで暮らす先住民族の伝統的な衣食住にのけぞり、おもしろがって見せる番組が放映されていました。その番組では「先住民族の文化を尊重しています」と何度もスーパーを流していましたが、それは抗議されたときの言い訳のためであり、先住民族の生活を、たんに笑いのネタにしているに過ぎない内容でした。

　ところで、民族差別的な言葉は世界各地で、とりわけ隣接している地域に住む民族（国家）に対して、数多く存在しています。

　他民族を「侮蔑」「中傷」するのは、ある意味では民族の"習慣"ともいえます。たとえば、イギリス人はフランス人がカエルを食べるからと「frogger」とからかって呼びます。それと同じく、フランス人がドイツ人を笑う表現もあります。欧米のコメディによく登場するギャグネタです。重要なことは、歴史的な関係性と、そこに支配関係が存在しないという状況下では、他民族へのからかいも笑ってすませるギャグになるということです。

　近隣諸国に対する「侮蔑」「中傷」表現が、ギャグになるような民族間の信頼関係をこそ、めざさねばなりません。

● **作品・断り書きがともに批判される**

事例1……1994年、恒文社発行の復刻版小説『アイヌの学校』（長見義三著）に「アイヌどもに衛生なんてあるのか」「土人は生活程度が低い」など32個所もの差別的表現があり、「アイヌ民族に対する侮辱に満ちた表現」として、アイヌ民族の関係団体が抗議し、出版社側は販売中

止と本の回収をおこない、謝罪。ちなみに、この本の末尾には、「今日の人権意識に照らして、不当、不適切と思われる、人種、身分、職業、身体障害、精神障害に関する語句や、表現については、時代背景や作品の価値を考えあわせ、そのままとした」との断りを明記していた。しかし、なにが不当でなにが不適切なのかの具体的な説明は一切省かれており、たんにいい逃れのための免罪符的"断り書き"に過ぎないとの批判がなされた。断り書きは、なにがどう問題なのかを具体的に明記して読者に問題意識をもってもらうことに意義がある。

● 土人

事例1……2000年、岩波書店発行の岩波文庫『水と原生林のはざまで』（アルベルト・シュバイツァー著、野村実訳、1957年初版刊行）に、「土人」という表現が頻出しており、「人種差別である」と抗議の声があがり、出版社側は「認識不足で弁解の余地はない」として、出庫停止にする。そのうえで見直しをすすめ、新版として再出版することを表明。

● 「土人」はなぜ差別語になったか

　大和民族の社会において、「土人」は古い時代から、「土地の人々」「現地の人々」という意味で、異民族・外国人に対する蔑称は「夷人」でした。アイヌ民族が「夷人」と呼ばれたのも、また幕末の外国人打ちはらいが「攘夷運動」と呼ばれたのも、そのためです。ところが、1855年の日露和親条約で、日本政府は、アイヌ民族をほんらいの日本国民とし、アイヌ民族の居住地域を日本の領土だと主張するようになります。この論理からいえば、アイヌ民族を「夷人」と呼称しつづけることは、領土権をみずから放棄することになります。そこで、日本政府は、アイヌ民族の呼称を「土人」に切り替えたのです。これが、その後アイヌ民族が、「土人」「旧土人」と呼ばれる原因にもなります。

　そして、この切り替えによって、「土人」という言葉の実体的な意味が「土地の人々」から「未開で野蛮な異民族」にすり替えられることになります。日本の植民地主義や侵略戦争が展開するなか、とくに、アイヌ民族に使われたことから、先住民族への蔑称として使われるようになりました。明治時代の初期には、琉球人に対して「土人」という呼称が使われ、また日本が委任統治領とした南洋群島などでも「土人」

という呼称が使われました。1997年に「北海道旧土人保護法」が廃止されるまで、「土人」という差別語は、行政用語としても定着していたといえます。

たとえば、軍艦に便乗して太平洋の島々をまわり、オーストラリアまで旅をした志賀重昂は『南洋時事』(1887年)のなかで、住民を「土人」と記しています。第一次世界大戦後の講和会議(1919年)で、赤道以北の旧ドイツ領を委任統治領とした日本は、1922年に南洋庁を開設しました。南洋領土との具体的な接点が生まれ、南洋に関する書物が「海外雄飛」をめざす青年たちの夢をかきたてました。マンガ『冒険ダン吉』(島田啓三著、1933～1939年)は「満天下の少年たちを欣喜雀躍、狂喜感激させ、百万部を突破」しましたが、そこに描かれているのはヤシの木に日の丸を立てて、左腕に腕時計をし、靴を履いた色の白いダン吉が、真っ黒で唇のまわりだけが白い「土人」を従えて島を統治する光景です。また、ネズミの「カリ公」には名前がついていますが、「土人」には名前がなく、胸に大きく数字が書かれているだけです。

しかし、植民地経営を担当した拓務省は、同じ南洋でも「ジャワ」や「仏印」は古くから固有の文化があったとして、一概に南洋の人々を「土人」として蔑視することはできない、とも書いています。(拓務省『外南洋時事梗概』1937年)

アメリカ大陸の先住民族

■「アメリカ・インディアン」差別と呼称の由来

現在、アメリカとメキシコの国境を流れるリオ・グランデ川から北の大陸に住む先住民族(=北米先住民族)は、大きく、「インディアン」とエスキモー・アリュート・イヌイトに大別されます。本書では、北米先住民族のなかで、エスキモー・アリュート・イヌイトを除いた先住民族を、「インディアン」と呼んで説明したいと思います。

「インディアン」という呼称は、よく知られているように、コロンブスがカリブ諸島に到達したとき、インド周辺と誤認したことに端を発しています。

差別語　先住民族（アメリカ・インディアン他）

したがって、「インディアン」は、ヨーロッパ人の入植により迫害を受けたこの地域の諸民族の他称であって、それらの人々が自称する個々の民族名（ラコタ、チェロキーなど）があることを知っておくことが必要です。

「インディアン」諸民族は、数万年前の氷河期に凍てついたベーリング海峡を渡ってアメリカ大陸に移住してきた集団を祖先にもつ、「人種的」にはモンゴロイドの系列に分別される人々のことです。赤銅色の肌の色から「レッドスキン」とも呼ばれ、かれらによる権利回復運動は、黒人の"ブラック・パワー"に対して、"レッド・パワー"と名づけられています。

コロンブスの「新大陸発見」以前には、1500～2000万人の「インディアン」が北米に生活していたといわれていますが、現在では150万人くらいと考えられています。

1492年にコロンブスがアメリカ大陸を「発見」したと近代史は教えますが、「発見」以前から、「インディアン」諸民族が先住民族として生活し、多様な文化を育んでいたことは、無視されてきました。そして宗教心をもたない（キリスト教徒ではない）、「未開」で「非文明」の人間集団に対する差別意識（人間として認めない）は、スペインの宣教師ラス・カサスが告発しているように、数百万人規模の先住民族を死にいたらしめることになんら躊躇しないという、人間性の麻痺した蛮行を合理化してきました。

「インディアン」「インディオ」などの差別的呼称は、入植したヨーロッパ人側の非人間的行為と結びついた蔑称であることを理解しましょう。現在では、"ネイティブ・アメリカン"（先住アメリカ人）と公称される場合が少なくありませんが、しかし、当該「インディアン」のなかには、この"ネイティブ・アメリカン"という白人主導でなされた呼称変更に、アメリカ先住民族に対する、過去の民族浄化＝同化・絶滅政策を歴史から消し去ろうという意図を見てとり、"インディアン"という負の呼称にこだわり、その原点からアメリカの歴史を批判的に見直すべき、と主張をしているグループもあります。

「我々は"アメリカ・インディアン"の名の下に奴隷にされ、"アメリカ・インディアン"の名の下に植民地化された。そして、我々は"アメリカ・インディアン"の名の下に自由を得るつもりである。また、我々は自分達をどうとでも呼べるのである。」

（1977年　スイス・ジュネーブの国連会議における「国際インディアン条約協議会」の声明）

ここには、歴史的に負のイメージを付与された呼称に対して、それを原点に歴史をとらえかえそうとする先住民族、あるいは、被差別マイノリティに共通する力強い主張があります。「Black is beautiful.」もそうですが、「特殊部落民よ、団結せよ!」「吾々がエタであることを誇り得る時が来た」と声高らかに謳った水平社宣言にも、同じく被差別マイノリティの矜持が見てとれます。

しかし、「ワシントン・レッドスキンズ」というアメリカンフットボールのチーム名の"レッドスキンズ"(赤い肌の連中)という言葉に対しては、強い抗議がなされています。

また、いま、広くアメリカ国内で、政治的用語として使用されている「ネイティブ・アメリカン」という呼称に対して、別の側面から「アメリカ・インディアン」の団体(AIM＝アメリカ・インディアン運動)は否定的な見解を表明しています。それは、この「ネイティブ・アメリカン」という言葉が、アメリカ合衆国領域内に住む、「イヌイト」「エスキモー」「サモア人」「ミクロネシア人」「ハワイ人」など、多様な先住民族をふくんでいるからです。それゆえ、「インディアン」の名のもとにおこなわれた、同化・絶滅政策について抗議する意味もあって、「アメリカ・インディアン」と名乗っているわけです。

ほんらいは、彼らが自称している民族名である"チェロキー民族"や"ラコタ民族""ナバホ民族"と呼ぶべきでしょう。

現在、エコロジーの大切さが、先進諸国で見直されていますが、そのなかで、独自の精神文化をもち、自然崇拝＝自然との共生を生活のなかにとり入れている「アメリカ・インディアン」諸民族をはじめとする、先住民族の歴史と文化が注目されています。

■中南米先住民族

中南米に居住する先住民族がみずからもちいる総称は「インディヘナ」です。これは、「その土地の人々」という意味をもちます。「インディヘナ」という言葉は「インディオ」という言葉とよく似ていますが、「インディオ」(もともと、コロンブスがさした「インド人」はスペイン語で「インディオ」)はメキシコやグァテマラでは差別語とされていることから、**中南米の先住民族は、みずからを「インディヘナ」という新しい言葉で自称**するようになっています。

中南米の先住民族は、北米の先住民族と同じ時期に、ベーリング海峡を渡って、アメリカ大陸に移住したと推定されています。そして、中南米全土で多様な社会を形成していました。よく知られているアステカ・マヤ文明は、

現在のメキシコ・グァテマラにあたる地域で繁栄していましたし、インカ帝国は、現在のペルー、ボリビア、エクアドルの先住民族が築きあげたものです。

コロンブスの時代、カリブ海地域から中南米地域には、一説では約一億人（1500万人説もある）のインディヘナが生活していたといわれています。ところが中南米全体でおこなわれた大量虐殺と、侵略者がもちこんだ伝染病などによって、アステカ・マヤ・インカのそれぞれの帝国では合計7000万人の人口が350万人に減り、生き残ったインディヘナは、強制労働と租税に苦しめられました。その結果、先住民族の労働力があてにできなくなると、カリブ海地域、ブラジル海岸部では、大量の黒人が奴隷としてアフリカ大陸から連行されてきました。生活と文化を破壊されたインディヘナの人々の多くは、19世紀以降、都市に流れこみ、また、より伝統的な生活を送る人々は、さらに奥地に追い立てられることになったのです。

抗議を受けた表現事例

> **事例1**……1995年、主婦と生活社発行の人気少女マンガ『あんみつ姫』リニューアル版に、黒人や「アメリカ・インディアン」を差別的に表現した場面があるとして、市民団体が抗議。問題個所は、あんみつ姫が自分の外国人家庭教師について「人間じゃない！気にくわないと相手を食べたり、頭の皮をはいだり——」と想像するシーン。背景にはどくろを首にさげた黒人と見られる怪人や、両足が尻尾になった「インディアンふう」の怪人が描かれていた。出版社側は出庫停止と回収をおこなう。

アジア・オセアニアの先住民族

アジアには、1億5500万人の先住民族が住んでいるといわれています。内訳は、中国など東アジアに6700万人、東南アジアに3000万人、インドを中心とする南アジアに5100万人、西アジアに700万人とされています。これは、世界の先住民族の半数近くにあたります。

アジア・アフリカとオセアニアの先住民族は、置かれている状況がやや異

なっています。

　オーストラリアやニュージーランドをふくむオセアニアでは、南北アメリカ大陸と同じように、ヨーロッパ人の突然の到来によって、植民地が形成され、「文明化の使命」によったイデオロギー差別がおこなわれました。

　オーストラリアの先住民族の総称「アボリジニー」は「原生の動植物」という意味ですが、1770年、イギリス人クックによって一方的にイギリスの領有宣言がおこなわれ、土地は入植者に収奪されました。1788年からは、アメリカに代わって、イギリスの流刑植民地となりますが、1830年代までにタスマニア島の先住民族は絶滅させられました。

　他方、アオテアロア（ニュージーランド）の先住民族マオリは、強力な社会組織をもっていました。その民族的力を背景に1840年イギリス政府との間にワイタンギ条約を結び、またこの条約の解釈やヨーロッパ人入植者に対する土地権の確保のため、1860年～72年にはマオリ戦争が起きています。

　1901年と1907年に、自治領として、オーストラリアもニュージーランドも独立を果たしますが、これもアメリカ大陸と同じようにヨーロッパ人入植者の独立と国家建設であったために、植民地下での先住民が、そのまま先住民族としての権利回復を模索することになります。

　これに対して、アジアやアフリカでの先住民族の環境は、少し異なります。ヨーロッパ人の侵略によって、植民地が形成されたとき、そこに住むすべての住民が先住民族でした。しかし、アジアやアフリカでは、1960年代にその植民地からの解放を果たし、旧植民地の主要な民族によって、新たな近代国家が形成されます。

　たとえば、第二次世界大戦後、英領インドは、インドとパキスタンに分割されます。そして、かつて東パキスタンと呼ばれた地域は、独立戦争を経て1971年にバングラデシュとして独立します。バングラデシュという国名は、「ベンガル人の国」という意味ですが、ここでは新しい国家の国民形成がはじまり、英領インド時代には伝統的な自治権が認められていた仏教徒などの多い東部チッタゴン丘陵地帯の先住民族（総称ジュマ）に対して、ベンガル人になるための同化政策を強要して迫害し、ベンガル人の入植者を送りこんで土地を収奪しています。その意味で、チャクマ民族、マルマ民族などのジュマは、みずからを先住民族と呼んでいます。

　また、アフリカでは、1961年と1971年にタンザニアとケニアが独立しますが、牧畜民であったマサイ民族の領土は、そのまま国境で分断され、それ

ぞれの国民国家形成のなか、その生業に対する差別的な政策がつづき、彼らもまた先住民族としての権利を主張しています。

アジアやアフリカを細かく見てみれば、山岳民族や海洋民族、遊牧民族や牧畜民族というレッテルを貼られて差別されている先住民族が、いかに多数存在しているかがわかります。

> **ポイント アジア・オセアニアの主な先住民族**
>
> ● インド
> 　憲法で、インド先住民族に対し〈指定部族〉制度が設けられ、"アディバシ"と呼ばれ、約5000万人、320の民族集団が〈指定部族〉として住んでいる。
>
> ● バングラデシュ
> 　チベット・ビルマ等の言語を話す、13の非イスラム系民族（約60万人）がチッタゴン丘陵地帯に住む。総称のジェマの由来は、「焼畑の人々」。
>
> ● タイ
> 　カレン・ラフ・カチン・モン・ヤオ・リスの6大民族を中心に、50～60万人の先住民族・山岳民族が、タイ北部に住んでいる。
>
> ● マレーシア
> 　マレーシア半島に〈オラン・アリス〉と総称される先住民族（約7万人）が、また、ボルネオ島のサバ州・サワラク州には、ペナン民族などの先住民族が住んでいる。
>
> ● フィリピン
> 　ルソン島のコーディリラ地方やピナツボ山周辺には、450万人の先住民族が住む。また、ミンダナオ島には、イスラム教徒（バンサ・モロと自称）の先住民族が住んでいる。
>
> ● 台湾
> 　日本統治下（1895～1945年）での同化政策のなかで、大きく変容を遂

げた原(先)住民族が住んでいる。日本の植民地下では〈蕃人(ばんじん)〉、〈高砂族(たかさご)〉、そして、日本敗戦後の国民党統治下で〈高山族(こうざん)〉ないし、〈山胞(山地同胞の略称)〉と呼ばれていた。現在では、台湾に最初から移住していた島の住人を意味する〈原住民〉という呼称が、正式に憲法に明記された。

日本のマスコミが、この台湾における「原住民」という表記に対し、差別的ニュアンスがあるとして、「先住民」と書き換えたりすることがあるが、台湾では、「先住民」が「すでに滅んでしまった民族」との意味あいもあり、書き換えることは、逆に差別的な表記とみなされかねない。呼称は当事者の自称によって表記することが大原則である。

● ビルマ

人口の30％にあたる1000万人が先住民族であり、カレン民族(190万人)、イスラム教徒として迫害されているロヒンギャ民族(80万人)など。

● ベトナム

〈ベトナム人〉という国籍と同時に、〈民族籍〉をもつ54民族がベトナムを構成する民族として認定されており、とくに山岳地帯の民族が先住民族を主張している。

● インドネシア

インドネシア領パプア、カリマンタン、スマトラなど各地に先住民族が居住し、インドネシア領パプアでは分離独立運動が続いている。

● オーストラリア

5万年以上前からオーストラリアに住み、聖地エアーズロックや狩猟道具ブーメランで有名な「アボリジニー」(現在では、差別的な響きがあるとして、「アボリジナル」または「オーストラリア先住民族」と表現されている)に代表される豪州の先住民族は、18世紀末以来のヨーロッパ人入植者による、虐殺、強制移住、言語・宗教の禁止や、親子隔離などの強制同化政策、そして環境破壊などによって、物理的にも精神的にも癒し難い傷を負わされてきた。ヨーロッパ人の入植当時、50〜100万人いたとされる「アボリジニー」の人口は、一時期(1920年)には7万人まで激減したが、現在では先住権が認められるなどの政策の下、35万人を超え、オースト

ラリアの人口の2%を占めている。一定の補償と歴史的謝罪がおこなわれたとはいえ、今日でも、権利回復は不充分なままである。

● ニュージーランド

　ニュージーランドの総人口427万人のうち14%を、先住民族のマオリが占めている。マオリ語は、英語とともにニュージーランドの公用語とされているが、公的使用は著しく制限されるなど、名目的なものに留まっている。いっぽうで、失業率は20%と、同国平均の3倍であり、刑務所収監率も高く人口比で4倍と、差別による〈2級市民〉的立場が浮き彫りになっている。

極北圏の先住民族

■エスキモーとイヌイト／民族自称が基本

　先住民族には、さきにのべた日本のアイヌ民族や「インディアン」、中南米のインディヘナ、アジアの先住民族などのほかに、アイヌ民族と隣接して生活していた「ニブフ民族」「ウィルタ民族」、カナダ・アラスカ（米州）、グリーンランドなど極北圏に住む漁労民族の「エスキモー」「イヌイト」がいます。

　1990年代、イヌイトとエスキモー、ブッシュマンとコイサンなど、民族の呼称をめぐる議論が起こりました。こうした問題を考えるさいには、それぞれの集団・地域によって自称が異なることに注意し、基本は、当事者による自称を尊重していくことです。ここでは、極北圏の先住民族について考えていくことにしましょう。

　エスキモーという言葉が、「生肉を食べる人」と解釈されたため、侮蔑的意味あいをもって、一部の北方先住民族が「エスキモー」と呼ばれていました。しかし、最近では、語源的にも「エスキモー」は、「かんじきに張る網を編む動作」を意味するとの説が有力視されており、いわれのない差別呼称であることがあきらかになりつつあります。しかし、「エスキモー」と呼ばれることに抵抗をもたず、エスキモーを自称する民族と、みずからを「イヌイト」と自称する別の先住民族が存在します。かつて、一律に「エスキモー」を「イ

ヌイト」にいい換えていましたが、そこには、大きな誤解がありました。
　ひとくくりにエスキモーと呼ばれていた極北圏の人々はひとつの民族ではありません。
　極北圏には、たがいに言語が通じない2つ以上の大きな言語集団である先住民族——エスキモー、イヌイト、アリュート——が暮らしています。

【イヌイト語を話す先住民族・イヌイト】
北アラスカからグリーンランドにかけて生活する人々です。
【ユピック語を話す先住民族・エスキモー】
南西アラスカからチュクチ半島（シベリアの南端）にかけて生活する人々で、自分たちはユピック、またはユピック・エスキモーでありイヌイトではないという強いアイデンティティをもっています。
【アリュート民族】
アリューシャン列島に住む先住民族で、歴史的に日本と深いかかわりをもっています。アリュートの祖先はおよそ9000年前にアジアから移ってきたといわれています。ロシア人が18世紀半ばに侵略してくるまでは、豊かな漁労生活を送っていました。

　カナダでは、「エスキモー」を差別語とし、公的には「イヌイト」と呼称していますが、これは、その地域にイヌイト語を話し、「イヌイト」と自称する先住民族が生活するからです。**わたしたちが表現するさいの基本は、他者が、どう呼び、表現するかではなく、先住民族集団が、みずからをどう呼んでいるかです。**いい換えるならこれは、文化的自己決定権にかかわる問題といってよいでしょう。
　コロンブスを先駆とするヨーロッパ諸国家の植民地支配のさいに、支配者としての立場から、当該先住民の意志とは無関係に、一方的に、かつ差別的につけられた名前に対し、文化的自己決定権の行使として、当事者みずからが呼称を決定する権利を主張したのだと理解し、当該民族の自称に従って呼称することが大切です。
　このほか、北部ヨーロッパでは、サーミ民族が先住民族として生活しています。ノルウェー、スウェーデン、フィンランドのあるスカンジナビア半島北部およびロシアのコラ半島で暮らすサーミ民族は、かつて、「ラップ」と差別的に呼ばれていました。（「ラップ」は「辺境」を意味し、「辺境」は「中央」から見

た言葉で、サーミ民族はこれを嫌っています)。

　また、呼称のいい換えの問題にかぎれば、1984年に文部省は、高校地理にある「奴隷海岸」「ホッテントット」「ブッシュマン」の表現を変えるよう意見表明しており、アフリカの「ホッテントット」(「どもる人」)→「コイ・コイン」(人という意)、「ブッシュマン」(「藪」に住む人)→「サン・クア」(人という意)と呼び換えがおこなわれています。

　ただし、入植者が侮蔑的に呼んだ「ブッシュマン」という呼称は、「藪やさまざまな潅木の多いところに住む」という意味の自称でもありました。この自称には当事者による一種の誇りがこめられています。いい換えられた「コイサン」は民族の名称でも自称でもなく、ニュアンス的には「ろくでなし」という意味です。映画『ブッシュマン』は続編が『コイサンマン』に変更された後、『ブッシュマン』に戻っています。

■先住民族と少数民族

　ここまで、先住民族についてふれてきましたが、先住民族と少数民族は、その概念が異なります。

　少数民族は、移民をふくめ、1つの国民国家内における多数派支配民族に対する民族的少数派を意味しますが、先住民族(先住民)は、代々住んでいる土地を近代国民国家に奪われて一方的に国民化され、また、その文化を破壊されながらも、依然として、民族としてのアイデンティティや文化的伝統を継承しようとしている集団と考えられます。先住民族は、多くの場合、当該国家内では少数民族としての側面をもっています。

> **ポイント　先住民族とは**
>
> 　「近代帝国主義は、国民国家の形成と並行して、ヨーロッパを起源とする〈文明による支配〉を旗印に、〈未開〉とみなした民族の住む地域を一方的に征服、占領、入植などの手段により植民地化し、そのかなりの部分を〈内地〉として近代国家内部に編入した。こうした地域で、〈野蛮〉な民族として偏見や無知から虐殺され、また、強制同化政策のなかで民族としての文化や伝統、価値、そして存在そのものを否定された民族的集団が〈先住民族〉とみなされる。」
>
> 　　　　　　　　　(『部落問題・人権事典』2000年より上村英明記述)

> わかりやすくいえば、先住民族とはつぎのように定義できる。
>
> 1) 植民地化され、みずからの意思で国民となっていない。
> 2) 自分たちの将来のために文化や伝統を次世代に伝える意思がある。
> 3) 土地や資源、領土の概念をもっている。

ロマ民族差別

■ロマ民族への迫害

　ヨーロッパ全域で暮らす少数民族に「ロマ」「スィンティ」(「ジプシー」)がいます。「ジプシー」という言葉は「エジプトからやってきた人」つまり「エジプシャン」という誤解から発生し、差別的な意味あいをもつ呼称として認知されています。

　それにかわって、彼らが自称する「ロマ」「スィンティ」が公称です(「ロマ」という言葉は、スィンティ・ロマの言語であるロマニ語で「人間」を意味する)。もともと、インド北西部(パンジャブ地方)を発端の地とし、10世紀ごろ(6～7世紀という説もある)から移動を開始し、現在1000万人を超えるロマ民族が、ヨーロッパ各国・西アジア・北アフリカ・アメリカなどに広く居住しています。

※「ロマ」はヨーロッパ南東部、「スィンティ」はドイツを含めた中部ヨーロッパに定住していた少数民族の自称。1955年、ドイツに暮らしていた7万人のスィンティ、ロマ民族は、少数民族として正式に認知された。以下、本稿ではロマ、ロマ民族と表記。

　ロマ民族への迫害は、ヨーロッパでは中世の時代からつづいてきました。ナチスがロマを強制収容所に連行し、絶滅政策をおこなったことはよく知られていますが、じつはフランスやオーストリアをはじめとする西欧諸国では「ジプシー追放令」が15世紀以降くりかえしだされてきました。21世紀の2010年にも、フランス政府がEU憲法違反にもかかわらず、13000人のロマを国外に強制追放するなど、ヨーロッパ諸国を移動しながら生活するロマ民族への不公正なあつかいと排斥がつづいています。

■差別的な他称を非難した「世界ロマ会議」

　ロマ民族の迫害史やホロコーストを研究する金子マーティン教授は、日本ではロマ民族への差別についての意識が希薄だと指摘しています。

　「ジプシー」「ツィゴイナー」「ヒターノ」など雑多な他称で呼ばれ、ロマニ語をはじめとする独自の文化を保持する推定1200万人を数える欧州連合（EU）最大の少数民族の自称が、ロマである。ロマは、1971年ごろから国際的な人権活動をはじめた。1971年ロンドンで開催された〈世界ロマ会議〉は、「ジプシー、ツィゴイナー、ヒターノなど、すべてのロマニ語起源でない人種主義的なレッテルをわれわれは厳しく非難する」と決議。ロマは独自の国家をもたないが、ロマの旗、ロマの歌もその会議で決められた。それから40年が経過したが、差別語でもある「ジプシー」などの他称は、多くの国々で現在も使われつづけられている。

　　　　　　　（金子マーティン講演『解放新聞　広島県版』2012年5月5日付より）

　ロマ民族は第二次世界大戦ではユダヤ人と同じく人種差別主義によって、ナチスに大量虐殺された人々であり、EU圏内では今なおロマへの襲撃にまで発展するような差別的暴力事件（ヘイトクライム）が続発しています。「ツィゴイナー」はギリシャ語の「異教徒」に由来し、不可触民の意味もある言葉。サラサーテ作曲の「ツィゴネルワイゼン」は「ジプシーの旋律」という意味です。

　日本では、1901年（明治34）に長崎に来た「総勢50余人のヂプシーの一隊」を「西洋穢多の舶来」の見出しで、日本の新聞（京都日出新聞）が、はじめて紹介しています。「ジプシー」という差別的呼称は、社会的必要性と合理的理由なしに安易に使う言葉ではありません。

■「劣等民族」「泥棒」「不道徳」の比喩

　日本でも大手旅行会社がヨーロッパ旅行にさいして、事前に配布した資料のなかに「ジプシー」を犯罪者とみなした記事を掲載し、抗議された例もひとつやふたつではありません。しかし、「ジプシー」を差別的にではなく、流浪のなかで育まれた歌や踊りなど、その文化のもつ力強さを表現したい場合もあるでしょう。もちろん、差別的にあるいは悪いもの、劣ったものの比喩として使用することは、絶対避けるべきですが、どうしても「ジプシー」という言葉のもつ歴史性・社会性が"ロマ"をふくめ、ほかの呼称と換えがた

い場合は、「　」をつけて、かつ注釈、解説なりを付して発信すべきでしょう。このことは、ほかの差別的呼称についても同じです。

　ヨーロッパの先住民族ではロマのほかに、フランスとスペインの国境、ピレネー山脈に約270万人のバスク人が住み（海外に約1500万人居住）、トルコ、イラン、イラクにまたがって住んでいるクルド人（約2800万人）がよく知られています。北アフリカに住む先住民族「ベルベル人」（「ベルベル」はギリシア語の「言葉のわからない者」という意味の蔑称「バルバロイ」に由来し、民族自称は「アマジーグ」）の人口は、1000万人から1500万人といわれており、ヨーロッパ各国にも300万人近くが移住しています。また、世界各国に固有の文化と歴史をもった先住民族が3億人以上暮しているという事実を知ることが大切です。

> **コラム38　映画のワンシーンと字幕〜ジプシー（ロマ）〜**
>
> 　ある映画のワンシーンに、つぎのようなセリフがありました。ナチス政権下でドイツ軍の将校が、「ジプシーなど叩き潰してしまえ！」と叫んでいる場面の字幕スーパーが、なんと、「ロマ人など叩き潰してしまえ！」となっていたのです。実際の音声では「ジプシー」と叫んでいるにもかかわらず、「ジプシー」は差別語だから「ロマ」といい換えて翻訳し字幕にしたのでしょう。まったく意味がありません。ナチスが、600万人のユダヤ人を虐殺し、50万人を超えるロマ（「ジプシー」）を殺害したことを理解しているなら、この場面は、そのまま「ジプシー」と字幕にすべきでしょう。むしろ「ロマ」といい換えることの方が問題です。

　多くの先住民族やマイノリティ集団の呼称に、自称ではなく、侵略し進出した側、あるいは、抑圧し支配した側からの他称が使われてきました。

　1970年代以降、差別的な"他称"をいい換える運動が世界的規模で起こり、日本でも多くの差別的呼称の変更がおこなわれました。そのとりくみのなかで、"他称"をつけた側からの一方的ないい換えに異論を唱える先住民族やマイノリティ集団の存在もあきらかになっています。**呼称に関する第1の原則は、その先住民族やマイノリティ集団自身が選択した"自称"に従って語り、記述することです。**

2 実践編

■「ジプシー」という呼称

ヨーロッパでは「ジプシー」という呼称が「劣等民族」「泥棒」「不道徳者」という認識の下、蔑称として使用されてきた歴史があります。現在「ジプシー」と"他称"されている人々の呼称は、11世紀ころギリシャにあらわれた彼らを、ギリシャ語で「異教徒」を意味する"アツィンガノス"(「不可触民」の意味もある)と呼んだことに端を発しています。その後、ヨーロッパ各地で多様なバリエーションをもって、つぎのように他称されるようになったわけです。

ツィガーヌ、シガーン(フランス)、ツィガニ(ブルガリア)、ツィガーニ(ルーマニア、セルビア)、ジンガリ(イタリア)、チンゲネ(トルコ)、ツィガン(ポーランド、ロシア)、ツィゴイナー(ドイツ)、ツィガニョーク(ハンガリー)、シガーノ(ポルトガル)、チゴーナイ(リトアニア、ベラルーシ)など。

また、「ジプシー」を、エジプトから来た人々と誤解したことに由来する他称として、ジプシー(イギリス)、ジタン(フランス)、ヒターノ(スペイン、自称でもある)、エギフトス(ギリシャ)、イェフギット(アルバニア)などがあります。また、東方からやってきたクリミア・タタール人に由来するタタール、ないしタターレなども、スカンジナヴィアでは使用されています。

いっぽう、自称では、インドのサンスクリット語に由来する「人間、男、夫」などを意味する、彼らの内部から発生したロマ(Roma 単数はロム)、ロム(Lom)、ドム(Dom)などが、ヨーロッパから中東イスラム圏、アジアなどで広く使用されています。さらにこれ以外にロマニチャル(イギリス)、スィンティ(ドイツ)、マヌーシュ(フランス)、カーロ(フィンランド、ウェールズ)などの自称があります。また、言語はロマニ語で70種類余りの方言となって、ヨーロッパ全域に広がっています。(関口義人著『ジプシーを訪ねて』を参照。)

少数民族にかかわる差別表現事例

事例1……1984年、東京大学に留学していたトルコ人学生、ヌスレット・サンジャクリ氏が、「トルコ風呂」表現で当時の厚生大臣に訴えを起こす。後に「ソープランド」と名称変更される。

事例2……1989年、中央公論社発行の雑誌『中央公論』誌上で、当時自民党の石原慎太郎代議士が、「ヨーロッパでおこなわれる幼児の誘拐はジプシーの新しい仕事のひとつ」などと書いて問題化。

差別語　先住民族と少数民族

⑦ 人種・民族にかかわる差別語

事例3……1994年、在ベルリン日本総領事館が「ジプシー風グループ、スリにご注意！」の掲示をだし、抗議される。応対した外交官が「逆に教えていただきたい。ロマと書いて日本人に理解されるのか。分かりやすく表現するにはどうすればよいのか」と反論するなど、無知をさらけだす。問題は、「ジプシー」（ロマ）と犯罪を結びつけて表示しているところにある。

事例4……1995年、『スポーツニッポン』が、阪神大震災でグラウンドが使えなくなった関西学院大学野球部が、各地の球場を転々としながら練習をつづけている様子を「地震に負けとられん関学復球 ジプシー練習にも笑顔」と題して掲載。記事中にある「しばらくはジプシー生活を余儀なくされる」等の表現にも、関係団体から抗議。現在も少数民族としての権利も認められず、劣悪な環境に置かれているが、多くのロマは定住生活を送っており、記事は事実に反するということも抗議内容に入っている。

事例5……1997年、ドイツ・ハイデルベルク市で開催されたスィンティ・ロマ資料文化センター開設式典に参加した市民団体に対して、空港到着時に日本の旅行代理店の現地添乗員が、「ジプシーの人たちには注意してください。盗難にはご注意を」といったことに抗議。旅行代理店に人権研修の充実を要求。

事例6……1997年、関西空港会社が発行する月刊広報誌『かんくう』11月号の記事中「ジプシーのショーがあると聞いたのででかけてみた。写真を撮らせてくれないかと頼むと、その代わりカスタネットを買えという。翌日、街でも同じものが約5分の1で売られていた。したたかさに苦笑がもれる」の部分に対して、ロマ民族に対する予断と偏見を助長する、差別的な表現であると関係団体が抗議。『かんくう』側は、「多くの民族に利用される国際空港として認識不足」として誌面上で謝罪し社員教育の徹底を表明。

事例7……1997年、ソニーレコードが発売した加藤登紀子氏のCDアルバム『TOKIKO・CRY 美しい昔』の収録曲のなかの「原発ジプシー」

（1981年）に差別語があるとして抗議される。レコード会社側が加藤さんの同意を得て販売中止、店頭回収、改訂後再発売。

事例8……2012年、JRA日本中央競馬会に登録されている競走馬の馬名に「ジプシーマイラブ」「ジプシーキング」「ジプシースウィング」「メイショウジプシー」など、差別的他称「ジプシー」をつけた馬名があることについて、日本中央競馬会と馬名登録権限をもつ「ジャパン・スタッドブック・インターナショナル（JAIRS）」が抗議を受ける。まぎれもない蔑称である「ジプシー○○」との馬名では、差別禁止法が制定されている欧米諸国からは、日本中央競馬会が人権意識の低い団体と見なされるというもの。JAIRSは、「一度出走した馬の馬名は規定により変更できないが、今後は『ジプシー』の馬名登録は許可しない方針」と回答。

事例9……『週刊新潮』2012年3月29日号「藤原正彦の菅見妄語」「ローマの繁華街を歩いていたら我々二人の回りを数人の少年たちが取り囲んだ。（中略）ジプシーのスリ少年団だった。悪名高いやり口なので直ちに『この野郎！』と日本語で一喝した。」ヨーロッパ旅行のさいに旅行会社から渡される注意書きに「ジプシーのスリ集団に気をつけましょう」と書くことと同じ、差別的偏見にもとづく表現。

事例10……『週刊文春』2012年8月30日号　ルーマニアのブカレストで起きた日本の女子大生殺害事件グラビア記事に「（犯人の）ブラドは、『ロマ』と呼ばれる民族です。空港周辺では旅行者をカモに、詐欺まがいのことをする輩も多い」。「ジプシー」が、ロマ民族に対する蔑称であり、差別語であることを知っているので、彼らの自称である「ロマ」という民族名で記したのであろうが、表現の差別性には何の違いもない。殺人などの犯罪と、ロマ民族という属性をわざわざ結びつけて表現するところに、その差別性がある。

⑦ 人種・民族にかかわる差別語

在日外国人差別　在日韓国・朝鮮人差別

キーワード

鮮人・半島人・第三国人・北鮮・南鮮・日鮮・内鮮・渡鮮・西鮮・東鮮・満鮮・帰鮮・朝鮮征伐・バカチョン・パンチョッパリ・チョーセン・チョン

- 京城（ソウル、昔のソウル）と表記する誤り
- 朝鮮籍を「北朝鮮籍」とする誤り

■在日韓国・朝鮮人に対するヘイトスピーチ（差別的憎悪煽動）

　インターネット上には以前から匿名の差別的な書き込みが氾濫していましたが、2000年代後半には、インターネットでの動員を主として、レイシスト集団が街頭にあふれだし、東京・新大久保、大阪・鶴橋のコリアンタウンをはじめ、全国の公道で、激しいヘイトスピーチをともなう排外デモや街宣をくり広げる事態が、日常化するようになりました。

　「朝鮮人ハ皆殺シ」「首吊レ毒飲メ飛ビ降リロ」「新大久保にガス室を作るぞ」「鶴橋大虐殺」「キムチくさい」等々、聞くに堪えないヘイトスピーチは、ヘイトクライム（差別的憎悪犯罪）の一形態であり、差別表現とは質的に違うものとして、区別して考えなければなりません。

　2016年5月24日「ヘイトスピーチ解消法案」が、可決成立しました。成立した法案は、①「本邦外出身者」②適法居住要件そして③罰則及び救済規定がないなど、不充分点があることも事実です。①は日本国籍取得者である沖縄・アイヌ・被差別部落・性的マイノリティ・障害者などの社会的マイノリティがヘイトスピーチ被害の対象から除外されていること。②は難民申請者や正規の在留資格を有しない人々を排除するなど「反差別法の中に差別的な要素を混入させたもの」（外国人人権法連絡会）である点。③は、ヘイトデモを禁止する明確な規定がなく差別犯罪の抑止効果に対する疑問。

　しかしながら、このヘイトスピーチ解消法が、これからの反レイシズム・ヘイト撲滅運動の闘いの武器になることは、まちがいありません。

■在日韓国・朝鮮人をめぐる差別表現

在日韓国人・朝鮮人に対する差別語は、枚挙にいとまがありません。とくに、地名や民族名を略して差別的に呼ぶ例が数多く見られます。たとえば、「北鮮」「南鮮」「日鮮」「内鮮」、そして「鮮人」など。「鮮人」や「渡鮮」などの用例は前近代の時期にすでに見られますが、日本社会に定着するのは、1910年の「韓国併合」以降です。「併合」以前は「韓人」という表現が一般的でしたが、「併合」による「韓国」から「朝鮮」への名称変更にともない、「鮮人」が「略称」として広まっていきました。

また、韓国・朝鮮という国の名を呼ばず、「半島」あるいは「半島人」という、民族の存在を無視した呼称もあります。

これらの言葉の大多数が、韓国併合による植民地支配のなかで生みだされた言葉であることに注意をはらう必要があります。植民地支配によって、日本人のあいだで朝鮮民族を見下す目線が急速に広がります。支配・被支配(差別・被差別)という関係のなかで、日本人が優越感をこめて「鮮人」「半島人」という呼称を使い、その積み重ねを通じて差別的な意味がこめられていったのです。

このような、戦前の「一等国民」意識に裏づけられた差別語を、今日の時点で植民地支配者の言語感覚で使用することのおろかさに気がつかないとすれば、それはすでに、「犯罪」といわねばなりません。

■「第三国人」

2000年に石原慎太郎都知事が発言した「不法入国した第三国人」という表現は、国連でも、公職につく高官による人種差別的な発言として、その問題点を指摘されるなど、国際問題にもなりました。「第三国人」とは、第二次世界大戦で敗北した日本が連合国側の占領下に置かれていた時期に登場した用語で、植民地統治下で強制的に「日本人」とされていた、おもに朝鮮の人々に対する侮蔑的感情をふくむ言葉とみなされています。

「第三国人」という言葉は、もともとは当事者となる二国以外の国の人々をさす用語として使われていましたが、第二次世界大戦後、連合軍(アメリカ)占領下の日本で、独自の意味をもつことになりました。占領下の日本に居住する者は大きく「外国人」「日本人」と「非日本人」にわけられました。「外国人」には占領軍関係者のほか、連合国民、枢軸国民、中立国民がふくまれました。「非日本人」は「外国人」「日本人」のいずれにも属さない、日本の

領土から分離された地域の出身者（おもに朝鮮人、台湾人、そして「琉球住民」と表記された琉球人）をさしてもちいられた用語です。

この「非日本人」のうち、とくに旧日本帝国の植民地からの居住者、つまり朝鮮人、台湾人に特化する形で「第三国人」という表現が使われました。そこには、「解放された人民」として意気軒昂だった朝鮮人や台湾人に対して、差別と抑圧をしてきた日本人の恐怖と妬みが投影され、差別語へと変わっていったものです。

■「京城（昔のソウル）」の誤り

現在、韓国の首都はソウルですが、「京城※」を「ソウルの昔の呼び名」として使用しているケースをよく見かけます。しかし「京城」は、韓国併合によって強制的に「漢城（ハンソン）」から変更された都市名であり、韓国・朝鮮の人々にとって地名における「創氏改名」ともいえる、屈辱的な名称です。使用する場合は、充分な知識と理解のうえで必要のあるとき以外、無自覚に使用すべき言葉ではありません。

使用する必要がある場合には、「京城（日本植民地統治時代のソウルの呼称）」などの注釈をつけるべきです。

語彙解説

京城 朝鮮の人々が「ソウル」と呼びならわしていた朝鮮の首都は、「漢城（ハンソン）府」という行政区に置かれていた。「京城」は「みやこ」を意味する言葉であり、日朝修好条規以降、朝鮮側は対外的にも「漢陽〔*漢陽は朝鮮王朝の首都が置かれる以前の地名〕京城」などといった形でもちいたが、それとは別に明治政府側も早くからソウルを「京城」と呼んでいた。韓国併合にともなって「漢城府」は「京城府」という行政区に改められ、そのときから日本の朝鮮植民地支配を象徴する呼称となった。日本の敗戦後、アメリカ占領下の南部朝鮮で、「京城府」の名称をめぐりいくつかの経緯があったが、1946年に「京城府」は「ソウル特別市」へと改められた。日本の植民地統治下の1924年に6番目の帝国大学として設立された「京城帝国大学」の名称は、そうした過去の歴史をしめすものである。

■「北朝鮮籍」の誤り

加えて、注意すべきは、現在、日本にいる在日朝鮮人で、朝鮮籍といわれている人たちは朝鮮民主主義人民共和国の国籍をもっていると、誤解されて

いることです。朝鮮籍とは朝鮮民主主義人民共和国の国籍をしめすものではなく、日本政府が朝鮮半島の出身者であることをしめす用語としてもちいているものです。

　1945年8月、日本の敗戦によって、約200万人の在日朝鮮人が解放されることになりましたが、そのうち、約60万人は本国に帰国できませんでした。日本に残った在日朝鮮人たちに対する最初の外国人登録が、1947年に実施されます。そのとき在日朝鮮人の国籍欄はすべて「朝鮮」となっていました。ただし、これは、1947年当時、米ソの占領下に置かれていた朝鮮半島に国家がなかったことによる措置で、この「朝鮮籍」とは、朝鮮の国籍を意味するのではなく、在日朝鮮人の出身地域名として、「朝鮮」という名を便宜上の「国籍」とみなすという記号です。

　1948年、朝鮮半島が38度線で分断されるなかで、大韓民国と朝鮮民主主義人民共和国という2つの国家ができ、日本は1965年に韓国と国交を結んで、韓国籍については永住資格を認めました。そのため、朝鮮籍から、韓国籍に切り替える人が増加し、いまでは、在日朝鮮人の約8割以上が韓国籍です。つまり、大韓民国（韓国）に国籍の変更を申請すれば、「朝鮮」から「韓国」に換えることができたので、朝鮮籍である人は、「韓国籍を取得しなかった人」ということになります。朝鮮民主主義人民共和国とは国交がない現在、「朝鮮」は外国人登録上の「記号」であり、共和国（北朝鮮）をさす国籍ではありません。

　このように、日本の法制度上においては、「朝鮮」という地域名を便宜上の「国籍」とみなしている記号と「韓国」籍の2つが並存していますが、「北朝鮮籍」という国籍は存在しません。

コラム39 「北鮮」は国名を略しただけ？

　1991年、広島市で開かれた「国連と軍縮シンポジウム」で、明石康・国連軍縮担当事務次長が、朝鮮民主主義人民共和国の国名を「北鮮」と紹介し、その場で聴衆から「差別語で不適切だ」と批判されました。それに対して、明石氏は「アメリカ合衆国をアメリカ、ソビエトをソ連と呼ぶのと同じで、自由に略しただけ」で差別ではないと主張しました。

　ここには、差別語と表現の問題を考えるさいの重要なポイントがふくまれています。

　まず、国連の軍縮担当事務次長でもある明石氏は、自分が「北朝鮮」に

ついて侮蔑的意図をもって差別的に呼ぶはずがないではないか、という自負を前提にもっていたと思われます。しかも当人自身、その「北鮮」という言葉に悪意を抱いておらず、文字通り「朝鮮民主主義人民共和国」のたんなる略称として使用しただけという主張に偽りはないでしょう。

問題はここからです。いかに明石氏に差別的意図がなかったにせよ、その「北鮮」という言葉を、聴衆（受け手）は略称としてでなく、**社会的な文脈のなかで理解する**ことになります。つまり、「鮮人」などと同じ文脈において、「北鮮」という言葉を受け止めるわけです。略するなら「北鮮」ではなく「北朝鮮」あるいは「共和国」とすべきでしょう。（この「北朝鮮」という広くマスコミで使用されている言葉も、当事者の朝鮮民主主義人民共和国からは、不適切な略称とみなされている点も付記しておきます）。ここは言葉の問題ですが、一般に差別表現か否かを、話者の主観的な意図にもとづいて、つまり悪意をもって発言したかどうかに基準をおく傾向がありますが、それは考慮されるべき事柄ではあっても、基準とするのはまちがいです。重要なことは、表現主体（話者）の差別的意図の有無の問題ではなく、表現内容の差別性についての客観的評価（社会的文脈）で判断すべき問題ということです。往々にして、差別発言は悪口として表出しますが、悪口と差別発言はほんらい別物です。

「北鮮」という言葉は、もともと現在の「北朝鮮」をさす言葉ではありません。これは、1910年の「韓国併合」以降に、日本人が朝鮮北部（厳密には咸鏡北道・南道をさす地理区分としての名称）をさして広く使用されるようになった言葉で、「西鮮」「東鮮」も同じです。「鮮人」という言葉も「併合」直後から使われはじめた言葉で、日本の植民地支配と切り離せない植民地用語です。

■「日韓併合条約」の誤り

新聞などメディアの多くが、「日韓併合条約」と誤記しています。しかし、日本政府による朝鮮植民地下における公文書にも、「日韓併合条約」という言葉はありません。1910年8月22日、寺内正毅（てらうちまさたけ）韓国統監と李完用（イワニョン）内閣総理大臣との間でかわされたのは、「韓国併合に関する条約」です。その1週間後の8月29日、韓国併合に関する宣言がだされ、韓国の廃滅が公表されました。

「併合」という言葉を案出したのは、当時の外務省の倉知鉄吉（くらちてつきち）という人物で

したが、彼は「韓国が全然廃滅に帰して帝国領土の一部となるの意をあきらかにすると同時に、其の語調のあまりに過激ならざる文字を選ばんと欲し」て、「併合」という言葉を公文書に使用したと、のちに語っています。

　韓国統監府に代わって、朝鮮総督府が設置され、寺内統監が初代の朝鮮総督に就任しました。このとき寺内は「小早川　加藤　小西が　世にあらば　今宵の月を　いかに見るらん」と、征服の満足感とともに秀吉の朝鮮侵略に参加した武将たちをしのびながら詠んだといいます。（参考／『日本と朝鮮の歴史　近代編』金井英樹著、全国在日朝鮮人教育研究協議会、1996年）

■「朝鮮征伐」

　2010年は、「韓国併合」から100年目の年でした。

　在日韓国・朝鮮人問題を、日本人年配者は、明治維新の重鎮である西郷隆盛・板垣退助・江藤新平・後藤象二郎・副島種臣らによって主張された「征韓論」から、また、若い世代では1910年の「韓国併合」から考えはじめるのに対し、韓国・北朝鮮では、1592年〜99年の豊臣秀吉による朝鮮侵略にさかのぼって考えています。

　ちなみに、今日では教科書にも「侵略」と記述されていますが、当初は「朝鮮征伐」と呼び、その後「朝鮮出兵」→「文禄・慶長の役」などと呼称が変転した経緯があります。まず、こうした歴史認識の相異があることを前提に、在日韓国・朝鮮人をめぐる差別表現問題を考えることが大切です。（「征伐」とは、反逆者や犯罪者集団・賊などを、武力で懲罰することを意味しており、「朝鮮征伐」という呼称は、歴史的事実に反しているばかりでなく、他国の侵略を合理化するための宣伝用語といえます。）

■「バカチョン」「チョン」という言葉

　コンパクトカメラが「バカチョンカメラ」と称されたことから、この言葉が差別語としてとりあげられるようになったのは、1970年代後半になってからです。そのころから障害者差別や民族差別が、日本社会のなかで、大きな社会問題として顕在化し、意識されはじめたからです。「バカチョン」は、幕末の戯作者・仮名垣魯文の文例「ばかだの、ちょんだの、野呂間だの」にもあるように、ほんらいは、朝鮮人に対する差別性をもって使用されていたものではありません。また「チョン」は、「おろかな者、取るに足りない者としてあざけりに使う語」（『広辞苑』第6版）でしたが、朝鮮民族を日本人が見下す

意図でもちいられるようになり、いまなお、在日コリアンにとって、体を凍りつかせる差別語として生きつづけています。曰く、「チョン公」「チョン校（朝鮮高校）」「チョン靴（朝靴）」等々です。

1945年、日本の植民地支配はおわりましたが、日本人の朝鮮人蔑視は変わりませんでした。故国での生活基盤を破壊され、日本においてひきつづき劣悪な生活環境のもとで生きていかねばならない朝鮮人、民族学校に通う朝鮮人の子どもに対して日本人が投げかけた言葉は、やはり「チョーセンジン」「チョン」「にんにく臭い」であり、韓国や「北朝鮮」との関係が緊迫するや、口をついてでるのが「チョーセン帰れ」でした。戦後における日本人の朝鮮人差別は、まさに「チョーセンジン」「チョン」という、その独特の響きとともにあったといえます。

■ 在日韓国・朝鮮人の歴史

在日韓国・朝鮮人問題を考えるうえで、もっとも重要なことは、日本政府が1894年の甲午農民戦争（「東学党の乱」）に乗じて朝鮮半島に軍を派遣し、日清戦争を経て朝鮮支配を強めるなか、1910年に、韓国を「併合」し、植民地統治下に置いたという歴史的事実をしっかりと見据えることです。

1945年の日本敗戦まで、36年間にわたってつづいた、日本統治下における、朝鮮民族の苦難の歴史を知るところから差別語の問題を考える必要があります。それは、この植民地統治下に朝鮮民族に対する侮蔑語の大半が生みだされているからにほかなりません。

皇民化政策※の名のもとに「創氏改名」を強制されただけでなく、戦時下の労働動員によって、多くの朝鮮人が日本へ「強制連行」され、炭坑など軍需産業の現場で、奴隷のような労働を強いられ、多数の朝鮮人労働者が事故や栄養失調で生命を落とした事実は、今日でも、個別に戦後補償を求めて提訴されていることからも知ることができます。（1910年当時、日本にいた朝鮮人は2000人程です。それが1945年の敗戦時には200万人近くまで増えていました）。同じく朝鮮人の女性に強制された、日本軍元「慰安婦」問題（日本軍によって朝鮮人女性に強制された戦時性暴力の問題）は、現在も根本的な解決を見ていません。

そして、忘れてはならないのは、1923年に起こった関東大震災にさいしての朝鮮人虐殺の歴史です。「朝鮮人が放火している、井戸に毒を入れた」などという事実無根の流言飛語が、戒厳令下、警察・軍隊やマスコミによって増幅されるなか、地域住民が組織した自警団（おもに在郷軍人・青年団・消防団な

ど）が朝鮮人を虐殺した事件です。さらに、少なくない中国人、そして平沢計七や大杉栄などの社会主義者や無政府主義者も、この機に乗じて殺害されています。(2011年3月11日「東日本大地震」、2016年4月14日「熊本大地震」のさいも、「中国人が暴徒化して殺人を犯している」「朝鮮人が井戸に毒を入れた」などの流言飛語がツイッターなどを通じて流されたことは、警戒すべき事態です。)

さらに、被差別部落出身者が虐殺されるという事件も、このとき起きていました。9月6日に起きた福田村事件です。香川県から行商で上京していた被差別部落出身者が、方言（讃岐弁）のため流暢に標準語が話せなかったことにより、幼児、妊婦をふくむ9名が千葉県東葛飾郡の福田村で地元の自警団に惨殺されたのです。

6千人ともいわれる、この朝鮮人大虐殺が起こった背景には、差別している自分たち（日本人）は朝鮮人に恨まれているという逆説的な強迫観念があったと考えられています。差別することの本当の恐ろしさをわたしたちに教えています。

■不安定な法的地位

現在、日本国内には、このような歴史的背景をもつ60万人近い韓国・朝鮮人が、居住しています。そのうち、「在日」と呼ばれる特別永住者※は約35万人です。そのほか、日本国籍を取得した人々、コリア系日本人とその家族、ニューカマーと呼ばれる新たに日本にやってきた人々をふくめると、100万人を優に超えていると考えられます。

1章の基礎編でもふれていますが、差別語・差別表現は、その差別の社会的実態と無関係に語られるものではありません。在日韓国・朝鮮の人々をめぐっても、国籍条項による差別や、就職差別、入居差別、また朝鮮高校無償化排除など、さまざまな社会生活上の差別が存在しています。

さらに、植民地統治下で、朝鮮本土や国内で行った朝鮮人に対する国家犯罪については、調査はおろか、謝罪も損害賠償もいまだなされていません。当事者からの謝罪と償いの請求に対して、日本政府はかたくなに補償を拒んできました。このような日本政府の姿勢が、ヘイトスピーチを生みだし悪化させている、と弁護士の師岡康子さんは、指摘しています。

差別語問題にとりくむことは、差別の実態と向きあうことです。国際社会で承認されている内外人平等の原則、人権は国境を超えるという国際的な人権水準を実現するうえでも、大きな意義をもっています。

⑦ 人種・民族にかかわる差別語

語彙解説

皇民化政策 朝鮮・台湾および中国・東南アジアなど、日本が占領し、植民地とした地の住民を、天皇の民にするためにとられた政策。とくに日中戦争が拡大するなか、兵力として朝鮮人が必要とされ、そのため天皇の軍隊として利用できるよう徹底的に「皇国臣民化」する教育がおこなわれた。「創氏改名」（名前に「氏」を導入して、朝鮮の家族制度を日本式に改めようとした）が強要され、学校や役所では朝鮮語の使用も厳しく制限（あるいは「事実上禁止」）された。

特別永住者 戦前日本の植民地統治下だった朝鮮および台湾の人々が、1952年4月28日、サンフランシスコ講和条約の発効とともに、個人の選択権を認められることなく日本国籍をはく奪される。そして、日本国内に留まり生活している人々と、（日本国内で生まれた）その子孫は、在留資格の定めなく日本に滞在できるという資格をもつ外国人となる。1965年の日韓条約で韓国籍の朝鮮人は協定永住をもったが、「朝鮮」の記号のまま滞在し一般永住を取得した人もいる。在日韓国・朝鮮人が、特別永住の在留資格を認められたのは1991年「入管特別法」による。サンフランシスコ条約から40年も経ってからである。

在日韓国・朝鮮人にかかわる表現事例

事例1 2015年10月「アリさんマークの引越社」が起こした重大な差別事件。①劣悪な労働条件の改善に立ち上がった組合員に対する不当懲戒解雇事件に対し、闘った社員が復職を克ち取った後、職場に「北朝鮮人は帰れ！」と貼り紙を掲示。②管理職研修において、取締役、副社長が採用差別を指導。「三国人→朝鮮人や韓国人」「ヨツ、ミツ（意味不明／筆者註）部落」「×てんかん」「×外国人」「障害者（級により診断書）」などと、在日韓国・朝鮮人、被差別部落出身者、外国人、障害者、てんかん病者を採用から排除するよう"指導"していた。

●北鮮・南鮮・鮮人

事例2 1990年、日本航空の機内誌『ウィンズ』（2月号）に「帰化鮮人」「鮮人陶工」の表現とともに、秀吉の朝鮮侵略によって強制連行された陶工について、自由意志で来たかのような「渡来人」と記していることなどに、関係民族団体が抗議。JALは、社をあげて民族問題の社内研修にとりくむ。

❷実践編

事例3……1990年、朝日新聞・産経新聞などのラジオ・テレビ欄に「翔ぶが如く」(司馬遼太郎原作の大河ドラマ)の紹介記事「西郷家には全国各地から渡鮮に同行したいという壮士が押しかけるが、桐野に追い返される。…」があり、「渡鮮に同行」との記載に関係団体が抗議。朝日新聞社は、「『鮮』は日本が植民地支配していた時代に朝鮮を略して使った差別的な言葉で、不適切でした」とお詫びと訂正を載せる。

事例4……1990年、日本近海の海流として、「北鮮」海流「東鮮」海流という表現が差別的であるとして、関係民族団体が出版元や文部省に抗議。その結果、10年経った2001年、「日本海洋学会」が「日本の植民地以来の差別的表現」であることを認め、「東朝鮮暖流、北朝鮮寒流をとりあえず代替語とする」と表明。

事例5……1991年、中央公論社発行の中公文庫『朝鮮戦争』(神谷不二著)のなかに「京城(ソウル)」「在鮮」「対鮮」「満鮮」「鮮満」等の記述があり、「『京城』は日本が朝鮮を支配した時代に、朝鮮人に強要した言葉であり、『鮮』は朝鮮人を侮蔑する差別表現である」と、関係団体が抗議。出版社側と著者は謝罪、出庫停止、回収、全社研修を実施。

事例6……1991年、中央公論社発行の『日本の陶器　第5巻　唐津』と中央公論美術出版社発行の『日本の陶器』および中公新書『関東軍』(島田俊彦著)に「南鮮」「鮮使」「鮮人」等の表記があり、さらに文禄・慶長の役で多くの陶工が強制連行されたことを「渡来」「帰化」と表現したことに、関係団体が抗議。出版社側は謝罪および訂正をおこなう。

事例7……「中国残留孤児」訴訟の判決文(2007年1月30日東京地裁判決)のなかで、『鮮人』『満人』『土匪』(どひ)という言葉が、10カ所以上で使われた。「満人の妻になる者(日本人女性)が多く、子どもを満人に託す者も」「満人、鮮人の協力が得られた」「土匪(反日武装集団)のために全滅的な打撃を受け」などの表現が続出。「土匪」は「殺人や略奪をする土着の盗賊団」の意味。原告側弁護団は「現代では使わない不適切な表現の上、日本の支配に対抗して武装蜂起した農民も合まれ、中国人を蔑視する表現」「裁判長交代を」と抗議。この判決文について、

差別語　在日外国人差別　在日韓国・朝鮮人差別

> 日本アジア関係史研究者の田中宏教授（当時）は、「判決文は、国側が証拠として提出した1959年の厚生省の内部資料『満州・北鮮・樺太・千島における日本人の日ソ開戦以後の概況』を引き写したのだろうが、今では公文書では決して使われない『鮮人』『満人』『土匪』という不適切な言葉が判決文には頻繁に使われている。引き写すこと自体問題だが、裁判官の歴史認識なり言語感覚の時代錯誤ぶりが露呈していて、恥ずかしい限りだ」とのべた。（『東京新聞』2007年3月8日付より）

●第三国人・半島人・バカチョン・京城など

<u>事例8</u>……1990年、東京都が職員向けに発行している『月刊とちょう』に、在日韓国・朝鮮人、在日中国人に対する差別語が記載されていることがわかり、都は「お詫び」をだし6万部を回収。「池袋西口の第三国人ママ経営のスナックバー等」という記述に対して、都の職員から抗議の声があがったもの。

<u>事例9</u>……1991年、読売新聞社発行の宮澤喜一著『戦後政治の証言』の、警察予備隊創設の事情をのべた部分に「それまで国内の治安は米軍と丸腰に近い日本の警察があたってきたのだが、第三国人の横暴などには手が出せず、そのつど米軍をわずらわせていた」との記述があり、社会党の谷畑孝議員が国会で追及。「在日韓国・朝鮮人を差別する表現だった」と宮澤氏は謝罪。

<u>事例10</u>……1992年、光文社発行の『日本一周「旅号」殺人事件』（西村京太郎著）に「バカチョンカメラ」という差別表現があると、関係団体が抗議。出版社側は出庫停止、指摘部分を改訂後再出庫、その際「あとがき」で著者とともに謝罪文を掲載。

<u>事例11</u>……1993年、NHKの教育セミナー『歴史で見る日本』・『歴史で見る世界』と、ラジオの高校講座『現代社会』・『倫理』に「京城」という日本植民統治下の地名が記載されていることに関係団体が抗議。

<u>事例12</u>……1993年、コーヒー飲料などの食品メーカー「ネッスル日本（現・ネスレ日本）」が、海外旅行などがあたるキャンペーン広告の応募

資格に「日本国籍を有する方」という規定を盛りこんだことに対して、「消費者を選別し、国籍差別につながる体質がある」と関係団体が抗議。このような国籍による差別は、外国籍を理由にした採用拒否やローン拒否などとして問題化し、社会的な批判を受けている。

事例13──1995年、月刊『RONZA』10月号に掲載された「半チョッパリ、ソウルに行く」(李隆著)の記事に対し、「半チョッパリ」は差別語であると関係民族団体が抗議。

事例14──1996年、小学館発行の『もう一人の力道山』(李淳馹著)の巻末解説文(筆者・船戸与一)中に「半島人」「在日半島人」の差別表現があると、関係団体が抗議。第5刷から指摘部分を「朝鮮・韓国人」「在日朝鮮・韓国人」へ改め、巻末で謝罪文を掲載。

事例15──1996年、山川出版社発行の歴史ガイド本『京都府の歴史散歩』(下巻・山本四郎著)に、「神功皇后の『三韓征伐』の表記は誤った歴史認識にもとづくもので民族差別にもつながる」と、関係団体が抗議。古事記や日本書紀に登場する、古墳時代の神功皇后が朝鮮半島の韓国を攻め討ったとする「三韓征伐」は「史実ではない」とする見解が歴史学界の大勢であり、「悪を懲らしめ討つ」「征伐」という言葉は使うべきではないと抗議。出版社側は出庫を停止。

事例16──1997年、TBS系『ブロードキャスター』(6月7日放送)のなかで、コメンテーターの嶌信彦(しまのぶひこ)氏が、「神戸の土師淳君殺害事件について、あたかも在日コリアンが犯人であるかのごとくに発言した」ことに関係民族団体が抗議。嶌氏は犯人像を「日本に長く住みながら、国籍をもらえなかったり、あるいは日本名を使わざるを得ない、そういうような差別に対して、非常に強く訴えている」人物とし、「裁判の場で日本の人に訴えるなり、国民に訴えるという事の方がむしろ大事」と断定的に語った。嶌氏は、次回放送の際、口頭で謝罪。(この嶌氏と根本的に同じ発想で、作家の鈴木光司氏は、被差別部落犯人説を吹聴した。**コラム31**参照)

事例17……1997年、三省堂発行の『新明解国語辞典　第4版』の「ちょうせん（朝鮮）」の項に、「1910年日本に併合後、1945年に独立、南に成立した大韓民国はソウル（京城）を首都とし、北に成立した朝鮮民主主義人民共和国はピョンヤン（平壌）を首都とする」との記述がある。「『京城』という地名の改名は、植民地政策のもとですすめられた地名における『創氏改名』であり、民族的蔑視にもとづく差別政策の一環であり、民族の尊厳を否定するものである」と関係団体が抗議。

事例18……2000年、講談社発行の月刊誌『現代』2001年1月号の特集「変容する在日コリアンの明日」のなかに、「北朝鮮の国籍（朝鮮籍）と韓国籍」等の表現があるとして、関係団体が抗議。出版社側は同誌3月号の編集後記で謝罪文を掲載。

事例19……2000年、W杯日本組織委員会（JAWOC）が発行する『JAWOC NEWS』4月号に掲載された4コママンガ「まんがで覚える韓国語」のなかに「アンニョンハセヨ」と話すオオカミが、手に包丁を握っている表現が「見方によっては韓国人が日本人を脅しているように見える」と、大阪市のW杯担当者が指摘。W杯日本組織委員会は「不適切な表現であった」とし、9千部すべてを回収。

事例20……2000年、石原慎太郎東京都知事が、陸上自衛隊練馬駐屯地記念式典の挨拶で、「不法入国した多くの三国人、外国人の凶悪な犯罪がくりかえされており、大きな災害が起きたら騒擾事件も予想される」と発言。「他民族に対する偏見と憎悪に満ちた意図的言辞であり、排外主義による煽動にほかならない」と、関係団体が抗議。また韓国外交通商相が遺憾の意を表明、「在日韓国人をふくめた、在日外国人社会を差別、冒瀆するものであり、都知事がこうした発言をするのは時代の流れに反する」と非難。

事例21……2015年4月3日、自民党の谷垣禎一幹事長が、統一地方選の大阪街頭演説で「バカだ、チョンだ」と発言し、その後、「不適切な発言をし、不快な思いをさせてしまい申し訳ない」と、陳謝して撤回。

> **コラム40** 「チョッパリ」と「パン（半）チョッパリ」
>
> 「チョッパリ」とは、もともと日本人を侮蔑する朝鮮語。豚足を意味する（チョッバル）に由来しています。豚の蹄は、先が2つに割れているところから転じて、日本人が履く下駄の鼻緒や足袋のつま先が分かれていることになぞらえたものです。「パン（半）チョッパリ」とは、半ば日本人化した、とくに植民地下における親日派（日本軍協力者）や、在日の韓国・朝鮮人に対して、侮蔑的に使用されている語であり、日本人に向けられていた蔑称が同胞に向けられるようになっている言葉です。

在日外国人差別　中国人差別

キーワード

シナ（支那）・チャンコロ・満人・露助（ロスケ）・第三国人・土匪

■シナ

「シナ」「チャンコロ」などは、中国の人々の感情を害する差別語です。しかし前者は現在でも"シナ（支那）そば"などの表記に見られるように、日常的に使用されています。とくに年配の人の間で使用頻度が高い言葉です。原意は、「秦（しん）の転訛」や「China」の仏語読み「シーナ」に由来するなどといわれていますが、後に日本が中国侵略を遂行する過程で、中国人をさすときに差別的響きをもって使用されるようになりました。

日本政府は、1912年に成立した"中華民国"を、あくまで「支那共和国」と公文書に記し、中国側の再三に渡る抗議にもかかわらず呼称しつづけました。この「シナ（支那）」という言葉は、日本の欧米崇拝とその裏がえしとしてのアジア蔑視をふくんだ言葉です。さきに「外国人といったとき、それが多くの場合欧米人を想像するのはなぜかを考えることは重要なポイント」とのべたのは、この意味においてです。

これも、石原都知事が1999年（2003年にも発言）に発言して、物議をかもし

た言葉です。中国の国営通信社、新華社は、「戦時中、日本が中国を侮辱するために使った『支那』を口にしている石原都知事は、『大日本帝国の思想を持った』人物」であると批判しています。このように、中国国民に反感をいだかせる言葉を、しかも意識的に使用するなどは国際的に見て礼を失しているばかりでなく、戦争犯罪を顧みない暴言とみなされることになります。

中国国民にとって、「支那」という言葉は、日本の中国侵略と結びついて、中国人に対する、差別的なイメージが付与されている言葉です。これを使用することは、時代錯誤だけではすまされず、国際的な批判を受けることになるでしょう。

■チャンコロ

「チャンコロ」という言葉は、『広辞苑』(第6版)では「(『中国人』の中国語音zhongguorenの転嫁)中国人に対する蔑称」と書かれていますが、"犬コロ"という言葉と同様、中国人の存在を一段低く見下す目線での言葉づかいです。日本が中国大陸に積極的に侵略を開始した明治中期以降からこの言葉がひんぱんに使用されはじめたことは、先の「シナ(支那)」と同じく、中国蔑視をふくむ言葉と判断すべきです。

■差別語は戦争・侵略と結びついて生まれる

シナ・支那人・チャンコロ・満人といった言葉は、日本の中国大陸侵略時に生まれ、戦争では敵愾心をあおり、植民地で支配と差別を徹底する役割をはたしました。ロスケ(露助)という言葉も、日露戦争などを経るなかでロシア人を意味する「ルースキー」に侮蔑的なニュアンスが付与され、ロシア人を蔑視する差別語となったわけです。さきにのべた在日韓国・朝鮮人と同じく、在日中国人(台湾をのぞく)も、強制連行によって、日本で過酷な労働に従事させられ、多くの犠牲者をだしています(花岡鉱山事件など)。戦時体制下の労働力不足を補う目的で、1942年に閣議決定された「華人労働者」動員の方針のもと、強制連行された中国人の数は、4万人を超えると推計されています。日本の植民地とされていた台湾からも、4万人近い人々が「意に反して」「内地」に居住し、強制労働させられていた事実もあきらかにされています。

現在(2015年)、在日中国人(台湾出身者をふくむ)の数は71万人近くになり、在日韓国・朝鮮人を超える規模になっています。

中国および中国人にかかわる差別表現事例

事例1……教科書出版社、第一学習社発行の『改訂版国語』に収録の「城の崎にて」(志賀直哉著)の「范という支那人が」という記述が、「范という中国人が」に93年に改変されていたことが99年発覚。教科書出版社、桐原書店発行の『高校現代文』に収録の「火垂の墓」(野坂昭如著)のなかの「支那料理」という原作の記述が、「中華料理」に著者に無断で改変されていた。いずれも差別語への配慮だが、これに対し野坂氏は、「事前に相談はなかった。変えるのはおかしい。それよりも注釈をつけたり、授業で教師が説明するほうが教育的」とのべる。

事例2……2000年、森喜朗首相が訪問先の南アフリカで「支那事変」という言葉を使ったのは中国人への侮蔑だと、神田神保町の中華料理店「北京亭」の店主Kさんが抗議の手紙を書く。さらに箸袋やマッチ箱に「世界中、どこの国の人も、自国に誇りをもちたいと思っています。わたしたち中国人は、日本の人がわが国を『シナ』と呼ぶとき、耐えがたい抵抗を感じます。中国人が祖国を『シナ』と呼んだことはありません。同じ漢字をもちいる日本の人が中国を『シナ』と呼ぶとき、わたしたちはどうしても日本が中国を侵略し、中国を侮っていたころの歴史を想起してしまうのです。」と印刷しアピール。店主のKさんは1944年、留学のため来日したが、戦時中日本人が軽蔑をこめて「シナ」と呼ぶのを散々聞かされてきたことを語っている。

●モンゴル出身力士、対する排外主義的表現

事例3……[モンゴル出身力士への排外主義的言辞]2016年大相撲初場所で優勝した琴奨菊について、テレビ・新聞が「日本人力士優勝」「日本出身力士10年ぶりの快挙」と、くり返し強調して報じる。2012年夏場所で、日本国籍を2004年に取得した旭天鵬(現・大島親方)が優勝しているにもかかわらず、「日本出身」「10年ぶり」と報じるのは、暗に、モンゴル出身の旭天鵬は「純粋な日本人」ではないと意図した排外主義的差別だと、批判される。日本で生まれ育った在日コリアン4世、5世の力士が優勝した場合、メディアはどのように報じるのだろうか。2016年春場所で、モンゴル出身の横綱白鵬が36回目の優勝を

決めたとき「モンゴルへ帰れ」と罵声を浴びせられた。同じく25回優勝した元横綱朝青龍も「モンゴルへ帰れ」「クソ韓国人」とツイッターで差別的な書き込みをされている。相撲界を支えているモンゴル出身力士への排外主義的言辞は、ヘイトスピーチだと批判されている。

事例4………漫画家はすみとしこ氏の『そうだ難民しよう!』(サブタイトル〈自称『被害者』「弱者」たちの実態を暴く!〉)(青林堂)がヘイト本と批判を浴びる。本のオビに、「ニセ日本人、エセ難民、在日外国人、自称『従軍慰安婦』、ちゃっかり帰化人」と記されている。同氏がフェイスブックに投稿した風刺画とキャッチ「何の苦労もなく生きたいように生きていたい、他人の金で」「そうだ難民しよう!」も、排外主義的レイシズムと批判される。

コラム41 沖縄差別と琉球処分

　沖縄には、明治初期まで琉球王国という独自の国家があり、中国と日本に両属していました。その琉球王国を明治政府が一方的に解体し、統合する過程は、「琉球処分」と呼ばれています。明治政府は、最後は軍隊を送り、琉球王(尚 泰王)を東京にむりやり連行し、沖縄県を設置しました。現在の沖縄においても、このときと同じことが普天間基地辺野古移設問題などでくりかえされているとの意識があり、「平成の琉球処分」という表現で、こうした差別への抵抗がおこなわれています。

　奄美大島や徳之島は、1609年、薩摩軍が侵攻して来るまで、琉球王国の領土でした。いまも沖縄と徳之島の言語、文化はとても近いといえます。薩摩軍は奄美諸島を琉球王国からとりあげ、薩摩の版図にくみ入れました。そして、薩摩藩の財政を琉球に肩代わりさせ、重税を課します。

　「琉球処分」とは、〈明治政府のもとで沖縄が日本国家のなかに強制的にくみこまれる過程〉(『琉球処分論』金城篤)をいい、1872年の琉球藩設置から、1880年に分島問題が収束する8年間をさしています。ここでいう「分島問題」とは、1871年、台湾に漂着した宮古島の人々が殺害されたことに対し、日本政府は「自国民保護」という名目で、1874年に台湾に出兵し武力で処理しました(台湾出兵)。その後、日本と中国(清国)の

間で国境画定交渉がおこなわれましたが、この過程で、日本政府は、中国に対して沖縄を分割する提案をおこなっています。

〈琉球諸島を二分し、台湾に近い八重山・宮古島の両先島を清国に割譲し、その代償として日本が中国国内での欧米なみの通商権を獲得しようというものだった。日本が提案し、しかもその実現に熱心であった「分島・改約」案は、日清間で合意に達したが、清国側の調印拒否にあって、流産したものの、もしもそれが実現していたら、日本人の中国内地での通商権と引きかえに、宮古・八重山の土地・人民は、清国政府の管轄に移されていたはずである。〉 （前掲書）

日本人である沖縄の同胞を守るという中央政府の主張は欺瞞で、日本全体の利益のために沖縄を犠牲にするという構造的差別が、このときからできあがっていたわけです。

第二次世界大戦末期に、多くの住民を犠牲に地上戦をくり広げた沖縄の悲劇は、この沖縄に対する差別意識がもたらした惨劇といえるでしょう。いわば、本土防衛のための"捨て石"にされたといっても過言ではありません。これは、現在の沖縄に駐留する米軍基地問題を考えるうえでの核心です。実際に、日本の陸地面積のわずか0.6％を占めるに過ぎない沖縄県に、在日米軍基地の74％が集中している現実のなかにはっきりと見ることができます。沖縄に対する「民族差別」につながる政治的差別という視点を抜きにして、普天間の辺野古移設をはじめ、米軍基地問題の実相は見えません。基地問題に象徴される、日本政府による強圧的な政治姿勢を、沖縄の人々は構造的差別（琉球処分）ととらえていることを理解なければなりません。

黒人差別

キーワード

ニガー・ニグロ・カラード・クロンボ・くろんぼう・サンボ

● ステレオタイプな黒人像による形容、ダッコちゃん、サンボ人形の表示

■1968/2015　何が変わって何が変わっていないのか

　近年、アメリカで無抵抗の黒人が白人警官に殺害される事件が続発し、大きな社会問題となっています。2015年4月には警察に拘束された黒人青年が死亡した事件をめぐって、メリーランド州ボルティモアで大規模な暴動が発生しました。この事件を特集した『タイムマガジン』誌の表紙が大きな話題を集めました。そこには、「これは1968年に起きたことでなく、2015年の今、起きていることだ『WHAT HAS CHANGED. WHAT HASN'T.（何が変わって、何が変わっていないのか?）』」という見出しが掲げられています。1968年とは、公民権運動の指導者マーティン・ルーサー・キング牧師が暗殺された日です。それから47年、アフリカ系アメリカ人のオバマ大統領も誕生し、アメリカの人種差別に対する意識は大きく向上したように見える現在ですが、黒人に対する深刻な人種差別を抱えている現状が、浮き彫りにされたのです。

　白人警官による黒人への暴行殺害に抗議するデモは、全米各地で広がり、「黒人の命は軽くない」というスローガンを掲げ、新たな公民権運動ともいえるムーブメントを形成しつつあります。

■アメリカ合衆国の黒人差別

　奴隷制度とともにはじまる黒人差別の歴史は、1815年のウィーン会議で奴隷貿易の廃止が打ちだされ、イギリスで1833年、アメリカで1865年に奴隷制度が廃止されるまで、これらの人々は、所有者の「財産」として、人間の尊厳を踏みにじられ、過酷で非人間的な状態のなかに置かれていました。

　とくに、アメリカ合衆国の黒人差別の歴史は、アフリカ系アメリカ人（アフロアメリカン）のオバマ大統領が誕生した21世紀でも、根深いものがありま

❷実践編

す。1865年の南北戦争で北軍の勝利によって奴隷制度が廃止されるまでに、アフリカから500万人を超える黒人が奴隷貿易によって連行されました。

奴隷制度が撤廃された以後も、事実上厳しい人種隔離政策（アパルトヘイト）が永くつづいていました。著名なゴルファー、タイガー・ウッズ選手が、「いまでも肌の色の相違を理由にプレイできないゴルフ場がある」と語っているように、人種差別は根深く存在しています。

1960年代、人種差別（黒人差別）に抗議し、合衆国憲法が保障する権利を求めて展開された公民権獲得運動は、1964年に「公民権法」の成立を実現するにいたります。その年にノーベル平和賞を受賞した、公民権運動の指導者、マーティン・ルーサー・キング牧師の、1963年、ワシントン大行進のときにおこなわれた「I have a dream」はあまりに有名な演説です。

コラム42 「I have a dream」（わたしには夢がある）

マーティン・ルーサー・キング牧師（1929年生まれ。1968年凶弾に倒れる）が、1963年、ワシントン大行進のときにおこなった歴史的演説の一節を紹介します。公民権運動のなかでおこなわれたキング牧師の演説のなかで最も感動的で、後の公民権運動に大きな影響を与えました。

「I have a dream that one day on the red hills of Georgia, the sons of former slaves and the sons of former slave-owners will be able to sit down together at the table of brotherhood.（わたしには夢がある。いつの日か、ジョージアの赤い丘の上で、かつての奴隷の子たちと、かつての奴隷所有者たちの子たちが、兄弟愛というテーブルで席をともにできることを。）」

■黒人差別にかかわる言葉

今日、アメリカの黒人は、「肌の色で区別しない」ことを意識して、みずからをアフロアメリカン、あるいは、アフリカ系アメリカ人と表現するようになってきています。

それまで使われてきた黒人に対する差別的呼称への抗議運動は、1960年代のアメリカ公民権運動のなかで展開されてきました。アメリカ南部の白人は、

黒人を「ニガー」と呼んで差別していましたが、抗議活動がすすむにつれ、「ニガー」と呼べなくなった白人が「ニグロ」と呼ぶようになります。もちろん「ニグロ」も蔑称ですが、語感として「ニガー」は、より蔑みの意味をともなっています。「ニグロ」とは、「黒」を意味するラテン語に由来する言葉です。(「モンテネグロ」という国名は"黒い山"の意味。)つぎに「カラード」が新たに黒人をさす言葉としてでてきます。「カラード」は「白人とそれ以外の有色人種」という意味で、アジア系の人間にも適用され、バスやトイレ、レストランなどあらゆる場所で差別するために表示されてきました。

　1970年代に入って、黒人の側からはじめて自覚的な自称としてだされたのが「Black：ブラック」です。これは、公民権運動の思想と理念を引きついで、80年代にはじまった、「用語における差別・偏見をとりのぞくための言語変革運動（言語の非差別化運動）」＝「ポリティカル・コレクトネス」（P.C運動）のなかで、注目されました。Blackは、「ブラックマンデー」「ブラックリスト」「ブラックアウト」「ブラックマネー」など否定的な意味あいをもつ言葉として存在していますが、そうしたBlackという言葉のもつマイナスイメージを、肯定的にとらえなおすだけでなく、その後の、「アフロアメリカン」に変換する運動として、結実しています。このP.C運動は、日本にも大きな影響を与えたとされています（64頁参照）。

　この運動のなかで、アメリカ先住民族である「インディアン」は、「ネイティブ・アメリカン」などと呼ばれるようになりました。しかし、白人主導の用語いい換えには、当事者の側から強い反発もでています（200頁参照）。

　明治維新まで、歴史的に直接接触する機会がほとんどなかった日本人が、黒人に対して差別的偏見をもつようになったのは、欧米の文化をとり入れるなかで、白人優越主義的まなざしを刷りこまれたことによります。

■批判された黒人キャラクター商品

　日本で、黒人差別表現が大きな問題となったのは、1980年代にワシントン・ポスト紙の記者が、都内の百貨店でおもちゃの"サンボ"を見て驚き、また、別の百貨店で黒人のマネキンを見て、あまりにステレオタイプ化された、人種差別的な黒人像についての記事を本国アメリカに送り、大きくとりあげられ、記事が日本に逆配信されたところからはじまっています。

　黒人キャラクター商品をつくった日本人の制作者に悪意があったとは思いませんが、表現された黒人像は、すでに1930～40年代のアメリカで批判さ

れてきたものだったわけです。ステレオタイプ化された黒人像の源流には、あからさまな侮蔑がありました。その後、マネキンなどは、即刻撤去されましたが、時の内閣をも巻きこんだ、日米間の国際問題にも発展しました。

■「ちびくろサンボ」

　同じ時期、絵本の『ちびくろサンボ』も黒人に対する偏見を助長する内容があるとして抗議を受け、出版各社があいついで絶版にしています。

　しかし1991年には、一斉に絶版にしたことの是非をめぐり、さまざまな意見を集めた『「チビクロサンボ」絶版を考える』（径書房）などが刊行され、その後、ヘレン・バンナーマンの原作をそのまま日本語訳した『ちびくろサンボのおはなし』（径書房）が1999年に、そして、2008年にフランク・ドビアスの挿絵で、『ちびくろサンボ』（径書房）が出版されています。出版元の径書房は、「なぜ差別なのか、なぜ絶版にしたのかをきちんと知りたい。結論を急がず、差別問題を考えるための手がかりとなるような本を、というのが出版の動機だった」と、語っています。「サンボ」という言葉については、ヘレン・バンナーマンの原著は、地元のごく一般的な人名として「サンボ」を使用していた可能性が高いといわれます。しかし、この言葉は、スペイン語の「ZAMBO」（猿、がにまた）が語源ともいわれ、アメリカでは「サンボ」は黒人に対する蔑称・差別語として使用されてきました。また、ストーリーそのものが差別的だとして、1960年代の公民権運動のさなかに黒人団体から抗議を受け、絶版になった経緯があります。

■黒人のステレオタイプ像

　日本では、「クロンボ」とか「ニガー」という差別的呼称の問題というよりは、むしろ、『カルピス』の商標や、「ダッコちゃん」人形に見られるように、黒い丸顔・分厚い唇など、その「人種的」特徴を嘲笑ったものや、腰みのをまとい、手には槍をもち、ドクロの首飾りを描いて「未開人」「土人」として蔑むステレオタイプ的表現が、問題視されました。

　1988年、玩具メーカー「タカラ」は「ダッコちゃん」の製造を中止、翌年「カルピス」は登録商標である、黒人がストローでカルピスを飲んでいるマークの使用をとりやめました。同時期、サンリオのキャラクター商品"ビビンバ"ノートの販売が中止されています。その後、1991年には、手塚治虫氏の『ジャングル大帝』をはじめとする作品のなかに、ステレオタイプな黒人差別

[7] 人種・民族にかかわる差別語

表現が数多くあるとして、出版停止や差別的な部分の改訂を求める運動が日本国内とアメリカ国内で起きました。

アメリカのP.C運動の影響を受けて、日本でも用語変更がおこなわれています。その一部を紹介します。

〈用語変更がおこなわれた行政用語・学術用語の例〉

従来の用語	中立の用語	備考
看護婦	看護師	2002年の補助看護師法改正による
保健婦・助産婦	保健師・助産師	同上
スチュワーデス	客室乗務員	1996年にJALは前者呼称を廃止
土人	先住民族	1997年の「北海道旧土人保護法」廃止
肌色	ペールオレンジ・うすだいだい	クレヨン・クレパスの色改名
らい病・癩病	ハンセン病	1996年の「らい予防法」廃止
メクラウナギ	ヌタウナギ	2007年の日本魚類学会による改名
オシザメ	チヒロザメ	同上
セムシウナギ	ヤバネウナギ	同上

黒人差別にかかわる差別表現事例

事例1……1980年代に、アメリカの「ポリティカル・コレクトネス」運動や、日本国内における差別語や差別表現に抗議する運動の高まりのなかで、「サンボ人形」「ダッコちゃん」や『カルピス』の商標だった「黒人マーク」などが、ステレオタイプ化した黒人蔑視であり、誤った黒人像を与えているとして、強く指摘される。

事例2……1986年、当時の中曽根首相が、自民党の全国研修会で、「日本は高学歴になってきておる。…(中略)…平均点からみたら、アメリカには黒人、プエルトリコとかメキシカンとか、そういうのが相当おって、日本人よりはるかに知的水準が低い」と発言し、米議会や黒人議員連盟などから強く抗議される。

事例3……1988年、当時の自民党渡辺美智雄政調会長が、「日本人はまじめに金をかえすが、アメリカには黒人やヒスパニックなんかがいて、

破産しても、明日から金かえさなくてもいい、アッケラカンのカーだ」と発言し、国内外から人種差別発言として強く抗議される。その後、1991年に、副総理兼外務大臣に就任した渡辺氏は、この発言を釈明するなかで「日本は単一民族なものだから」と発言し、アイヌ民族の団体から謝罪と閣僚辞職を求める抗議文がだされる。

事例4……1989年、「カルピス」の「黒人マーク」を制作した日本人デザイナーが、ニューヨークで開かれた作品展で、制作当時の「黒人マーク」を展示していたことに、黒人教師が「人種差別」と抗議。

事例5……1990年代に入っても、小学館発行のマンガ『オバケのQ太郎』、集英社発行のマンガ『Dr.スランプ』など、著名なマンガがあいついで抗議され、回収している。そこには、ほとんど例外なく、黒人を「分厚い唇」「丸い大きな目玉」「縮れ毛」として描き、ギャグ化していた。なかでも、講談社発行の手塚治虫氏のマンガ『ジャングル大帝』は、大きな議論を巻き起こし、1993年に「日本アフロアメリカン友好協会」が間に入って、巻末にきちんとした「解説文」をつけることで、再刊が実現している。

事例6……1990年、自民党の梶山静六（かじやませいろく）法務大臣が、資格外就労の外国人女性摘発をめぐって、「悪貨は良貨を駆逐（くちく）するというが、アメリカにクロ（黒人）がはいって、シロ（白人）が追いだされているような混在地になっている」と発言。全米黒人地位向上協会などアメリカの団体のみならず、アフリカ各国をも巻きこんで抗議行動が拡がる。法務大臣をはじめ政府首脳は陳謝したものの、米下院が梶山法相非難決議を全会一致で決議。東京都議会都市問題調査団が、ニュージャージー州都トレントンのダグラス・パルマ黒人市長により、訪問を拒絶される。梶山法相は、衆参両院の法務委員会で「国内外からの強い非難を浴びてはじめて人種差別問題への『感受性の欠如』やその克服の難しさに気づき」「外国人の労働問題という観点もなく短絡的だった」と陳謝。

事例7……1992年、朝日新聞社発行の文庫マンガ『よかチン君』（はしもといわお作）に、黒人差別につながる表現があるとして抗議。ステレオ

タイプ化した差別的黒人像が描かれており、在庫を断裁処分し絶版。

事例8……1992年、新潮社の北杜夫著『マンボウvsブッシュマン』に、「黒人の特徴を誇張・拡大し、黒人差別を助長する」と、大阪府堺市人権啓発局が抗議。新潮社は著者と話しあい絶版。

事例9……1992年、セゾングループの「パルコ」の情報紙「GOMES」4月号の「ガイジンさんいらっしゃい」に、黒人男性の身体的特徴を大げさに表現したイラストが掲載されていることを人権団体が指摘。「パルコ」は「不適切だった」として、約5万部を回収し、処分。

事例10……1995年、アメリカ・ワシントンで、黒人の絵柄がプリントされた短ズボンをはいていた日本人女子留学生が、その場にいた黒人から「人種差別だ。脱げ」と抗議されるという事件が起こる。外務省は「日本人は差別問題に鈍感なところがある」と指摘。

事例11……2000年、日本オリンピック委員会の八木祐四郎会長（当時）が、長野五輪記念・長野マラソンでアフリカ勢が上位を占めたことに対し、「黒いのばかりにV（victory）とられちゃかなわない」と差別発言、ひんしゅくを買う。オリンピック憲章第1章の3の2に「人種、宗教、政治、性別、その他に基づく、国もしくは個人に対する差別は、いかなるかたちの差別であっても、オリンピック・ムーブメントへの帰属とは相入れないものである。」と書かれている。

事例12……2004年、京都に住むデザイナー、スティーブ・マクガワンさんが、大阪府大東市にある眼鏡店の経営者から、「黒人は嫌いだ、出て行け」などと、入店を拒否される。大阪高裁は「黒人差別」と認め、慰謝料を認定した。

事例13……2005年、メキシコのフォックス大統領が、「在米メキシコ人は黒人もやらない仕事をしている」と発言し、アメリカ国務省報道官も「無神経」と非難、大きく報道されたが、大統領は公式な謝罪をせず、アメリカの黒人運動家から「人種差別主義者」と批判される。

❷実践編

事例14……2008年、米民主党のリード上院院内総務が、オバマ大統領候補について「ニグロのなまりがないため有利だ」と発言。謝罪。

事例15……2014年1月、歌手のマドンナが、世界で1億人以上が使う写真共有サービス・インスタグラムに投稿した彼女の息子の写真キャプションに「disnigga」（黒人コミュニティの親しい間柄で呼びかけに使われる言葉）と書き、黒人差別との批判が殺到。マドンナは、投稿を削除し、謝罪声明を発表。この差別語使用について、「白人の息子への親愛の情を表す呼び掛けとして使った。黒人差別を意図してNワード（nigga）を使ったのではない」、しかし、客観的にこの言葉がどう受け止められたかを理解したうえで、「弁解の余地はない。謝罪します」とした。

ニガー（nigger/nigga）は、黒人を侮蔑するときに使う差別語であるが、ここで問われていることのひとつに、当事者性の問題がある。被差別マイノリティ同士が、私的な会話などで、差別語で、社会や個人を揶揄することや自虐ネタで使用することはよくある。この当事者性を抜きにして、自己の置かれた立場を自虐的に表現して抗議されたケースは、枚挙にいとまがない。

事例16……曽野綾子氏が、新聞コラムで「もう20〜30年も前に南アフリカ共和国の実情を知って以来、私は、居住区だけは、白人、アジア人、黒人というふうに分けて住む方がいい、と思うようになった。（中略）南アのヨハネスブルクに一軒のマンションがあった。以前それは白人だけが住んでいた集合住宅だったが、人種差別の廃止以来、黒人も住むようになった。ところがこの共同生活は間もなく破綻した」（産経新聞2015年2月11日）と書き、南アフリカ駐日大使やアフリカ日本協議会から抗議される。南ア駐日大使は、「アパルトヘイト（人種隔離）を許容し、美化した恥ずべき提案」であり、「人種隔離政策は人道に対する犯罪。21世紀において正当化されるべきでなく、世界中のどの国でも、肌の色やほかの基準によって他者を差別してはならない」と述べた。

問題点は2つ。①曽野綾子氏は、共同生活が破綻した原因は、白人やアジア人の常識をもたない「黒人の大家族主義」にあるといい、それゆえ事業や研究、運動は一緒にやれても、居住だけは別にすべきと結論づけている。典型的なステレオタイプの人種差別とアパルトヘイ

差別語　黒人差別

ト容認の言説だが、曽野氏は"差別"でなく"区別"と居直る。②産経新聞社はそのコメントで、「当該記事は曽野綾子氏の常設コラムで、曽野氏ご本人の意見として掲載しました。産経新聞は一貫してアパルトヘイトはもとより、人種差別などあらゆる差別は許されるものではないとの考えです」としたが、これはメディアの社会的責任の回避といえる。過去、差別表現に対する被差別マイノリティの抗議は、表現者個人にではなく、第一義的にメディアの公共性・社会性に対しておこなわれてきた。個人が差別的な思想や考えをもつのは勝手だが、それを紙面化し、放送すれば、媒体・メディアとしての社会的責任が問われるのは、自明のこと。

コラム43 「ハックルベリー・フィンの冒険」の「ニガー」表現

　2011年、アメリカの作家、マーク・トウェインが、1885年に発表した代表作『ハックルベリー・フィンの冒険』の作中にでてくる「ニガー」などの差別語が、中立的な「奴隷(slave)」に換えられて、新版として出版され、論議を巻き起こしました。いい換えに批判的な原書尊重派は、日常的に差別語「ニガー」が使われていた時代背景を考えれば、「原作者の言葉遣いを尊重すべき」「差別語がなくなれば作者の風刺の意図が薄れてしまう」と主張しています。また、ニューヨーク・タイムズ紙は、今回の出版について、「無菌化」と批判しました。

　そのいっぽう、「ニガー」などの差別語だけでなく、逃亡奴隷ジムの描かれ方が差別的だとの指摘もあります。

　これは1906年に発表された、島崎藤村の『破戒』(35頁参照)の問題点と相似しています。原則的には、原書に書かれている原文通りにして刊行すべきです。しかし、当然のことながら、差別語をふくめ、なにがどう差別的なのか、しっかりとした解説を、冒頭ないし発刊の意図のなかで記す必要があります。それは、著作権があるなしの問題ではありません。

人種差別とスポーツ

> **キーワード**
> ● 特定の「人種」とスポーツ能力を結びつけるステレオタイプ
> ● モンゴル出身力士に対する排外主義的言辞（228頁事例3参照）

■「黒人は天性のアスリート」というステレオタイプ

　日本スポーツ界で活躍するダブル（ハーフには差別的ニュアンスがある）の選手は数多くいますが、野球やバレー、陸上競技で活躍する若いアスリートに、アフリカ系「黒人」を父にもつ点で共通する選手がいます。かれらの飛び抜けた身体能力は、どのようにして生まれたものなのでしょうか。

　まず指摘しておきたいのは、「黒人は天性のランナー」「黒人は身体能力が高い」というステレオタイプな理解は、人種差別につながる俗説だということです。

　オリンピックなど、とくに陸上競技での「黒人」選手の活躍はめざましいものがあります。しかし、他のスポーツで活躍する選手にもいえることですが、「黒人選手が、強く、速く、身体能力が高いのは、生得的・生理学的、遺伝的要素によるところが大きい」という虚構が作り上げられています。

　これは、裏返しの差別（人種差別）であり、何の科学的、客観的、実証的根拠もなく、非黒人が作り上げた反知性主義的物語にすぎません。

　黒人を天性のアスリートと見なす、こうした言説は、20世紀初頭から歴史的に形成されてきました。黒人に対する人種差別が根強かった19世紀後半から20世紀までは、むしろ黒人の身体は劣ったものと認識されていました。それはあたかも、ヒトラーがユダヤ人を劣等民族と見なし、迫害した人種差別的優性思想そのものでした。強く、速いアフリカ系「黒人」選手の身体的能力は、彼・彼女のもつ個人的資質と運動能力、そして努力と環境のおかげで発揮できたのであり、「黒人」という「人種的」な属性によるものではありません。ところが、肌の色の違い、つまり人種的偏見によって、ステレオタイプ化され、逆説的な言説となって表象されています。

⑦人種・民族にかかわる差別語

人種差別とスポーツにかかわる差別表現事例

●アフリカ系のダブル・ミックス選手に対する視線

事例1……『スポーツ報知』（2015年8月12日）が甲子園で活躍しているオコエ瑠偉選手に対し、「真夏の甲子園がサバンナと化した。オコエは本能をむき出しにして黒土を駆け回った」「野獣のように」「飢えたオコエが」と表現し、「差別的」との批判を浴びる。

事例2……ラグビーワールドカップ2015大会から帰国した五郎丸選手が、「日本代表なのに外国人選手が多いことについて、さんざん文句を言われたが、彼らは日本のために戦ってくれているのであって、2019年のワールドカップ日本開催を前に、このような（排外主義的な）意識を克服する必要がある」と日本の排外意識を批判（2015年10月13日）

事例3……ミス・ユニバース・ジャパン2015優勝者「ハーフ」（ダブル）の宮本エリアナさん（父がアフリカ系米国人）について、「日本代表にふさわしくない」との排外主義的、人種差別的意見が批判される。

「混血」差別とアメラジアン

キーワード（「混血児」差別にかかわる言葉）

混血児・あいの子・ハーフ

　アジアに派遣された米軍と派遣先のアジア人女性との間に生まれた子どものことを、**アメラジアン**と呼びます。
　第二次世界大戦・朝鮮戦争・ベトナム戦争の過程で、多くのアメリカ系アジア人の子どもが誕生しました。その子どもたちは「混血児」と呼ばれ、マイノリティとしていじめや差別の対象になっています。日本では、とくに、沖縄の在日米軍基地に勤めるアメリカ人と地元女性との間に生まれた子どもた

2 実践編

ちをさして、アメラジアンと呼んでいます。

1984年の国籍法改正※まで父系血統主義をとっていた日本では、多くの無国籍児が存在し、教育をはじめとする市民的権利を受けられず、基本的人権が侵害される情況が長くつづき、深刻な社会問題となっていました。しかも、反基地感情や反米感情に、米兵に寄り添う女性たちに対する社会的偏見も加わり、「混血児（あいの子）」差別が増幅されました。

語彙解説

国籍法改正　1985年の女性差別撤廃条約批准に先立ち、1984年、国籍法が改正され、1985年1月1日から日本国籍の母と外国籍の父から生まれた子どもが日本国籍を取得できるようになりました。1984年までは、外国籍の父と日本国籍の母から生まれた子どもに、日本国籍は与えられず、外国籍の父親の国籍か、または無国籍になっていました。このように日本は、国籍取得については父系血統主義をとっていましたが、85年からは父母両系に変わりました。さらに、2008年には、父母の婚姻が国籍取得要件から外され、日本人の親に認知されることだけを要件とすることに国籍法が改正されています。

日本での「混血」差別は、多くは米兵と駐留地・沖縄との関係で語られていましたが、アジア系外国人の親をもつ「混血児」に差別が厳しいことにも、注意を向ける必要があります。そもそも「混血」という言葉は「純血」という幻想と対比された言葉として、つねに差別性をもって語られてきました。ほんらいは「混血児」ではなく**「国際児」**と表現されるべきです。

2010年、学校でのいじめを苦にみずから生命を絶ったU・Aちゃん（11才・群馬県桐生市内の小学校6年生）の事件は、母親がアジア系外国人という理由による「混血児」差別問題の深刻さを改めて世のなかにつきつけました。

日本社会には、韓国・中国をはじめ、ブラジルやペルー、フィリピンなど、多様な国の人々が来日し、生活し、働いています。その移住（外国人）労働者の子どもたちに対する差別といじめは、「混血児」差別と根本において同じです。「混血児」「あいの子」という差別的な言葉から、「ハーフ」と表現されるようになっていますが、現在は"半分"という否定的な意味ではなく"両方"の文化をうけつぐという積極的な意味で**「ダブル」**と呼ばれるようになっています。（ちなみに、「ふたご」について、1993年に、NHKの幼児番組のなかで歌われた「二人で一人、ふたごだもんね」という歌詞に、ふたごをもつ親たちが抗議して、歌詞の内

容が変更されたことがありました。ふたごは1人1人が独立した人格と個性をもつ存在であり、「二人で一人」とは、1人では2分の1といわれているのに等しく、ふたごを育てる親たちにとっては、とても容認できる歌詞ではなかったのです)。

「混血」差別とアメラジアンにかかわる差別表現事例

> **事例1**……2016年1月14付朝日新聞「声」欄に、「私は『ハーフ』でなく『ダブル』」という、14歳の女子中学生の投書が載る。彼女は、ハーフという英語の意味が、「半分」だと知ったとき、「人として半分しか中身がないといわれているようで」、ショックを受けたが、母親から、「『ハーフ』ではなく、二つの国の血を引いた『ダブル』だと聞いて自信を持つことができた」と綴っている。
>
> 2016年6月、自民党衆院議員の菅原一秀氏が、東京都知事選の党会合で、民進党参院議員の蓮舫氏について、「蓮舫さんは五輪に反対で日本人に帰化したことが悔しくて悲しくて泣いたと自らのブログに書いている。そのような方を選ぶ都民はいない」と発言。後に、ネット上のデマを菅原氏がそのまま口にしたことが判明し、撤回、謝罪。ちなみに、「帰化」は、「野蛮な者が王の徳の下に従う」ことを意味する。台湾人の父と日本人の母をもつ蓮舫氏は2つの国籍をもつ国際児であり、日本の法律上22歳になったときにどちらかの国籍を選択するが、彼女は日本国籍を選択した。つまり彼女は一度も「帰化」したことはない。選挙のさいに対立候補の「出自」を引き合いに出して叩く典型的な差別的発言と批判される。

■日本企業だけが使う「現地○○」

海外に進出している日本企業で、日本から来た社員やマネージャーのなかに、「現地○○」という言葉をひんぱんに使う人がいます。「現地とそれ以外」にわけるのは、「本社にいる日本人が偉い」という感覚によるものです。「アメリカ人の社員」「タイ人の社員」と表現するのはよいのですが、「現地人」「現地社員」「現地採用」「現地妻」などというのは、相手国をおとしめた表現であることを自覚しましょう。同様にインドネシアを「ネシア」「ネシア人」と呼ぶことも相手をおとしめた呼び方です。

8 宗教差別

ユダヤ教

キーワード

- 「ユダヤの商法」「身体的特徴」などユダヤ人に対するあらゆるステレオタイプ
- 不愉快な社会・経済現象を"ユダヤの支配""ユダヤの陰謀"で説明すること
- ユダヤ教を冒瀆するあらゆる表現
- ホロコーストを正当化するあらゆる表現

■ユダヤ教の歴史

　ユダヤ教とは、唯一神であるヤハウェ（エホバ）を信奉し、ヘブライ語聖書（キリスト教では『旧約聖書』と呼ぶ）を聖典とする宗教のことです（それに対して、キリスト教は『旧約聖書』と『新約聖書』を聖典としています）。

　宗教は言語とともに、民族を構成する大きな要素です。国籍・言語・肌の色に関係なく、シナゴーグで礼拝するユダヤ教徒は、すべてユダヤ人（本書ではユダヤ人を広くユダヤの宗教共同体に属する人々の意味で使用しています。）とみなされます。シナゴーグは、ユダヤ教の礼拝堂であり、ユダヤ人の民族的統一の中心ともいえる場所です。紀元前1280年ころのモーゼの「出エジプト記」にはじまり、紀元前587年ユダ王国滅亡による「バビロン捕囚」によって、宗教的・民族的アイデンティティの確立を見ました[※]。

8 宗教差別

> **語彙解説**
>
> 「出エジプト記」と「バビロン捕囚」
>
> 飢饉のため、カナーンの地からエジプトに移住していたユダヤの民は、長くエジプト王国から差別と迫害を受けていたが、紀元前13世紀、モーゼに率いられ、エジプトを脱出。「出エジプト記」には、ユダヤの民がたどりついたシナイ山の頂上でヤハウェの神との契約を授けられるまでが書かれている。モーゼの死後、ユダヤの民は建国をなしとげるが、ソロモン王の死後、北イスラエル王国と南のユダ王国に分裂、北イスラエル王国はアッシリアに滅ぼされ、ユダ王国の人々は、バビロンに強制移住させられた（「バビロニア捕囚」）。紀元前6世紀、バビロニアを滅ぼしたペルシャによってエルサレムに帰還を許された人々は、帰還後、神殿を再建。唯一神であるヤハウェ（エホバ）との契約にもとづいて、ヘブライ人の指導者モーゼを通して授けられた律法を守りつつメシアの来臨を信じるユダヤ教が成立した。

　世界のユダヤ人の人口は1350万人。うち、アメリカ合衆国に530万人、イスラエルに570万人、フランス50万人、カナダ37万人、イギリス30万人、ロシア20万人で、全ユダヤ人の約80％がアメリカ合衆国とイスラエルで生活しています（2012年世銀統計）。

　歴史的に宗教に対する差別感情の最たるものは、ユダヤ教に対するものといえるでしょう。ユダヤ教を信奉する人＝ユダヤ人でもあり、民族でもあるわけですが、現在、イスラエルではユダヤ人を**「ユダヤ人を母とする者または、ユダヤ教徒」**と規定しています。つまり、ここには宗教的要素と「血統的」要素の2つの面がふくまれていることがわかります。これはもともと、キリスト教徒がユダヤ教徒との差異を「人種的差異」とみなして呼称したことにはじまっています。

　このような例（同一「人種」、同一「民族」内の宗教的な相違による民族再編）は、中央アジアにおける、イスラム教国とキリスト教国の国家対立のなかにも数多く見られます（たとえばアルメニア人とアゼルバイジャン人など）。

　ユダヤ人への差別と迫害の歴史は非常に古くて長く、「出エジプト記」で見たように、紀元前からはじまっていますが、第二次世界大戦中におこなわれた、ナチス・ドイツによる意図的・計画的ユダヤ人大虐殺（ホロコースト）は、近代における最悪の民族的宗教的ジェノサイド（民族浄化）です。

■ユダヤ陰謀論とユダヤ人像のステレオタイプ

「アメリカはユダヤ人に支配され、ウォールストリートはユダヤ人に牛耳られている」「ユダヤ人は世界征服の陰謀をもっている」といったユダヤ陰謀論を日本のマスコミで堂々と語る「識者」がいますが、これらはすべてユダヤ教、ユダヤ人に対する無知と偏見にもとづくものであり、反ユダヤ主義であるといわざるをえません。

日本でも、1995年、文藝春秋社発行の月刊誌『マルコポーロ』が、「ホロコーストはなかった」という記事を掲載し、廃刊に追いこまれたことはよく知られています。そのほか、"ユダヤ陰謀説"をもとにした書籍や雑誌の販売などで、アメリカのユダヤ人団体から数多く抗議を受けています。

また、欧米で問題になっているユダヤ人に対する根拠のない「身体的特徴」をしめして、差別的な言葉である「ユダヤの鼻」とか「不潔なユダヤ人」「臭いユダヤ人」と侮蔑的な形容詞をつけて呼ぶことは、絶対に避けるべき表現です。

ユダヤ教や、つぎに見るイスラム教などに対する差別は、信仰宗教への冒瀆、つまり、特定宗教の神聖さを蹂躙する表現として表面化しています。

ユダヤ人に対するステレオタイプを植えつけ偏見を助長した有名な戯曲に、シェイクスピアの『ベニスの商人』があります。金貸しのシャイロックに対する批判的な視点＝嫌悪感は、その「金貸し」という職業（金融業）と深く結びついていますが、歴史は、それがキリスト教徒によっておこなわれたユダヤ人に対する正業剥奪という迫害の歴史的経緯から、キリスト教徒には禁止されていた職業に就いたことを教えています。

「ユダヤ人がキリストを殺した」と発言したハリウッドの著名俳優メル・ギブソンや、「アメリカでは映画界をはじめ、どの世界でもユダヤ人が支配している」と語った飛行士リンドバーグが、その発言によって名声と社会的信用を失墜させ、国際的に厳しい批判を受けています。2009年に亡くなったマイケル・ジャクソンも、黒人差別には強い怒りを音楽で表現していましたが、1995年のアルバム「ヒストリー」のなかで、「jew me, kike me」（jewはユダヤ人の意味で、それ自体侮蔑的な意味をもたないが、ユダヤ人を侮蔑して呼ぶkikeと並列してもちいると否定的な意味になる）という差別的な歌詞を使用して、ユダヤ人団体に抗議され、謝罪しています。同じく著名歌手、ドリー・パートンも「ユダヤ人によるハリウッド支配」を『ヴォーグ』誌で語り、強く抗議されました。

コラム44 キング牧師の反シオニズム演説

1968年、ハーバード大学で演説したマーティン・ルーサー・キング牧師は、つぎのようにその演説を締めくくっています。

「諸君は自分たちはユダヤ人を嫌ってはいないといっているが、諸君らは反シオニストである。シオニズムを批判するとき、それはユダヤ人を批判しているのである。これは神の真実だ。シオニズムとは、ユダヤ人の故郷へ帰りたいという夢と理想にほかならない。では反シオニズムとはなにか。それは、我々が正統にも主張している、アフリカの人々、ひいては全世界の民族の基本的権利を、ユダヤ人に対して否定するということだ。ユダヤ人であるという理由でこの権利を否定するということは、わが友ユダヤ人に対する差別である。すなわち、反ユダヤ主義である。」

ユダヤ人差別にかかわる差別表現事例

事例1……1995年、文藝春秋発行の『マルコポーロ』2月号が「戦後世界史最大のタブー。ナチ『ガス室』はなかった」と題する日本人医師の論文を掲載。これに対し、アメリカのユダヤ人人権団体「サイモン・ウィゼンタール・センター」のエイブラハム・クーパー師が「『マルコポーロ』誌の論文は、これまでのホロコースト否定論者が捏造した事実を、歴史的な新事実を摑んだとして、たんに繰り返したに過ぎない。これは歴史とナチズムの犠牲者に対する、途方もない攻撃である」と抗議すると同時に、『マルコポーロ』誌に出稿する広告主数社に、広告掲載中止を要請。文藝春秋側は当該号を回収、編集長を解任、さらに同誌の廃刊を決定し、社長が謝罪文を月刊『文藝春秋』誌上に掲載。

事例2……1999年、小学館発行の『週刊ポスト』10月15日号が「長銀『われらが血税5兆円』を食うユダヤ資本人脈ついに摑んだ」と題する特集記事を掲載。「長銀買収の動きの背後には、ユダヤ系金融資本の強い意志が働いている」「弱肉強食の金融ビッグバンのもと、ユダヤ系金

融資本の攻勢は、さらなる熾烈な企業間戦争を招くことは想像に難くない。そして、そのなかで崩れ落ちて行く兵士は、一般のサラリーマンとその家族にほかならない」等の記事内容に、前掲の「サイモン・ウィゼンタール・センター」が、「日本が抱えているすべての問題がユダヤ人のせいだとする策略は、10年ほど前に広まったデマが日本のメディアのなかに再び出現したもので、受け入れがたい」と抗議。『週刊ポスト』の広告主10社に対し広告掲載停止の要請文を送付。小学館側は同団体と協議の結果、『週刊ポスト』誌上とインターネット上に謝罪文を掲載。さらに『週刊ポスト』誌上で検証記事と名誉回復記事を掲載。翌年2月、アメリカから代表団を招き、社内で啓発セミナーを実施。

事例3……2002年、木村義雄厚生労働大臣が、「日本精神科病院協会」で、病院経営への株式会社参入問題をめぐり、「30兆円の医療市場を虎視眈々と狙っている、ユダヤ人のようなガリガリ亡者がたくさんいる」と発言。終了後、不適切であったと釈明。

事例4……2007年2月、徳間書店発行の単行本『ユダヤ・キリスト教『世界支配』のカラクリ―ニーチェは見抜いていた』(ベンジャミン・フルフォード、適菜収著)に対し、「サイモン・ウィゼンタール・センター」(SWC)がHPに批判文を掲載。在日ユダヤ人名誉委員会や、SWCから徳間書店へ抗議文書が送達された。内容は、本著作におけるフルフォード氏の以下の3点の発言が「反ユダヤ主義」にもとづいたものと指摘。

①「65万人のイラク人を虐殺したブッシュは、中東を支配するために、すべてのパレスチナ人を殺そうとイスラエル過激派と協調している」
②「問題は『アシュケナジム』(編集部註：離散させられたユダヤ系の人々のうちドイツ語圏や東欧諸国などに定住した人々、およびその子孫のこと)のなかに世界規模であらゆる凶悪行為をおこなうために、反ユダヤ主義のタブーを利用している者がいる」
③「ユダヤ系マフィアはマスメディアを支配するために反ユダヤ主義のタブーを利用している」

これらの指摘に対し、出版社側は「ユダヤ問題に関する認識が足りなかった」ことを認め、出庫停止をおこない、サイモン・ウィゼンタール・センターからの要求を受け入れ、6月に社内セミナーを実施。

● **日本社会のユダヤ観**
　『マルコポーロ』の記事は、ホロコーストを否定しただけでなく、アウシュビッツにガス室がなかったにもかかわらず世界中の人々がその存在を信じたのは"ユダヤの策謀の結果だ"という内容であった。ほかの週刊誌・月刊誌でも"ユダヤの陰謀を分析する"といった企画が掲載されつづけてきた。「『世界征服の陰謀をもつユダヤ』といった本が書店に並ぶ光景があるのは、先進国では日本だけ。日本人のユダヤ人に対する先入観の問題を考えるさいに、まず注意すべきなのは、日本人の大半が、ユダヤ人について考えることがほとんどない、ということだ」とニューヨーク市立大学教授・霍見芳浩氏は指摘している。

事例5……2011年、日本のバンド「氣志團」が、ナチス親衛隊（SS）の制服に似た衣装でテレビ出演したことに対し、アメリカのユダヤ人権団体、サイモン・ウィーゼンタール・センターが抗議。「ホロコースト（ユダヤ人大量虐殺）の被害者の感情を踏みにじる行為」として、また「日本以外の文明国家では許容されないことだ」と強く非難し、謝罪を求める。「氣志團」所属プロダクションは謝罪。

事例6……2011年、フランスの高級服飾ブランド、クリスチャン・ディオールの英国人デザイナー、ジョン・ガリアーノ氏が、パリのユダヤ系住民が多い地区のカフェで酒に酔い、「ヒトラーが大好きだ。お前たちのような奴らは死んでいたかもしれない」と暴言を吐き、刑事告訴された。この差別発言によって、ジョン・ガリアーノ氏はクリスチャン・ディオールを解雇され、人種差別禁止法で訴追される。

事例7……2013年7月、麻生太郎副総理が「憲法は、ある日気づいたら、ワイマール憲法が変わって、ナチス憲法に変わっていたんですよ。誰も気づかないで変わった。あの手口、学んだらどうかね」と発言。（国家基本問題研究所の月例研究会で）。国際的な批判の声が上がり、アメリカ

のユダヤ人人権団体サイモン・ウィーゼンタール・センターは麻生氏に対し、「どんな手口をナチスから学ぶ価値があるのか。ナチスドイツの台頭が世界を第2次世界大戦の恐怖に陥れたことを麻生氏は忘れたのか」と批判声明を発表。麻生氏は発言撤回。日本国内の新聞各紙は、発言の背後にある歴史認識と政治思想についても徹底批判。

事例8……2014年に起きた『アンネの日記』破損事件。ナチスドイツによるユダヤ人迫害の恐怖を少女の目で描いた『アンネの日記』や関連図書が、東京都内と横浜市の図書館で相次いで破られる。アメリカのユダヤ人権団体サイモン・ウィーゼンタール・センターは声明で、「事件は偏見と憎悪に満ちた」一部人間の行為と指摘。そのうえで「(アンネは)ホロコーストで犠牲になったユダヤ人の子ども150万人の中で最も知られた代表であり、その記憶を侮辱する組織的計画」であり、「思想的な動機があるのは明白だ」と語った。(『毎日新聞』2014年2月22日)

事例9……2015年8月、[「しまむら」「鉤十字」(ハーケンクロイツ)マーク商品の販売中止]。総合衣料品販売の「しまむら」がナチスドイツのシンボルで国旗だった「ハーケンクロイツ(鉤十字)のマークが入ったペンダントとセットになったタンクトップを発売。批判を受け、販売を中止。

事例10……東京・新大久保、大阪・鶴橋など全国各地でおこなわれている人種差別にもとづく排外主義的ヘイトスピーチデモに、しばしば旭日旗とともに、ナチスドイツの国旗ハーケンクロイツ(鉤十字)が掲げられている。2014年7月、各国の人権状況を審査する国連の人権規約委員会で、その映像が上映され、委員会は日本政府に対し、重大な懸念を表明、差別を煽るすべての宣伝活動を禁止する措置をとるよう、日本政府に勧告した。

イスラーム（イスラム教）

キーワード

- イスラーム（イスラム教）への冒瀆（ぼうとく）と受け止められるあらゆる行為。コーランの言葉を歌詞・セリフに引用する、マホメットの像を描くなど偶像崇拝とイスラームの教えを侮辱する言動
- ムスリム（イスラム教徒）への侮辱と受け止められる行為。イスラム女性の下半身を描くなど
- メッカ（イスラム世界の聖地）を善悪に関係なく比喩するすべての表現
- 「イスラム教徒は野蛮」といった差別的言動
- 「イスラム教徒はテロリスト」という表現とステレオタイプ化。

■イスラムフォビアの増幅

2015年1月のシャルリー・エブド襲撃事件に続く、11月のパリ同時多発攻撃、2016年3月にベルギー・ブリュッセル空港で起きた連続爆破攻撃など、ヨーロッパ各地で「イスラム国」（IS）による無差別攻撃が頻発しています。2014年にはISに拉致された日本人2名が殺害されました。全世界から非難を受けているIS（「イスラム国」）は、イスラムを名乗りながら、極悪非道な犯罪に手を染めています。

しかし、ほんらいイスラムは、平和共存、「兄弟」愛、友好を推進する宗教であり、罪のない人々を殺める行為を決して認めておらず、ISの行為は、世界のムスリムとは関係ありません。にもかかわらず、「イスラムは過激で暴力的」とする、イスラム教徒への嫌悪感や恐怖感（イスラムフォビア）が、アメリカや日本で拡大し、ヨーロッパでは移民排斥（その多くはムスリム）を訴える排外主義政党が、台頭しています。

日本社会に暮らすムスリム（イスラム教徒）の人々は、イスラム＝「怖い」「危険」「過激」というネガティブなニュースが日々流され続けるため、日本でイスラム教とムスリムに対する反感やフォビアが進むのではないかという不安を少なからず抱えながら暮しています。

■イスラームとは

　一般に、イスラム教と書かれますが、ほんらいは「イスラーム」「イスラム」であり、現在では、そのように表記される場合が多くなっています。それは、キリスト教や仏教では、キリストおよび仏陀を信仰の対象としますが、イスラム教の「イスラム」とは、人生そのものを律することであり信仰の対象をさすものではないからです。**「イスラーム」（「イスラム」）とは、アラビア語で「絶対神アッラーにすべてをゆだねる」**つまり、絶対神アッラーに全面的に従うことを意味します。そして、「イスラームする人」をムスリム（イスラム教徒）とよびます。ですから、イスラム教と呼称したり表記してもまちがいではありませんが、イスラム教すなわちイスラームする教え（絶対神アッラーに全面的に従うこと）という意味で使用すべきです。

　イスラームという宗教は、610年～632年ごろ、ムハンマド（マホメット）が創始しました。唯一絶対神の神（アッラー）が最後の預言者ムハンマドを通して下した啓示を根本教義とし、聖典はコーラン。ユダヤ教・キリスト教と同系の一神教。法学・神学上のちがいから、スンニー派とシーア派に大別されます。

　イスラームは社会生活を律するものとされ、個人の信条や日常生活、そして政治のあり方にまでおよんでいます。信仰の共同体と政治的な国家の同一をめざす政教一元論を主張するグループがあるいっぽう、トルコやインドネシアのような世俗主義（人間社会の公的領域のある部分を聖俗分離すること。たとえば政治や軍事においては非宗教的におこなうこと）のイスラム国家もあります。

　今日、世界に約16億人近い信者がいると見られていますが（2015年現在）、最大のイスラム国家はインドネシアで、1億7000万人の教徒がいます。

■反イスラム感情とムハンマド風刺画事件

　2001年9月11日の「米同時多発攻撃」以降、「イスラム原理主義」に対する反発から反イスラム感情が高まったことは否定できません。超大国アメリカの単独行動主義（ユニラテラリズム）に対する批判は、アフガン戦争・イラク戦争のなかで国際的にわき起こっていますが、いっぽうで、イスラームそのものへの誤解と偏見が拡散し、多くの反イスラム的な行動や主張がなされ、社会問題化している事件も少なくありません。

　イスラームに対しては、宗教文化のちがいから、さまざまな問題が非イスラム圏で発生していますが、ここではイスラームの文化を尊重することの重要性に視点を移して、社会問題としての反イスラム言動について考えてみた

いと思います。

　現在（2015年）日本国内には、アジア中東出身者を中心に13万人を超えるムスリム（イスラム教徒）が居住しているといわれています。

　2010年9月アメリカで、「同時多発攻撃」から9年目にさいして起こった、キリスト教原理主義者による「コーラン」焚書事件は、宗教と信仰の自由に対する挑発といわざるを得ません。これは極端な例といわれますが、日本でも、2001年に富山県でコーランが破り捨てられたさいには、ムスリム（イスラム教徒）による大規模な抗議行動に発展しました。ほかにも、イスラームへの誤解と偏見からさまざまな事件が数多く起こっていますが、どの一線を越えたらイスラム教徒の心情を踏みにじる行為とみなされるのかを知ることが大切です。

　イスラームには独自の戒律があります。これは、イスラームの行動規範であり、倫理規定とされているものです。多くの非イスラームはその内容や意味を理解しないまま、安易に「イスラム原理主義」などと表現しますが、実はこの表現が反イスラム感情と結びついていることは、あまり指摘されていません。たとえば、ユダヤ教と同じく豚肉の禁忌や、飲酒の禁止などは日本でもよく知られていますが、偶像崇拝も固く禁じられており、ムハンマドの像を描くこと自体がタブーであることなどはあまり理解されていません。

　2005年に起きた、デンマークの日刊紙に掲載された**ムハンマドの風刺漫画をめぐる事件**[※]は、偶像崇拝のタブー以前の、イスラームとムハンマドに対する文化的蔑視をふくんでおり、社会的に許容される風刺ではありませんでした。

語彙解説

ムハンマド風刺画事件	デンマークの新聞ユランズ・ポステンが、2005年9月30日の紙面に12種類のムハンマドをモチーフにした風刺画を掲載、イスラム教徒から抗議の声があげられた。それに対し「表現の自由」を掲げたフランスなどの新聞で、さらに風刺画が転載され、世界中に争乱が拡大した。「人間の法」としての憲法が保障する表現・言論の自由と、「神の法」であるイスラームの規範がぶつかりあった事件といわれる。西欧側は自分たちの「啓蒙主義（教会からの自由＝政教分離）」という価値観を絶対化し、異なる文化・規範をもつ人々に対して、「イスラム教徒を啓蒙する」といった態度で、挑発的なムハンマドの描き方をおこなったため、イスラム教徒からの非常な反感を買った。

❷実践編

　このほかにも、イスラームにおいて神聖なものとされている事柄を歌詞にとり入れたりコマーシャルに使うことなどは、厳につつしむべきです。とくに、イスラームに対する無知・無理解によって、コーランなどを利用したり引用したりするさまざまな行為が、アッラーへの冒瀆として、厳しい批判と怒りをムスリム（イスラム教徒）に呼び起こすことに注意しなければなりません。コーランとはムハンマドの口をついてあらわれた神の言葉（啓示）をまとめたもの、つまり、唯一絶対神アッラーが使徒ムハンマドに下した啓示を集成した聖典です。コーランのあつかい方をめぐる抗議は、いろいろなケースがあります。以前、テレビ番組でイスラームの話をするとき、ある人がコーランを左手でもってしまい、またその人がイスラム教徒でなかったために抗議をうけました。アラビア語で書かれたコーランは神の言葉そのものですから、慎重な配慮が必要です。

イスラーム（イスラム教）にかかわる差別表現事例

事例1……1989年、警察庁警察大学校作成の捜査用内部資料『在日外国人被害者取り扱いの要領』のなかに、「（パキスタン人は）取り調べの際、アラーの名にかけて嘘をつく」「パキスタン人は疥癬（皮膚病）をもつ者が多く、留置する際留置場が臭くなる」などの記述があることがわかり、パキスタン大使館は、人種差別につながると指摘。

事例2……1995年、学習研究社発行の学習まんがシリーズ第7巻、『イスラム帝国と預言者マホメット』に対し、「マホメットの顔を漫画で描き、偶像崇拝を禁じるイスラム教の信仰を傷つけた」と、イスラムの宗教法人「イスラミック・センター・ジャパン」が抗議。学習研究社側は回収と絶版を決定。

事例3……1995年、日本のロックバンド「BUCK-TICK」が『コーラン』の一節を歌詞にとり入れてCDをだしたとして、ビクター・エンターテイメントにイスラム留学生や「イスラミック・センター・ジャパン」が抗議。回収と出庫停止、廃盤を決定。『コーラン』部分を削除して再販。

事例4……1995年、フジテレビ系で放映された『タモリのスーパーボキャブラ天国スペシャル』で『アラビアン・ナイト』のパロディ「からみ（絡み）やんないと」が「イスラミック・センター・ジャパン」から抗議される。フジテレビ側は「宗教に対する理解が不足し、慎重さに欠けていた」と謝罪。同じころ、『日刊ゲンダイ』の風俗記事のなかで、「さて今度はフーゾク店のメッカ、小岩にある韓国エステへ」との表現に対し、「イスラミック・センター・ジャパン」が抗議。『日刊ゲンダイ』側は謝罪。

事例5……1997年、米ナイキ社が発売したシューズのロゴが、アラビア文字の「アッラー」に酷似、「これを足下や靴底につけることは我々の神を冒瀆するもの」とイスラム教徒が抗議し、ナイキ社は謝罪。

事例6……1999年、主婦と生活社発行の実用本『ハムスターパラダイス』のなかに、イスラムの聖典『コーラン』の上に、ハムスターが乗っている写真の掲載について、「イスラムの聖典の上に不浄なネズミを乗せていることは宗教への侮辱」と、「神戸ムスリム協会」と「イスラミック・センター・ジャパン」が抗議。出版社は①出庫停止、在庫廃棄、②問題写真の撮り直しと差し替え、③図書館納入本を改訂新版と入れ替えすることを決定。

事例7……2001年に、インドネシアの味の素法人「味の素インドネシア」が、『コーラン』に明記され、イスラムが不浄視する豚の成分を使用しているとして、「味の素」が販売中止になり、日本人社長らが消費者法違反で逮捕されるという事件が起こる。

事例8……2005年、デンマーク『ユランズ・ポステン』紙が「ムハンマドの顔」と題し、12人のイラストレーターによる預言者ムハンマドの似顔絵を掲載。なかには頭が爆弾のような風刺漫画もあった。これに対し、「イスラム教に対する冒瀆だ」とするイスラム諸国の反発は、ヨーロッパ全土から中東、アジアへも拡大。ついにはシリアの首都ダマスカスでデンマーク、ノルウェー大使館が放火、さらにレバノンのベイルートでもデンマーク総領事館が放火される事態となる。（253頁参照）

❷実践編

事例9……2007年、テレビ朝日『やじうまプラス』で、「盗撮」事件をとりあげたとき、ゲストコメンテーターが「関東だと横浜駅がどうやら盗撮にはメッカのようになっている」と発言。局のアナウンサーが、"メッカ"は宗教的に重要な場所を意味しているので、このような場面で使うべきではないと即座に訂正する。

事例10……2010年、パリでイスラム教の聖典コーランを燃やし、炎を小便で消す映像を作製し、インターネットで流したとされる男が、フランス検察当局に、人種差別を煽動した罪で訴追された。男は「(フランスには)行動する自由がある」と反論していたという。在仏イスラム評議会は、「強い憤りを感じる」と声明を発表。

事例11……2011年、アメリカのキリスト教会でコーランが焼かれた事件をきっかけに、アフガニスタンで騒乱が起きる。

事例12……2015年1月7日フランス・パリで、週刊誌新聞社「シャルリー・エブド」が、武装したイスラム過激派に襲撃され、記者ら12名を殺害。同紙は、デンマークの新聞『ユランズ・ボステン』が掲載した預言者ムハンマド風刺画を2005年当時も転載、抗議を受けていた。

　『シャルリー・エブド』の風刺画は、ムスリムが信奉する宗教に対する侮辱的憎悪表現。風刺とはほんらい、強者(権力)に対する弱者(庶民)の抵抗表現であり、フランスにおける政教分離の原則「ライシテ」は、宗教的憎悪表現の自由を許すものではない。人種や民族や宗教を理由に特定の集団や個人を差別することは禁止されており、「イスラムを信じる人は野蛮だ」と発言した女優が罪に問われている。

　「シャルリー・エブド」社が襲撃を受けたのはそれがおもな理由ではないが、同紙が抗議を無視して風刺画を掲載しつづけ、イスラム教への憎悪を煽ったことは問題。フランス政府は宗教的憎悪の唱導を禁止する国際人権規約を批准している。「差別、敵意又は暴力の煽動となる国民的、人種的又は宗教的憎悪の唱道は法律で禁止する」(『国際人権規約』自由権　第20条2項)。

　しかし、「シャルリー・エブド」襲撃事件自体は一連の無差別攻撃の一つであり、「表現の自由に対する挑戦」だとか「宗教的な原理主義

差別語　宗教差別　イスラーム

vs. 表現の自由」の問題としてとらえるのは誤り。無差別攻撃に対して「表現の自由」を対置すべきでない。(「シャルリー・エブド」紙は、2015年9月9日トルコ海岸に漂着したシリア難民の子どもの遺体を侮辱、風刺して、国際的な批判を浴びた。)

コラム45 聖書・仏典のなかの差別語

　1970年代に強まった差別語見直しの運動は、日本の宗教界にも大きな影響を与えました。

　キリスト教では、1987年に日本聖書協会から、差別的な表現を換えた新共同訳の『聖書』が出版されました。そのなかでは、「めくら」「おし」「つんぼ」などを、「目の見えない人／盲目・盲人」「口のきけない（人）」「耳の聞こえない（人）」に変更しています。そして1997年には、従来「癩病（らい）」と訳していた「ツァーラアト」（ヘブライ語）・「レプラ」（ギリシャ語）を、1996年に差別的な「らい予防法」が廃止されたことを受けて、「重い皮膚病」と改めています。また、女性差別的な言葉や、屠畜場を「屠殺場」としていたのを「屠（ほふ）り場」と手直ししています。

　いっぽう、仏教界においても、部落解放同盟やさまざまな障害者団体から指摘を受け、自主的に仏典にある差別語・差別表現の見直しをはじめました。仏教界では古くから「親の因果が子に報（む）ゆ」などの因果応報を説く宿業論（しゅくごうろん）から、「癩病」（ハンセン病）や身体障害者を「業病」とみなすなどの説法（「前世において悪行を働いた報い」）をおこなってきました。そして、ハンセン病者・回復者や障害者を、「忌むべき存在である」との社会意識を拡げる役割を果たしていたのでした。

　現在では、ほとんどの宗教が、こうしたこれまでの表現を反省し、記載をあらためています。道元禅師（どうげんぜんじ）を開祖（かいそ）とする曹洞宗（そうとうしゅう）では、1990年前後から、教典・経典・祖録における差別語・差別表現の見直し作業をすめてきました。少し事例を引いてみます。（『差別語を考えるガイドブック』曹洞宗宗務庁編、解放出版社、1994年）

● 「一盲の衆盲をひかんがごとし」（『正法眼蔵（しょうぼうげんぞう）』）
　「一盲の衆盲」とは、「ひとりの盲人が大勢の盲人を引き連れて行

❷実践編

く」という意味をもっています。
- 「このゆへに六根不具（ろっこんふぐ）なり、不具六根なるがゆへに鑪韛裏（ろはいり）を透過して」（同上）

  六根不具：「六根」は眼・耳・鼻・舌・身・意のこと。視覚・聴覚・嗅覚・味覚・触覚の5つの感覚器官と認識し考える心の6つに障害があること。
- 「生盲（しょうもう）のみざること」（「夢中説夢」）

  「生盲」：道理をわきまえない人をののしっていう言葉。

　ここで大切なことは、道元禅師など祖師の著作がさししめし導く道を現代に生かすという観点から、これらの問題にとりくむという姿勢です。女性差別的な文章についても、前記の観点から見直しがおこなわれています。

コラム46　経典に刻まれた「旃陀羅」差別に抗議

　仏教関係の大手出版社・法蔵館が、2011年に香月院深励（江戸時代後期［1749～1817年］の人）の経典解釈本『観無量寿経講義』を復刊。そのなかに、「（母親殺しをする）旃陀羅（せんだら）は、日本の穢多のようなもの、人間交わりの出来ぬもの」「人間の皮は着ているけれども禽獣と同じ」との記述がありました。これに対し、2015年2月、部落解放同盟広島県連合会が抗議。出版社側は「『是旃陀羅』をめぐる歴史を知らなかった」と反省、出荷停止しました。

　「旃陀羅」はチャンダーラを指し、今も続くインドのカースト差別のなかで、「人間外の人間」「不可触民」とされてきた被差別民の蔑称です。現在は、差別撤廃を訴える当事者を中心に「ダリット」が用いられるなど、厳しい差別と迫害のなかで、ヒンズー教徒から仏教徒に改宗する人も多くいます。

　現在の大谷派は、『観無量寿経講義』について「登場人物の『旃陀羅』発言は差別だが、『観経』じたいは差別を克服しようとしている経典」としています。（真宗派仏教学者・西田真因氏『現代の聖典―学習の手引き』）

　この解釈に対し、解放同盟広島県連から、「母親殺しは『旃陀羅』のやることだと言い放ったまま、その発言を経典解釈の中で否定しておらず、『旃陀羅』は貶められたままになっている」「インドの仏教徒の前で『母

> 親殺しをするのはお前たちチャンダーラだ』と言えるのか」と、強い抗議がなされています。
> 「『旃蛇羅』は日本の穢多非人に等しい暴悪人として、『旃蛇羅』と日本の被差別部落民をおとしめる経典の解釈は、今なお放置され、宗教関連の出版社から出される本に載っている」として、現在も、解放同盟広島県連と真宗大谷派「部落差別問題等に関する教学委員会」との間で、議論が続けられています。

■浄土宗・浄土真宗における[他力本願]

> **キーワード**
>
> 浄土宗・浄土真宗への無理解と受け止められる表現＝他力本願を他人任せ・他人をあてにする意味で使うこと

差別表現ではないのですが、あきらかに誤用されている言葉が「他力本願」です。『広辞苑』(第6版)ではつぎのように説明しています。

「他力本願」
①弥陀仏の本願。また、衆生がそれに頼って成仏を願うこと。
②転じて、もっぱら他人の力をあてにすること。

世間では、もっぱら②の意味で使用されていますが、公の場所やメディアで、このような「他人任せ」といった意味で発言した場合、浄土宗・浄土真宗の教団や門徒から厳しい批判がなされています。

浄土真宗の宗祖・親鸞聖人の教えの核心をなす「他力本願」の「他力」は、「阿弥陀仏の力」を意味しており、「本願」は、阿弥陀仏が衆生(すべての生きもの)を極楽浄土に往生させる誓願のこと。自己の修業によって悟りを開くのではなく、「他力本願」は、阿弥陀仏の本願の力によって成仏することを意味しています。つまり、自己の能力に依拠するのではなく、阿弥陀仏の願力による以外救済はありえないとし、阿弥陀仏の力を極大化し、人間の能力を極小化することによって、信心が絶対化されるとともに、人間の資質の平等が

実現されるととらえます。ですから、「他力本願」を他人任せ、他人をあてにして怠ける態度や、無気力なことのたとえとして使用することは、ほんらいの意味とは正反対であり、誤解を拡張する表現であり、公的な場での発言や公文書ではひかえるべきでしょう。

抗議事例

事例1……1999年5月、日本中央競馬会が、天皇賞の開催告知の見出しに「馬力本願」という造語をもちいていたことに対し、浄土真宗本願寺派の関係者が抗議。中央競馬会は、お詫びし、今後使用しないことを表明。

事例2……2002年5月、オリンパス光学工業が全国紙に掲載した「他力本願から抜け出そう」という広告コピーに、真宗教団連合が「広告の表現は多くの門徒の心を踏みにじる」と抗議。

事例3……NHKをはじめ各局が、「他力本願」を、他人任せなどの意でもちい、真宗教団および関連団体から数多く抗議を受けている。

事例4……作家の森まゆみさんが、〈他人の力を当てにする〉意味で「他力本願」を使用したことに、真宗寺院住職・青木敬介氏が、『週刊金曜日』投書欄で異議。「文中『他力本願』という大乗仏教の根幹をなす言葉をここで使われたのでは、読者に誤解を与えるものであり、ここで使用する必要はありません。他力本願とは、『人間の愚かさと独善的な思いあがり、怒り貪欲を戒める、仏陀の真実から発せられた救済の力そのもの』という意味。『大言海』でも『他の力を当てにする』などと誤記されていますが、きちっとほんらいの意味で使ってほしいもので、森さんの文意からすれば『他の巨大資本に頼る』または『ひとのフンドシで相撲をとる』と言えばすむことです」（2012年6月15日号）

9 ヘイトスピーチ

ヘイトスピーチ

キーワード

ヘイトスピーチは差別的憎悪煽動。人種・民族・性など、属性による社会的差別の存在を前提に、マイノリティ集団を傷つけ、おとしめ、排除するための言論（ジェスチャーや態度を含む）による暴力で、犯罪行為。
ヘイトスピーチはヘイトクライム（差別的憎悪犯罪）の一形態。

- ヘイトスピーチは、人種・民族・性など、その属性による社会的差別の存在を前提として行われる。（差別表現も同じ）
- ヘイトスピーチの対象は、在日韓国・朝鮮人、被差別部落、女性、性的マイノリティ、アイヌ民族、ウチナーンチュ（沖縄の人々）、障害者など、その属性によって社会的に差別されているマイノリティ集団。（差別表現も同じ）
- ヘイトスピーチは、個別個人を対象になされたとしても、その個人が属する被差別マイノリティ集団に向けておこなわれている。（差別表現も同じ）
- ヘイトスピーチと一般的差別表現の違いは、その攻撃性と暴力性、そして目的意識性にある。
- ヘイトスピーチと差別表現の共通点は、どちらも、変えられない出自や属性に対する社会的差別を前提に、被差別マイノリティ集団を蔑視していること。

❷実践編

■ヘイトスピーチと沈黙効果

　2000年代後半に、それまで主にネット上でまき散らされていた被差別マイノリティに対する、悪質な誹謗中傷や差別的罵詈雑言が、リアル空間の路上でヘイトスピーチデモ・集会として繰り広げられるようになりました。法務省の実態調査によれば、2012年4月から2015年9月までの期間だけで、1152件報告されています。今なお日本各地で被差別マイノリティへの差別を煽動する街宣、とりわけ在日コリアン（在日韓国・朝鮮人）をターゲットとする排外主義的デモが街頭にあふれています。

　「朝鮮人をガス室に送れ」「よい韓国人も悪い韓国人もどちらも殺せ」「毒ノメ飛ビオリロ」——のど元に匕首を突きつけられるような暴言を浴びせられたとき、理性的に説得したり、冷静に反論する余裕などないでしょう。

　ヘイトスピーチにはマイノリティを沈黙させる効果があると言われています。

　　「ニガー、スピック、ジャップ、カイクなどと呼ばれた途端、顔面に平手打ちをくらったようなショックを受け、言葉を失う。自己否定感や無力感を味あわせられるとともに、人間や社会に対する信頼感も失われる」

　　　　　　　　　　　（チャールズ・R・ローレンス3世『傷つける言葉』）

■ヘイトスピーチの矢はマイノリティに向けられる

　在日2世の辛淑玉さんは、つぎのように語ります。

　　「自分で変えることのできない出自やどうすることもできないこと、日本で生まれて日本で育ったのに、『帰れ』と言われて、どこに帰れというのか。そんな出自をベースに何かを言われたとしても返しようがない。『おい、朝鮮人』と言われて『おい、日本人』と言えば対等な言論なのかといえば、こちらの受けた傷に比べて、『日本人』と言われた側は、何のダメージも受けない。まして、日本人同士で『おい、日本人』と言い合いしても、全くダメージがない。つまり、日本人が在日韓国・朝鮮人を差別するという差別構造が社会にあり、そのゆえに『朝鮮人』という言葉が相手に対してダメージを与えるものになる」

　攻撃の矢はマイノリティに刺さり、反撃することは容易ではありません。

■表現の自由を奪われているのは誰か

ところが、ヘイトスピーチを「話者の品格の問題」であり、「言論には言論で対抗すればよい」という多くの憲法学者は、「朝鮮人は保健所で処分しろ」などと叫び公道をねり歩く排外デモに、在日韓国・朝鮮人が関東大震災時の大虐殺を連想し、恐怖と絶望、自死をも選ぶほどの苦しみにさらされている情況にきわめて鈍感です。

識者らの「対抗言論」「思想の自由市場」論は、相対する両者が、政治的、社会的に対等の立場にあることを前提としていますが、ヘイトスピーチにさらされている在日韓国・朝鮮人は、日本社会全体から日常的に差別されているばかりか、法的地位などにおいて不利な立場にあり、対等な議論は成り立ちません。また、反論することによって、レイシストからさらなる攻撃を加えられる危険性も高く、ヘイトスピーチ（差別的憎悪煽動）という暴力によって、多くの在日韓国・朝鮮人は、言葉を奪われ、沈黙を強いられています。

このような現実を軽視して「対抗言論で対処しろ」というのは、被差別マイノリティがおかれている情況（「表現の自由」の権利が行使できない）について、あまりに無理解な、強者の論理というほかありません。

最大の問題は、この国にヘイトスピーチを規制する法律がないということです。（2016年5月24日「ヘイトスピーチ解消法」「本邦外出身者に対する不当な差別的言動の解消に向けた取組の推進に関する法律」が理念法として成立した／後述）

■人種差別撤廃条約における「人種差別」の定義

1995年に日本が加盟した人種差別撤廃条約は、ヘイトスピーチ（差別的憎悪煽動）をはじめ、あらゆる人種差別を禁止しています。

ここにいわれる"人種差別"とは何でしょうか。

同条約は、その第1条で、人種差別をつぎのように定義しています。

「政治的、経済的、社会的、文化的またはその他のすべての公的生活分野における人権及び基本的自由の平等な立場における承認、享有または行使を無効にし、または損なう目的または効果を有する人種、皮膚の色、門地または民族的もしくは種族的出身にもとづくあらゆる区別、除外、制約または優先をいう」

これは、日本国憲法第14条「すべて国民は、法の下に平等であって、人種、

信条、性別、社会的身分または門地により、政治的、経済的または社会的関係において、差別されない」に対応するものです。

つぎに、国際人権規約・自由権（1976年発効、日本は1979年留保を付けて批准）と、人種差別撤廃条約第4条に定める差別煽動の禁止についてみましょう。

● 国際人権規約・自由権 第19条（表現の自由）
1. すべての者は、干渉されることなく意見を持つ権利を有する。
2. すべての者は、表現の自由についての権利を有する。（以下略）
3. 2の権利の行使には、特別の義務及び責任を伴う。したがって、この権利の行使については、一定の制限を課することができる。（以下略）

● 国際人権規約・自由権 第20条（戦争宣伝及び憎悪唱道の禁止）
1. 戦争のためのいかなる宣伝も法律で禁止する。
2. 差別、敵意又は暴力の煽動となる国民的、人種的又は宗教的憎悪の唱道は、法律で禁止する。

● 人種差別撤廃条約　第4条／人種的優越主義に基づく差別及び煽動の禁止
第4条　当事国は、一人種又は一皮膚の色もしくは民族的出身からなる人々の集団の優越性を説く思想又は理論に基づいているか、又はいかなる形態の人種的憎悪及び差別をも正当化もしくは助長しようとするすべての宣伝及びすべての団体を非難し、そのような差別のあらゆる煽動又は行為を根絶することを目ざした迅速かつ積極的な措置をとることを約束する。またこのため、当事国は世界人権宣言に具現化された原則及びこの条約第5条に明記する権利に留意し、特に次のことを行う。
(a) 人種的優越又は憎悪に基づく思想のあらゆる流布、人種差別の煽動、並びにいかなる人種又は皮膚の色もしくは民族的出身を異にする人々の集団に対するあらゆる暴力行為又はこれらの行為の煽動、及び人種的差別に対する財政的援助を含むいかなる援助の供与も、法律によって処罰されるべき犯罪であることを宣言する。
(b) 人種差別を助長し煽動する団体並びに組織的宣伝活動及びその他あらゆる宣伝活動が違法であることを宣言しかつ禁止し、並びにそれらの団体又は活動への参加が法律によって処罰されるべき犯罪であることを認める。
(c) 国又は地方の公権力又は公的公益団体が人種差別を助長し又は煽動す

ることを許さない。

(1969年発効、日本は1995年加盟。ただしa・b項は留保)

　この第4条の(a)(b)を、日本政府は留保しています。その理由としているのが、憲法第21条の「表現の自由」です。
　憲法第21条が掲げる「表現の自由」は、わたしたちの基本的人権の根幹をなす権利です。しかしながら、現在の国際的な人権基準である国際人権規約・自由権においても、表現の自由の行使には「義務および責任が伴うこと」などが明記されており、「表現の自由」の名のもとに、無秩序・無責任な言動は許されず、無制限ではないとさだめています。つまり、「表現の自由」は、内在的に他者の人権を侵害し、傷つけることを許容するものではありません。

■ヘイトスピーチと差別表現の違い──「言論・表現の自由」をめぐって

　EU圏をはじめとする世界100カ国以上が、ヘイトスピーチを処罰すべきものとして定義し、立法化しています。(ヨーロッパ人権裁判所は、ヘイトスピーチを「憎悪を広め、煽り、促進し、もしくは正当化するすべての形態の表現」と定義)
　いっぽう日本においては、人種差別撤廃条約(a)(b)を留保する政府と同じく、憲法学者、法律学者の多くが「個人に対する侮辱や名誉毀損は処罰できるが、在日コリアン全体へのヘイトスピーチを規制するのは、表現の自由に抵触する」として、ヘイトスピーチの法規制に反対しています。
　1970年代から90年代にかけて、部落解放運動団体をはじめ、在日韓国・朝鮮人、女性、障害者、アイヌ民族、性的マイノリティなど社会的差別を受けている被差別団体(者)が、差別表現と、そこに凝縮されている差別的実態に抗議の声をあげ、「差別語と差別表現」の問題は、大きな社会的関心事となりました。被差別マイノリティ団体の抗議・糾弾は、もっぱらマスメディアに対してなされ、「ついうっかり」、「なにげなく」、差別の現実をよく理解せず、無自覚なままされた差別表現で、目的意識的に差別を煽るような悪質な事件は、数えるほどしかありませんでした。
　それゆえ、「差別表現を規制する法律を作れ」という要求は、どの被差別マイノリティ団体からも提起されたことはありません。あくまでもそれは、権力犯罪を暴き、権力の抑圧から「表現の自由」を守ることを使命とするマスメディアと、被差別マイノリティとの対話を通じて解決されてきたわけです。
　それに対して、声高に「朝鮮人、首吊レ毒飲メ飛ビオリロ」と叫ぶレイシ

2 実践編

ストのヘイトスピーチは、人種・民族・被差別部落・障害者・性的マイノリティ・女性などの属性をもつ社会的マイノリティに対する差別的憎悪煽動をともなう犯罪行為であり、言論・表現の自由の精神とは相容れません。

　差別語・差別表現あるいは社会性をもたない個別の不快語と、ヘイトスピーチは、性格を異にするものであり、むしろ、表現の自由を守るためにも、レイシストによるヘイトスピーチを禁止し、取り締まる法律が、喫緊の課題として要請されています。

> **コラム47** 「欧米の人種差別と日本のヘイトスピーチは違う」?
>
> 　日本法曹界の重鎮ともいえる元最高裁判事がつぎのような発言をしています。「日本のヘイトスピーチは、ヨーロッパの反ユダヤ主義、移民排斥、米国やカナダでの人種主義とは様相が異なり、特殊、日本的な事態といってもいい。処罰法を構築しても、人種差別、民族差別が抑制され、偏見が減る保証はなく、そのことは排外主義の台頭に悩む欧州社会の現状が示している。処罰法はもろ刃の剣であり、慎重であるべき」(朝日新聞2015年7月21日)。
>
> 　つまり、日本のヘイトスピーチが、とくに在日韓国・朝鮮人を標的にしていることについて、元判事は、欧米の人種主義とは異なる「特殊、日本的な事態」というのです。これは、差別問題についての無理解をしめした典型的発言といえるでしょう。欧米の人種主義と日本のヘイトスピーチが異なるのは、差別(人種・民族差別)の現象形態のちがいであって、差別の本質、つまり憎悪・排除・抑圧という点についての内容に、何ら違いはありません。ヘイトスピーチが被害者にもたらしている辛苦の現実がまるで見えていないのは、「日本では欧米のような状況には至っていない」と発言する学識者も同じです。また、「処罰法を構築しても…偏見が減る保証はなく」は、「殺人罪を作っても殺人が減る保証はない」という主張と同じであり、元判事の知的劣化が疑われます。

■「表現の自由」をしりぞけた京都地裁判決
　ヘイトスピーチによって被差別マイノリティが受けつづけている苦しみを放置したままでよいのか——被害当事者が声をあげ、社会的批判も高まるな

か、京都朝鮮初級学校襲撃事件（2009年12月）をめぐる2013年10月の京都地裁判決は、「在特会」側の"表現の自由"という主張をしりぞけ、排外主義者らの行為が「人種差別に当たる」とした画期的な判決でした。

「人種差別撤廃条約の人種差別に当たる」と判断した判決は、締結した条約、国際法規の遵守を謳った憲法第98条の精神を体現しています。

2014年12月、最高裁は、「人種差別撤廃条約が禁じる人種差別」とした京都地裁判決およびそれを維持した大阪高裁判決を、認定しました。

■大阪市のヘイトスピーチ抑止条例

地方自治体でもヘイトスピーチに反対する動きが加速。2016年1月、ヘイトスピーチを抑止する条例が、ヘイトスピーチに反対する市民団体の努力の結果、全国ではじめて大阪市で成立しました。

条例は、ヘイトスピーチを、「特定の人種もしくは民族の個人や集団を社会から排除し、憎悪や差別意識をあおる目的で侮蔑や誹謗中傷するもの」などと定義。これは、ヘイトスピーチの定義を国内法令としてはじめて具体的に明記したもの。この定義では、**「ヘイトスピーチかどうか」は、その表現のなかに人種・民族に関わる特定の属性を排除しようとする意志や意図や言葉が盛り込まれているかどうかがポイント**になります。たとえば、「朝鮮人をたたき出せ」「朝鮮人は出ていけ」あるいは「朝鮮人の方は朝鮮にお帰りください」など、どんな言い方をしても、特定の民族や人種を社会から排除する言葉としてヘイトスピーチに当たることになります。

2016年7月施行の同条例にもとづき、被害を受けた市民からの申し立てにより、有識者による「大阪市ヘイトスピーチ審査会」で内容が審議され、その結果をもとにヘイトスピーチに当たると認定した行為は、その内容や団体・個人名が公表されます。

在日コリアンが多く暮らす大阪市が、地方自治体として全国にさきがけ、ヘイトスピーチ根絶に向けた積極的姿勢をしめしたものと受けとめられています。

■ヘイトスピーチ解消法成立

1995年に人種差別撤廃条約を批准しながら、日本政府は、この条約にもとづく国内法を整備せず、21年間、放置してきました。その間に凄まじい勢いで拡大したヘイトスピーチは、とくに標的とされた在日韓国・朝鮮人の人々

の生命を脅かし、日常の暮らしを侵し、耐え難いダメージをもたらし続けています。

2016年5月24日、ようやく衆議院本会議で可決成立した「ヘイトスピーチ解消法」は、包括的な人種差別禁止法ではなく、外国出身者へのヘイトスピーチに特化した理念法です。

「在日外国人に対する『差別的言動』が、被害者の『多大な苦痛』と『地域社会に深刻な亀裂を生じさせている』という害悪を認め、その解消を『喫緊の課題』であるとして『差別的言動は許されないことを宣言』」するものであり、日本における初めての反人種差別理念法としての意義をもちます。

いっぽう、「差別的言動は許されない」としながらも禁止条項が入らなかったことに対し、実効性に乏しく抑止効果が期待できない、という懸念も指摘されています。

しかし、今回成立した解消法が、ヘイトスピーチを撲滅する闘いの武器になることは、まちがいありません。忘れてはならないのは、ヘイトスピーチを許さない国内外の世論が、ヘイトスピーチ規制に消極的（反対）であった与党をして、法案提出の圧力となったことです。

(1) 日本政府の怠慢に対する国連人権委員会などの国際的圧力、(2) 国会内における「人種差別撤廃施策推進法案」と地方議会の闘い（ヘイトスピーチの法規制など、国に対策を求める意見書が300を越える県市町村地方議会で採択）、(3) ヘイトスピーチを人種差別と認めた司法判断、(4) そして何よりも最大の原動力は、街頭でレイシストに身体を張って、直接、抗議・阻止の闘いを、広範かつ独創的にくり広げた反レイシズムカウンターの闘いでした。

C.R.A.C（旧レイシストをしばき隊）、男組（2015年3月解散、16年4月復活）、そしてプラカードを掲げ抗議の意思表示をするプラカ隊など、多くのカウンター行動に取り組んだ、反レイシズムの力強い社会的ムーブメントです。

その反レイシズムカウンター抗議を報道することで、ヘイトスピーチの差別性と犯罪性を社会的に明らかにすることに貢献したジャーナリストも少なくありません。さらに少数ではありますが、ヘイトスピーチ法規制の必要性を法的・理論的に支えた弁護士、学者、文化人・作家の闘いもありました。

今後、罰則や救済規定を盛り込む方向での改正を求めるとともに、当面、本法の適切な運用により、不十分な点をできる限り補充し、包括的な人種差別禁止法制定のとりくみを前進させるべきでしょう。

■ヘイトスピーチの被害をどう止めるのか

　ヘイトスピーチの問題をめぐっては、2013年頃まで、「議論を重ねていくことが必要」といった傍観者的なコメントが、マスメディアの論調を占めていました。

　しかし、なにより重要なのは、ヘイトスピーチを止めさせること。ヘイトスピーチの標的とされたマイノリティの受けている被害の現実を直視し、被害者の苦しみを具体的にどう止めるのか、そこからスタートすべきです。

> 「私や私たち家族はヘイトデモによって『朝鮮人が一人残らず出ていくまでじわじわと真綿で首を絞めてやる』『死ね』『殺せ』と直接いわれている。子どもを守れるか、怖い。安全な場所で研究し、インターネット上だけで正義を語る人は、この法案が不十分だからといって、なくて本当にいいと思っているのですか。この法律自体が差別だというのなら、反対するだけでなく、改善する側に共にいて下さい」
> （在日3世崔江似子（チェ・カンイヂャ）さんの言葉／神奈川新聞〈時代の正体（316）より〉）

　国会において、「人種差別撤廃施策推進法」（2015年法案提出）を中心的に進め、与党に「解消法」を出させるまでに追い込んだ有田芳生参議院議員は、こう語りました。「差別（ヘイトスピーチ）の現場に出向き、直接肌でその酷さを感じ取ってほしい。ヘイトスピーチの嵐が未だ吹き荒れている現状に対し、ヘイトスピーチは許されないという当たり前の法律を一刻も早く可決したい」。

　また、毎週のようにくり広げられるヘイトデモに、路上で抗議をつづける30代のカウンターメンバーの1人は、「僕は、日本人で、男性というマジョリティの立場だけど、排外デモを知ったときには居ても立ってもいられず、足は自然と新大久保や川崎に向かっていた。在日コリアンの女性が抗議の現場にいることがわかると、僕らメンバーはとにかくその人の隣に立つ。そして、抗議の声を一緒に上げることが大事と思っています」と話します。

　さきに紹介した崔江似子さんの言葉は、「ヘイトスピーチを止めさせる法律案が不十分だから」、「法律を作ることにより表現の自由が侵害される」、「対抗言論で抑止すべき」という理由でヘイトスピーチ規制に反対する政治家・学者・法律家らが、実際に現場に行くこともなく、「ヘイトスピーチの矢はマイノリティに刺さっている」ことを理解せず、痛みや被害を共に分かちあおうとしない姿勢に、強く抗議するものです。

■ヘイトスピーチとヘイトクライム

　ヘイトスピーチとヘイトクライムの違いはなんでしょうか。日本では、「ヘイトスピーチは言語表現、ヘイトクライムは実行行為」と理解している人が少なくありません。

　しかし、すでにアメリカでは、ナチスのシンボルマーク（後にナチスドイツ国旗）のハーケンクロイツ（鉤十字）をユダヤ系住民の家屋にスプレーで描いたレイシストが、ヘイトクライム（憎悪犯罪）で逮捕されました。すなわち、スプレー缶で描いた「表現」でも器物損壊罪でもなく、人種差別にもとづくヘイトクライムとして逮捕されたのです。

　アメリカの司法では、一般的犯罪とは異なり、背後に差別的な意味あい、もしくは人種・性的指向・宗教・民族への偏見が犯罪の動機であることが明らかに証拠づけられた場合には、ヘイトクライムとして、通常犯罪よりも重く裁かれます。

　アメリカでは永い人種差別の歴史のなかで、黒人がリンチされ、殺される凄惨な事件が後を断ちません。ヘイトスピーチやヘイトクライムの「ヘイト」とは、「差別をベースにした憎しみ」です。もともとヘイトクライムという言葉は、ヘイトスピーチより早く、アメリカでは1968年に、人種や国籍、宗教にもとづく偏見を動機とする犯罪を規定した「連邦保護活動法（KKK法）」が、公民権法（1964年制定）の一部として導入されました。以降、1990年に全米で「ヘイトクライム統計法」が、また各州においてもヘイトクライム法※が立法化されています。

　2015年、サウスカロライナ州チャールストンで起きた黒人教会銃乱射で、黒人9人が射殺された痛ましい事件は、ヘイトクライムの恐ろしさと犯罪性を最悪の形でしめしています。容疑者が犯行前にネット上に掲げた「宣言」には、黒人の「劣等性」に言及して殺人行為を正当化していたといわれ、アメリカ国務省は、容疑者をヘイトクライム（憎悪犯罪）の罪で起訴しました。

　日本で起きた、2009年の京都朝鮮第一初級学校襲撃事件は、レイシスト団体「在日特権を許さない市民の会」らが、数度に渡り学校を襲撃したもので、差別を内在した典型的なヘイトクライムといえます。さらに、歩行する視覚障害者をわざと転倒させたり、野宿者を襲撃する事件も多発していますが、これもヘイトクライムです。2016年7月、相模原の障害者施設で起きた重度知的障害者19名の殺害事件は、一般的な殺人事件と同列に裁くべきではなく、差別的憎悪犯罪（ヘイトクライム）として裁かれるべき事件です。

⑨ ヘイトスピーチ

語彙解説

**アメリカの
ヘイトクライム
禁止法**

アメリカで最初にヘイトクライムを規定したのは1968年の「連邦保護活動法（KKK法）」だが、当時は、性的マイノリティ、女性、障害者はその保護対象に含まれていなかった。ゲイを憎悪する男らに惨殺された大学生マシュー・シェパードさんの事件（1998年）をきっかけに、憎悪犯罪防止法の範囲は、性的マイノリティや障害者などに拡大された。2009年「人種、肌の色、宗教、国籍、民族性、ジェンダー（性犯罪は除く）、障害、性的指向に対する偏見にもとづいた犯罪であることに合理的疑いの余地のないもの」を対象とするヘイトクライム禁止法（連邦法）として改正された。これは『マシュー・シェパード憎悪犯罪禁止法』と呼ばれている。

ポイント ヘイトスピーチとヘイトクライムの違い

ヘイトスピーチとヘイトクライムの違いは、「煽動」か「実行」かの違いであり、ヘイトスピーチは、ヘイトクライムの一部を構成していると理解すべき。ヘイトクライム＝差別的憎悪犯罪の実行、つまり差別的憎悪感情にもとづく物理的攻撃であり、その延長に、ジェノサイドがある。

ヘイトスピーチ（煽動）→ヘイトクライム（実行）→ジェノサイド（大量虐殺）

■在特会ら「行動する保守」を掲げた排外主義団体のおもな動き
（野間易通氏による「行動する保守の9年間」略年表をもとに作成）

2007年 1月　在特会（「在日特権を許さない市民の会」）活動開始
2008年 9月　東村山・洋品店襲撃事件
創価学会への誹謗中傷街宣の後、学会員が経営する商店内で乱暴狼藉。在特会、主権回復を目指す会など個別に活動していたメンバーが、この攻撃で合流、各地の排外デモで、共に行動する契機となった。また、街宣後、商店の中に入り込み暴行を働き、「一線を踏み越えた」のも、この事件以降とされる。インターネットに投稿された店内襲撃の動画を「ウォッチ」する「ウォッチャー」が多数生まれる。
12月　京都府宇治市のコリアンタウン「ウトロ」地区で「お散歩」
在特会・桜井らが「朝鮮民族が不法占拠」と叫びながら、住宅街を練り歩く。
2009年 4月　フィリピン人中学生への嫌がらせデモ
フィリピン人家族に対する排斥デモを行った在特会らが、在留許可が決定した娘さんの通う中学校前で、「日本から出て行け」とデモ。【事例1】参照

差別語 ヘイトスピーチ

❷実践編

2009年　9月　東京秋葉原で外国人排斥デモ。	
外国人排斥デモへの抗議プラカードを沿道で掲げる抗議者を、排外デモ隊が集団で暴行。	
8月　東京三鷹市・「慰安婦」パネル展示妨害事件	
この頃から、「慰安婦」問題を扱う催しへの妨害がエスカレート。	
9月　東京池袋・陽光城襲撃	
池袋の中華系商店を襲撃、2時間以上にわたって営業を妨害。	
12月　京都朝鮮第一初級学校襲撃事件	
在特会、主権回復を目指す会らによる京都朝鮮初級学校（小学校に相当）への1度目の攻撃（【事例2】参照）。	
2010年　1月　京都朝鮮第一初級学校への2度目の襲撃	
3月　徳島県教組襲撃事件	
徳島県教組の四国朝鮮学校寄付に「抗議」するとして、組合事務所に乱入。「朝鮮の犬」などと叫び暴行（【事例4】参照）。	
3月　京都朝鮮第一初級学校への3度目の襲撃	
在特会らの襲撃予告に対し、学校の半径200m街宣禁止の仮処分決定が出されるも、その2日後に街宣を強行。学校側は街宣禁止と慰謝料を求め、民事訴訟を提起。	
10月　東京秋葉原電気街で電器店襲撃	
「犯罪者シナ人は日本から出ていけ」「ラオックス、オノデンを倒産に追い込むぞ」などと叫び店内に入る。	
2011年　1月　奈良・水平社博物館前で差別街宣	
奈良地裁判決により「ドエッタ出てこい」など街宣をくり返した在特会副会長・川東大了の名誉棄損と不法行為が2012年確定。（【事例5】参照）	
8月　東京お台場のフジテレビへの抗議デモ	
フジテレビの番組構成が「韓流ドラマに偏向」しているとして、お台場で数千人規模のデモ。	
2012年　3月　ロート製薬への強要事件	
名目は韓国人女優コマーシャル起用への「抗議」。事件参加者は強要罪で起訴、有罪確定。	
8月　東京新大久保「お散歩」（韓国系商店襲撃）	
この頃より、新大久保、池袋などで、「良い韓国人も悪い韓国人も殺せ」と殺人煽動する排外デモの後、韓流ショップやレストランを襲撃。買物客への脅迫・暴行も行う。	
6月　新宿・高齢者暴行事件	
在特会・桜井誠が大音量で街宣中、通りがかった高齢者が「そんな大きな声を出さなくてもいいだろう」と抗議。桜井らは老人を押し倒して暴行。	
2013年　2月　「レイシストをしばき隊」結成。	
新大久保商店街での在特会の「お散歩」を実力阻止。	

⑨ ヘイトスピーチ

2013年	2月	差別反対のプラカードを掲げる「プラカ隊」開始。

この翌3月以降、排外デモ側の人数をカウンターが圧倒するようになる。

	2月	大阪鶴橋・女子中学生による「鶴橋大虐殺」発言（【事例8】）
	6月	男組結成（2015年解散、2016年4月再結成）
	9月	最後の新大久保での排外デモ

9月8日、コリアンタウン大通りでの排外デモに抗議するカウンターが座り込み、車道で「シット・イン」。この日以来、新大久保での排外デモは行われていない。

	10月	C.R.A.C（Counter Racist Action Collective）設立

旧「しばき隊」を発展的に解散、対レイシスト行動集団として引き継ぐ。

	5月	「ロート製薬強要事件」で有罪判決を受けた一人が収監

この事件で実刑判決を受けた2名は京都朝鮮学校襲撃・徳島県教組の両事件にも関係、有罪判決を受けている。

2014年	1月	のりこえねっと設立

「ヘイトスピーチとレイシズムを乗り越える国際ネットワーク」辛淑玉さんら22名の共同代表で設立。

	8月	李信恵さん、「保守速報」管理人と在特会会長・桜井誠を提訴

ヘイトスピーチを煽動するまとめサイト「保守速報」と在特会が、李さんに殺人脅迫をネット上で行う。李さんは損害賠償を求めて提訴。

	12月	京都朝鮮学校襲撃・徳島県教組襲撃事件の民事判決確定

京都朝鮮学校襲撃については、大阪高裁判決を最高裁が確定（55頁参照）。徳島事件では、2016年、高松高裁が在特会らの襲撃を人種差別的行為と認定（【事例4】参照）。

2015年	11月	川崎・桜本地区でのヘイトデモ

川崎・在日コリアン生活エリアで、「日本浄化」を叫ぶ街宣。抗議するカウンターと住民がヘイトデモ隊を取り囲む。

2016年	1月	大阪市ヘイトスピーチ抑止条例成立（269頁参照）
	4月	男組再結成
	5月	ヘイトスピーチ解消法成立（269頁参照）
	6月	「行動する保守」主要メンバーが過激主義との決別を提言

差別街宣を呼びかけ、襲撃事件を起こしてきた中心人物の1人が過激主義との決別を提言。5月成立のヘイトスピーチ解消法により、「神奈川県警や警視庁の対応は完全に変わった」「『朝鮮人出て行け！』発言はもう出来ない」としている。

	6月	川崎市で法施行後初の民族差別を煽るヘイトデモ。数百人に抗議され中止。
	7月	大阪市「ヘイトスピーチ抑止条例」施行日に在日コリアンらが被害申し出

大阪市「ヘイトスピーチ条例」全面施行を受け、在日コリアン市民団体がインターネット上で閲覧できるヘイトデモの動画など12件がヘイトスピーチに当たるとして申し出。

ヘイトスピーチにかかわる事例

事例1……2009年4月フィリピン人一家追放デモ 「不法滞在」を理由に入国管理局から強制送還をせまられていたフィリピン人の一家に対し、「至近距離でダメージを与える」として、子どもの通う中学校前などで200人規模で「一家追放デモ」をおこない、「不法外国人をたたき出せ」とシュプレヒコール。

事例2……2009年12月4日 京都朝鮮第一初級学校に、排外主義的レイシスト集団ら十数名が押しかけ、近隣の公園を体育授業などで使用していることを「不法占拠」だとして、「朝鮮人はウンコでも食ってろ」「キムチくさい」などと校門前で差別街宣と威嚇をくり返す。また、事件当日の様子がレイシスト側によって撮影され、「YOU TUBE」「ニコニコ動画」にアップされた動画はネット上で十数万回再生された。レイシストメンバー4人は、威力業務妨害罪で逮捕、有罪。(2016年2月、法務省がネット上のヘイトスピーチ動画は人権侵害に当たるとして、一部の動画が削除される。)

事例3……2009年12月 新大久保で行われた「国賊粉砕カーニバルin新宿」デモで「朝鮮人をガス室に送れ」などと叫ぶ。

事例4……2010年4月 徳島県教職員組合事務所にレイシスト集団が乱入。朝鮮学校へのカンパを理由に、「朝鮮の犬」「非国民」などと叫び、事務所内で蛮行を働き、実行メンバー全員が威力業務妨害・建造物侵入で有罪判決を受ける。(2016年4月、高松高裁は、在特会の行為を人種差別とは認められないとした一審の徳島地裁判決を破棄、在特会の行為を人種差別の表れとする画期的な判決を下し、賠償額も436万円に増額した。直接の攻撃の対象が在日コリアンでなく、その支援者であっても、支援活動を萎縮させる効果をもたらす人種差別的行為と認定したことの意義は大きい。)

事例5……2011年1月 在特会副会長(当時)の川東大了が、奈良県御所市の水平社博物館前で、「いい加減出てきたらどうだ、穢多ども。ねえ、穢多、非人、非人。非人とは、人間じゃないと書くんですよ。お

まえら人間なのかほんとうに」「穢多とは穢れが多いと書きます。穢れた、穢れた、卑しい連中。文句あったらねえ、いつでも来い」とハンドマイクで叫ぶ。8月、同博物館は川東に対し、1千万円の慰謝料を求める訴訟を奈良地裁に起こす。奈良地裁は「上記文言が不当な差別用語であることは公知の事実であり、原告の設立目的及び活動状況、被告の言動の時期及び場所等に鑑みれば、被告の上記言動が原告に対する名誉毀損に当たる」として、2012年6月、川東に慰謝料150万円を支払うよう命じた（確定判決）。

事例6……2013年2月 「日韓国交断絶国民大行進inさっぽろ雪まつり」で「雪まつりの観光客の韓国人を皆殺しにしろ」などと叫ぶ。

事例7……2013年3月「不逞鮮人追放キャンペーンin大久保」デモで「朝鮮人首吊レ毒飲メ飛ビオリロ」「良い韓国人も悪い韓国人もどちらも殺せ」とプラカードを掲げ、韓流ショップなどを襲う。

事例8……2013年2月24日 大阪・鶴橋商店街で、中学2年生の女子生徒が「鶴橋に住んでる在日クソチョンコの皆さん、……調子にのっとったら、南京大虐殺でなくて、鶴橋大虐殺を実行しますよ」と発言。動画は海外にも配信され、女子中学生の発言に懸念の声が殺到した。

事例9……2014年1月19日 埼玉県川口市・蕨市「中国人ほか外国人の入国全面禁止要求デモ」で、ナチスドイツのシンボル・ハーケンクロイツ（鉤十字）の旗を掲げる。

事例10……2014年2月、JR川崎駅ホームで、川崎コリアンタウンでのヘイトスピーチデモ終了後、デモに参加していた男が、デモに抗議するチラシを持っていた人を、模造刀で切り付ける。男は「自分たちのデモに抗議するカウンターだと思った」と動機を語っている。

事例11……2014年3月8日、埼玉スタジアムでのJ1サッカー戦、浦和レッズvs.サガン鳥栖の試合中、浦和レッズサポーターが、サポーター席入り口に「JAPANESE ONLY」と書いた横断幕を掲げる。文字通

り、「日本人以外お断り」という排外主義的かつ人種差別的な内容であり、サッカー界のみならず、社会的に大きな批判が起きた。この事件の責任は、「JAPANESE ONLY」を、アメリカ「white only」、南アフリカ「European only」同様の人種差別と見抜けず、即座に撤去させなかった浦和レッズの運営会社にある。後に制裁として「無観客試合」、問題の横断幕を掲げたグループを無期限の入場禁止処分。今回の事件を契機に、少なくともサッカー会場内で、「人種差別的横断幕」などのヘイトスピーチ的言動は許されないという社会的了解ができた。いっぽう、サッカー会場の外で、同様の横断幕やヘイトスピーチが行われている現状があり、条例などで規制することが求められている。

事例12……四国遍路の巡礼者が利用する休憩所（徳島、香川、愛媛3県）11カ所に「『大切な遍路道』を朝鮮人の手から守りましょう」と外国人排斥を煽る貼紙。札所の寺院組織「霊場会」は「差別は許されない。ほかに貼っているようであれば止めさせていきたい」と批判。

事例13……2014年11月8日、東京・銀座で、在日韓国・朝鮮人に対する差別煽動とともに、「日本人の税金にたかる自称アイヌを許さないぞ」とのアイヌ民族への差別煽動が行われる。

事例14……2016年4月「在特会」などが岡山市内で初のヘイトデモ。「岡山県警は朝鮮工作員を逮捕しろ」「朝鮮人を射殺しろ」と叫ぶ。ヘイトデモ参加者が、解散後の岡山駅構内で、カウンター行動に参加していた在日の女性に暴行。

「ヘイトスピーチ」を歪曲した事例

事例1………2013年6月、高市早苗総務大臣が、「官邸前の抗議行動のシュプレヒコールはヘイトスピーチ」として取り締まるよう発言。

事例2………2015年5月　産経新聞乾正人編集長が、大江健三郎さんの「安倍」呼び捨てを「ヘイトスピーチ」と表現。

⑨ヘイトスピーチ

事例3……2015年2月、アメリカ海兵隊エルドリッジ政務外交次長が、沖縄普天間米軍基地撤廃を訴えるデモを「ヘイトスピーチ」と発言。

コラム48 反差別集団・男組の非暴力超圧力

　男組は、路上で差別煽動するレイシストと身体を張って対峙し、非暴力超圧力でヘイトスピーチを止めさせる、ワンイシューで結集した反差別団体。リーダーの高橋直輝（たかはしなおき）さんはつぎのように語ります。

　「2012年8月、東京新大久保のコリアンタウンで、在特会らがヘイト街宣後に『お散歩』と称して韓流ショップやレストランを襲い、買物客に罵詈雑言を浴びせ、お店の営業を妨害しました。これは、ナチス突撃隊（SA）がユダヤ人の営む商店を襲撃したのとまったく同じです。『差別はよくない』と語る人は多い。でも、『朝鮮人を殺せ』『ガス室に送れ』というヘイトスピーチが目の前でやられているのに、『議論を重ねていくべき』なんて悠長なことを言ってられないでしょう。止めさせるための行動を起こさないといけないんです。僕らは、レイシストを罵倒するし、とり囲んで説教もする。ネット上でヘイトを垂れ流す奴も放置せず、スパムブロック（集中攻撃）して潰す。僕らのやり方を『荒っぽい』とか『苛烈すぎる』と批判する人は、学校でいじめを受けている友達を見て見ぬふりをしている傍観者と同じです。この3年間で男組、C.R.A.C.を中心としたカウンター勢力の超圧力を受け続け、レイシストはしだいに衰退しました。そして、反差別運動を通じて、僕たちも変わりました。

　2016年4月に再結成した男組のシンボルデザインをドクロにしたのは、『人間は肌の色に関係なく骸骨（がいこつ）をもつ』ことに由来しています。最後に〈男組〉の名称について。『反差別を掲げながらマチズモを表象する団体名はおかしい』と、フェミニズムの観点から批判されるのですが、男組には女性やセクシャルマイノリティのメンバーもいますし、性的マイノリティへの差別には共に抗議行動をしています。従来の家父長的な『男らしさ』とは違う、新しい〈男〉をイメージしているんです。」

【不快語】

　差別語が、人間関係を基礎づける社会制度を反映し、歴史的に形成されてきた内容をもつ言葉であるのに対し、不快語にはそのような社会的要素はふくまれていません。不快語は、"嫌悪感"や"不快感"という個々人の感覚的なものを根底にもつ言葉といってよいでしょう。また、下品な言葉や品性のない言葉も、不快語の範疇に入るでしょう。
　本項では、これらの言葉を一体どのように理解すればよいのかを、実例を見ながら、検討していきたいと思います。
　いうまでもなく、不快語や差別語が発せられ問題にされる状況は、往々にして感情的に激昂したり、ねたみやさげすみの感情にとらわれたりしている場合です。つまり、自制心を失っているときといえるでしょう。ということは、不快語や差別語を発しないためには、つねに自己を冷静に見つめ、コントロールできる能力を身につけておく必要があります。
　下品で粗野な言葉や、不快語・差別語を使用すべきでないことはもちろんですが、尊敬語や謙譲語・丁寧語などの"上品"な言葉遣いを学ぶのではなく、"人にやさしい"言葉を習得することが、本書の目的です。

> **ポイント　不快語問題のポイント**
>
> 　相手の立場に立ってものごとを考える習慣を身につけ、自分がいわれて嫌なこと、心痛む言葉を、まず使用しないこと。

1 精神的

精神障害・知的障害にかかわる不快語

キーワード

バカ（馬鹿）・ボケ・カス・アホ（阿呆）・のろま・トロい・能無し・ドジ・へたれ

- ただし、これらの言葉を発する話者と相手との関係性、使われるシチュエーション、話者の当事者性によって意味あいが異なってくることに留意

■話者と相手との関係性に注意を

　さきに見た「キチガイ」などに典型的な差別語の延長線上に、多くの精神障害者・知的障害者にかかわる不快語が存在します。「バカ（馬鹿）」「アホ（阿呆）」も、その類ですが、話者と相手が近しい関係者や親族間で、親愛の情を前提にした場合は、一般的に"不快語"といわれている言葉であっても、不快な状況は現出しないでしょう。これは、どのような時、どのような相手に、どのような場面で話をするのかというTPOの問題です。しかし、その前提として、不快語について、しっかりとした認識をもつことが大切です。

　ゆっくりとした動作を"のろま"と呼び、失敗することを"ドジ"と罵倒し、情けない臆病な人間を"へたれ"といいます。これも、親しい間柄なら別にどうということもありません。しかし、上司やクライアントに面と向かっていうことができるでしょうか。身近な人にならいうことができても、

❷実践編

決して、目上の人や上司、そして、顧客に向かっては使用しないはずです。

ところが、発した言葉が不快語であることに気づいていない場合はどうでしょう。知らなかったですむ問題でしょうか。当然、相手は顔をしかめ、取引先の人との会話であれば、もうその時点で、契約は成立しないでしょう。まず、不快語とはどんな言葉なのかを知ることなしに、リスクを回避することはできません。

いま、あなたが知っている言葉で、目上の人、上司、顧客あるいは、親しくない人などには使用を躊躇する言葉を思いだしてください。そこでは、無意識に不快語を使用することを自己規制しているはずです。それを、意識的におこなうよう判断力を高めることが、スキルアップした会話を身につける第一歩です。そのうえで、より深く不快語を学ぶことが必要です。つまり、使用することで、相手を不快にさせる言葉を知ることも大切ですが、より大切なことは、**なぜこの言葉は相手を不快にさせるのか**を理解することです。要するに、生半可な知識より"意識"が大事なわけです。

■当事者性の問題

そして、もう1つ重要なのが、話者の立場という視点です。つまり、これは、差別語にも共通することですが、当事者が自己を自嘲気味に語る場合に、差別語・不快語といわれる言葉を使って表現する場合があります。

たとえば、「俺はどうせ、うすのろのへたれだ」と自虐的に語ったとしても、それは当人が自己について語っているのであって、他者をおとしめているわけでもなく、別になんの問題もありません。自分の夫を妻が、"うちの宿六はださくて役立たず"と卑しめて語ったとしても、他者がそれを咎めることはないでしょう。「夫婦」という関係性のうえでの言葉だからです。

ところが、同じような場面でも、差別語を使用して表現した場合には、事情がちがってきます。たとえば、被差別部落出身者が「俺はどうせ部落民だから、うすのろでへたれだ」と自虐的に語ったとしても、同じ出身者からは非難されても、差別表現だと責められることはないでしょう。しかし、出身者ではない人が「俺はどうせ部落民のように、うすのろでへたれだ」と同じように自虐的に語れば、差別発言として問題になることは必至です。「部落民」の代わりに「朝鮮人」「中国人」「アイヌ」「精神障害者」「知的障害者」などの言葉を使用しても、差別表現であることに変わりはありません。不快語を使った自虐的表現との大きな相異です。

不快語には社会性がなく、社会的マナーの問題ともいえますが、差別語は負の社会性をおびた凶器なのです。それゆえ、"うちの宿六は部落民と同じで役立たず"も、「夫婦」という親密な私的関係性とは関係なく、差別発言とみなされるでしょう。

　さらに注意したいのは、当事者が主体的に使用した言葉を他人が語る場合です。そこに話者としての当事者性もなく、親愛の情も介在していないとなれば、当事者からは、強い批判や不快感をもたれることでしょう。

　先ほどの、"うちの宿六はださくて役立たず"という表現は「夫婦」という関係性のうえでこそ、笑ってすまされる表現ですが、親しくない他人から"お宅の宿六はださくて役立たず"といわれたら、「妻」はどう思うでしょうか。わかり切ったことですが、"あなたにいわれたくはない"となるでしょう。言葉や表現は、相手との関係性のうえで成り立っているわけで、その条件を無視した場合、「他人(ひと)がいっていたから自分も使用した」ではすまされない事態にもなりかねません。要は、話者の当事者性、相手との関係性、そしてTPOをわきまえて会話することです。

　この点を、誤解している人も多いと思われますので、充分注意することが必要です。

コラム49　"兄弟（ニグロ）"

　あるハリウッド映画のワンシーンに、黒人の刑事が、知りあいの黒人バーテンダーに、「よっ！ニグロ（兄弟）」と呼びかけ、その黒人刑事のアジア系の相棒も、同様に「よっ！ニグロ（兄弟）」と呼びかけたことにより、黒人バーテンダーに飛びかかられる、という場面がありました。なぜ、黒人バーテンダーは黒人刑事には怒りをしめさず、アジア系の刑事に対してだけ、怒りを爆発させたのでしょうか。それを考えることが、当事者性＝関係性を理解することになります。

　表現内容の意味するものが、当事者の立場＝当事者性によってより深い親愛の情から、とんでもない差別的な意志表示に変わることを知らねばなりません。結構、身近に起こっている事象であり、注意を要する事柄です。

2 実践編

2 肉体的

肉体的なことにかかわる不快語

キーワード

チビ・デブ・ヤセ・ハゲ・ノッポ・オカチメンコ

　差別語や不快語を問題にするときに考えなければならないのは、当人の不注意や行為、つまり、自己責任によって生じた情況でないにもかかわらず、その責めを負わされることです。
　被差別部落あるいは、在日韓国・朝鮮人に生まれることは、当人の意志では、どうすることもできないことです。同じく、身長が低いことも、当人の責任ではありません。
　"チビ" "ノッポ" という言葉、"デブ" "オカチメンコ" のような容貌や肉体的特徴で人を不愉快にさせる言葉はたくさんあります。
　いまでは、医学的に、"小人症" "巨人症" "肥満" などは病気によることも解明されています。肉体の一部分をとりあげて、"普通" "標準" "一般的" でないことをあげつらい、笑いの対象とすることは、人それぞれの個性を否定することでもあり、極めて危険な思考を内包しています。人種主義が、肌の色のちがい、文化のちがいなどを根拠としていることは、すでに見てきましたが、肉体的な特徴（個性）を嘲笑の的とする思考には、人種主義の萌芽が宿っていることを自覚する必要があります。たんに軽い気もちで使用しているつもりでも、いわれた相手が、どれ程の痛みとつらさで傷ついているかをおもんばかれる感性をもちましょう。

3 文化的

文化的優越主義にもとづく不快語

キーワード

後進国、非文明国、野蛮、未開

　文化的な不快語の多くが、他民族の文化を見下し、嘲笑するものですが、それは自民族の優越性を前提にした差別語と同じであると理解してよいでしょう。

　文化に国際的なスタンダードがあるわけではありません。文化は各々、民族固有の価値と意義をもっており、それを「先進国」の文化規範で批判ないし、否定すべきものではありません。

　この考え方が、近代化の名のもとに「遅れた民族の遅れた文化」「野蛮な民族の野蛮な文化」を発展（破壊・消滅）させ、文明化（支配・同化）させることを"善導"とした植民地主義の理屈であり、今日では強く批判されています。言語・宗教・芸術・道徳・法律から、風習・習俗、そして社会的慣習や生活様式など、文化概念は極めて幅広く、生活に密着した行動規範をふくみます。

　朝鮮文化、中国文化、イスラム文化、キリスト教文化、ラテン文化、北欧文化、そしてアイヌ文化や琉球文化まで、実にさまざまな文化が地球上には存在しています。ここではおもに日本国内における文化的差異をあげつらい、嘲笑する言葉や行為について考えてみたいと思います。

　日本文化という場合も、宮廷文化・武家文化などとともに、日本各地で歴史的に形成されてきた風習や習俗などの地方文化が存在します。日本文化と

は、これらを集合し、抽象したものにほかなりません。各地において大きな差異があり、まさにその差異の存在こそが、地方の文化を、さらには日本文化を豊かにしている源泉と理解しましょう。

たとえば、日本の"標準語"といっても東京方言ともいうべき言葉を基準にして、明治から昭和にかけてつくりだしたことは、よく知られています。具体的に地域に根づいて存在しているのは方言です。その方言を"標準語""共通語"の観点から蔑み、嘲笑することは、文化の多様性を理解せず、豊かな言語内容をもつ方言を否定することにつながります。つまるところ、多様な文化の否認は、"差異"の否定であり、アイヌ民族の歴史の項で見たように、個性（差異）を抹殺する同化政策であるということです。

方言を嘲笑する感覚は、"標準語"に優越性を与えており、ほんらいの意味での言語文化の否定であることに気づかねばなりません。アイヌ文化や琉球文化への無理解は、地方に息づく民俗文化を無視することに通じており、地球上に存在するあらゆる民族の固有性を否定することにつながります。それが植民地主義であり、同化主義として、現代において強く批判されていることは、第2章で見てきたとおりです。

"標準"＝画一性は、必ず異質なものの排除と差別をふくんでいます。他者の人権を尊重すること、他者の文化を尊重すること、そして、平等（公平）を希求することこそが、多文化共生社会をたしかなものにするのです。非科学的で根拠のない血液型による性格や人格判断など、また出身地によるあれこれのエセ文化情報にもとづく予断や偏見をもって、接したり、発言したりすることは、厳につつしむべき事柄です。

ここまで見てきたように、現代に生きる私たちに要求されているのは、文化的な違いを人類の多様性の表現としてとらえる知力です。まさに、「人類の理想は各民族において花開く」（ドイツの哲学者ヘーゲルの言葉）のです。

> **ポイント 区別と差別**
>
> 区別は、〈差異〉を客観的、科学的、合理的な知性的判断にもとづいて区分すること。差別は、主観的、非科学的、非合理的なイデオロギー操作にもとづいて、〈差異〉を理由に、個人や集団を排除・忌避・抑圧・攻撃・軽蔑の対象とし、基本的人権を侵害すること。

不快語 文化的

4 性的

女性、性的マイノリティにかかわる不快語

キーワード

オバサン・ババァ・ブス・オカチメンコ・スベタ・シコメ・オカメ・(大)年増

　ここでの不快語の対象とされているのは、女性、LGBT（レズビアン・ゲイ・バイセクシュアル・トランスジェンダー）などの性的マイノリティに対するものです。

　女性については、第2章3でもふれていますが、ブス、ババァ、オバサンなど、男中心の価値観にもとづく侮蔑の表現は、枚挙にいとまがありません。たとえば1997年につくられた『記者ハンドブック第8版』（共同通信社）には性差別表現のガイドラインがしめされています。

- 女流→固有名詞以外は使わない
- 女史→○○○○さん（名前で呼ぶ）
  [注] 女傑、女丈夫、女だてらに、女の戦いなど女性を強調する表現はなるべく使わない。同一場面では男女の敬称をそろえるよう努める。

　このようなガイドブックを、大手マスコミは各々独自に作成していますが、共通しているのは、なぜその表現（言葉）が問題なのかの説明がなく、不快語、注意語、避けたい言葉の一覧表が、いい換え言葉と一緒に記されているだけのものがほとんどです。

たとえば「処女作」「処女航海」「処女峰」という言葉が、いまなぜ問題とされているのかを考えることから、性差別の不快語問題と向きあう必要があります。なぜ「デビュー作」、あるいは「第1作」「初航海」「未踏峰」ではなしに「処女作」という言葉を選択したのかを、熟考することが大切です。「処女」とは、「性的に未経験な女性の純潔性に価値がある」とする意味です。

「婦人」が「女性」にいい換えられているように、差別的要素をふくまない価値中立的な言葉が、今後、生みだされていくでしょう。

とくに性的マイノリティに対する隠語などの不快語は、インターネットをふくむあらゆるメディアや日常生活のなかで現在も氾濫しています。「レズ」「ホモ」とからかわれる光景は、日常茶飯に起こっています。

逆にいえば、「この世には男と女の性別しかなく、男と女が性愛を結ぶことだけが正しい」という発想から、それ以外の性関係を排除するという意識が、それだけ日本社会において強いわけです。ここにも"普通""標準的"ではない、異質なもの＝差異に対する恐怖感や嫌悪感が存在しています。"異性愛"が"普通"あるいは"標準"で、"同性愛"は"異常"だという認識が誤っていることだけは、しっかりと理解してほしいと思います。

> **ポイント** 「人はみな同じ」ではない
>
> 「人はみな同じ」ではなく、それぞれ〈差異〉があるが、「人は人間として同じ価値をもつ」。〈差異〉をなくすとは、個性（ちがい）を認めないことであり、同化主義。平等とは〈差異〉を認め合う関係で、それを理解することが、共生社会実現の前提となる。

5 高齢者

老人の尊厳を傷つける不快語

キーワード

ジジイ、老いぼれ、ボケ老人、役立たず、ロートル、お荷物、化石、痴呆

　社会の高齢化をはかるさい、老年人口比率という尺度がもちいられます。これは総人口にたいする65歳以上の人の比率をしめしたものです。日本は、2007年以来、老年（65才以上の人）人口率が、総人口に対して21％を超える、"超高齢社会"になっています。（一般に老年人口比率が7％を超え、14％未満の社会は"高齢化社会"と呼ばれ、さらに比率が14％を超え21％未満の社会は"高齢社会"さらに、21％を超えた社会は「超高齢社会」と呼ばれます。）

　ほんらいなら「長寿」として、社会から祝福されるべき存在である"高齢者"に対して、心ない言葉で傷つけている現実があります。それは、昨今、社会福祉制度の不備ともあいまって、「社会のお荷物」的視線の下、ますます陰湿さを帯びているように思えます。アメリカのように「年齢差別」の撤廃※が法制度として徹底されていない日本では、定年後、働きたくても雇用を拒否されている実態があります。また働かなくても、生きがいをもって、安心して送れる老後が保障されていない社会は、いびつな社会といわざるを得ません。

　年をとればだれでも、肉体的・精神的に衰え、いろいろな変化があらわれ病気になるのも当然のことです。もの忘れや認知症の症状がでている老人を「ボケ老人」「粗大ゴミ」などとあざけり、笑いの対象とするような言動は、厳

❷実践編

につつしむべきです。また、よく老人ホームなどで見かける「赤ちゃん言葉」で話しかけることなどは、老人の人間としての尊厳を深く傷つける行為であることに気づかねばなりません。

「子ども叱るな来た道じゃ、年寄り笑うな行く道じゃ」

語彙解説

年齢差別の禁止 　日本では、採用時の年齢制限や定年制は当然とされてきたが、アメリカではこれを「年齢差別」ととらえ、1967年に年齢差別禁止法を制定している。2005年7月、高齢を理由に差別を受け、退職に追いこまれたのは不当として、85歳の医師が訴えた裁判で、2000万ドル（約22億円）の損害賠償の支払いを当局側に命じる評決を下した例もある。それ以外にも、カナダでは1978年、ニュージーランドでは1992年から法律で年齢差別を禁止している。日本でも、2007年、雇用対策法が改正され、事業主は労働者の募集及び採用について、「年齢に関わりなく均等な機会を与えなければならない」として、年齢制限の原則禁止が義務化された。年齢制限に厳格なルールが課せられ、制限の理由を求人広告などに明記する必要がある。また、年齢差別は雇用の場面だけで起きていることではない。銀行口座の開設、保険の加入にさいしても、年齢要件を見かける。また、「年をとれば子どもに帰る」とばかりに、高齢者を子どもあつかいし、お遊戯まがいのことをさせるなども、年齢差別のひとつだろう。ひとりの人間としての尊厳を傷つけられながら、あきらめの境地で従っていることに気づいてほしいと願っている高齢者は少なくない。

不快語　高齢者

3 具体的な対応策

　1、2章で、差別語と不快語、差別表現、ヘイトスピーチについて学習し、実例を見てきましたが、この3章は、具体的な対応のための応用編ともいうべき章です。いくら知識として学んでいても、具体的場面に遭遇したときにきちんとした対応ができなければ、学習してきた意味がありません。しかし、現実には、日々、差別語・不快語・差別表現が飛び交う会話環境のなかにいるわけですから、臨機応変に、かつ即応が求められています。この章では、おもに2つのことをのべたいと思います。
　1つは、発信した記事や出版物、制作物に対して差別表現であるとして抗議があった場合、どのように受け止め、どう行動するのか。つぎに、具体的な事例を参照しながら、メディアでの「断り書き」について考えます。どちらの場合も、本書で学んだことが必ず役に立つはずです。

3 具体的な対応策

1 抗議を受けたときにどう向きあうか
（差別表現問題解決の基本）

■「なにが差別か」をだれが決めるのか

　なにが差別か、差別表現かを、だれがなにを基準に判断するのでしょうか。"足を踏まれた痛み"を知る被差別マイノリティが「差別だ」といえば差別表現になるのでしょうか。たしかに被差別マイノリティは、ほかのだれよりも差別について、鋭敏な感性をもつ当事者です。

　しかし、なにが差別・差別表現かは、すぐれて客観的なもので、時代とともに変化する社会意識（社会的価値観）のなかに判断基準があるといえるでしょう。つまり、被差別者の主観的告発は、社会的に受け入れられることによってはじめて客観性（正当性）をもつわけです。大切なことは、被差別者からの抗議・告発に真摯に向かいあい、しっかりと抗議内容を受けとめ、そのうえで、抗議された側としての思いを率直にのべることです。

　なにが差別か、差別表現かは、被差別者の主観のなかにではなく、客観的な社会的文脈のなかに存在します。その点、抗議されて萎縮し、告発者のいいなりになる姿勢は、問題の解決を遠ざけるだけです。それは、その本質において、被差別者の抗議に背を向け、無視する態度と表裏の関係です。

　"差別の現実に深く学ぶ"ということは、被差別者のいい分を全面的かつ無条件に受け入れることとはちがいます。主体性をもって、被差別マイノリティに向きあう姿勢こそ、真に相手を尊敬する対応です。

　まず、抗議を受けたときに大切なのは、初動の対応です。

①原則として、当事者同士が複数人で話しあう。第三者（とくに弁護士）の仲介などは極力避けるべきである
②被差別者は、差別表現によって傷つけられたことに怒っているのだとの認識をもつべきであり、権力機関の政治介入・検閲と同次元でとらえるべきではない

③差別問題は、基本的人権に関する問題であり、タブーにすべき問題ではない。また、トラブルとかクレームなどとはとらえない
④差別語・差別表現の問題は、言語学やマナーの問題ではなく、現実の社会に生起する人権問題なのだと理解する
⑤とくにマスコミ関係者は、他者の人権を侵害する『表現の自由』はありえないという原則的立場を堅守すべき

■抗議を受けたときの対応

　抗議対象としては、テレビ、新聞、そして出版などのメディア関係が圧倒的ですが、広告を出稿しているスポンサーをふくめ、少なくない企業や団体および、公共機関なども抗議を受けていることが、第2章の実例からもうかがえます。

　抗議を受けたときの心構えの基本は、前記の5点にまとめられますが、ここでは、抗議を受けた場合（おおむね手紙や電話による）の初動の対応について、具体的に考えてみたいと思います。

①初動で重要なことは、抗議主体が個人であれ、組織であれ、抗議者の提起した問題点に真摯に耳を傾けるという姿勢です。そのうえで、先方が指摘した表現について、それが差別表現であるか否かを自主的に判断することです。まず耳を傾け、そして、できるなら時間を置いてその指摘を検討し、抗議者に回答すべきです。抗議を受けたことに動揺し、一方的に相手のいい分を聞き入れるなどの安直な行動は、厳に避けるべきです。（もっとも、テレビやラジオなどの生番組で、だれにでも判断できる明確な差別発言と認められる場合は、即応することが大事です。）

②抗議内容の検討は、抗議を受けた部署および担当部署、そして差別表現問題や人権問題にくわしい職員や、外部関係者に相談するなど複数でおこなうべきで、決して1人で対応してはいけません。社内の人間関係が複雑で、意思疎通の不充分な社内環境であっても、1人で秘密裏に対応し処理しようとすると、必ず問題をこじらせる結果におわります。まずは、抗議内容を担当部署および表現問題にくわしい経験者などに相談し、複数で検討することが肝腎です。

❸ 具体的な対応策

③そのうえで、差別表現にはあたらないと判断した場合は、抗議者にその判断の理由を説明し、理解してもらう説得活動に入りますが、その場合でも、抗議者はあくまで人権問題の観点から指摘しているわけですから、クレーマーと決めつけるような対応は、決してとるべきではありません。説得し、納得させるコミュニケーション能力が試されていると考えることが肝要です。

④しかし、検討した結果、たしかに指摘された問題点は差別表現であると判断した場合は、迅速（じんそく）な対応が求められます。まず、抗議者が視聴者、読者、つまり一市民の場合は、指摘者に対し、判断の主旨を説明し、承諾を得た後、たとえ1人の市民による抗議、問題提起であったとしても、その差別表現のもたらす社会的影響力を考慮して、謝罪と訂正の方法を考える必要があります。たとえば、コマーシャルならば差し替えなど、テレビやラジオの番組では、当該番組内での謝罪、そして、新聞や出版の場合は出庫停止などの処置をとったうえで、謝罪と訂正の告知を、さまざまなレベルで社会的に表明すべきでしょう。

⑤すでに人権研修をおこなっている場合などは、その内容とフォローの体制などを見直す必要があります。厳しい経済環境の下、非生産部門に経費をかけられないという声もよく聞かれますが、人権問題は企業経営や団体運営の基礎をなすものであり、この点を疎か（おろそ）にしている組織に展望は見いだせません。人権問題・差別問題に無知・無関心な組織は、必ずそのつけを経済的に支払わされることを覚悟しなければなりません。

⑥抗議者および指摘者と話しあう場合において重要なことは、まず第一に差別の実態と現実についての理解を深めることです。すべてはここからはじまります。およそ、不用意で不注意な差別表現は、差別的実態の認識不足から生じていることを自覚しましょう。その理解のうえではじめて、抗議内容が特定の個人ないし集団を蔑み（さげす）、傷つける人権侵害にあたることが認知できるわけです。差別は犯罪であるという理解は、欧米では法的に確立されていますが、日本では、国連の人権関係機関からの度重なる勧告にもかかわらず、法的に整備されているとはいい難い状況です。しかし、海外で企業活動をおこなう場合は、当然その国の人権法が適用されるわけですから、知らなかったではすまされません。まさに、"人権"は国境を越えて地球上に拡がっており、

抗議を受けたときにどう向きあうか（差別表現問題解決の基本）

それが、現代世界なのです。国際的な人権感覚が問われている時代といえるでしょう。

⑦差別問題などにとりくむ人権団体を標榜(ひょうぼう)しながら、その実、研修の名の下に金品の要求や経済的利益の強要を目的とした"人権団体"が少なからず存在し、社会的に大きな弊害をもたらしている現実があります。

　この点について少しふれておきます。

　すでにのべてきたように、抗議され、問題提起された内容が差別にあたる差別表現である場合、真摯な態度で抗議者、並びに当該被差別マイノリティ団体と話しあうのは、当然の社会的義務であり責任ですが、その解決策として、研修の強要を含め金品授受が介在したりすることは絶対にありえないし、してはならないことを肝に銘じておいて下さい。

　世間で名の知れた被差別マイノリティ団体であっても、そのような要求は峻(しゅんきょ)拒すべきです。解決の基本は社会的な謝罪であり、社内（組織内）的反省を深め、再発防止に向けて研鑽(けんさん)を積むこと以外にありません。

　人権問題や差別問題に対する理解の弱さや偏見が、そのようなエセ人権団体につけ入る隙(すき)を与える最大の根拠となっていることを自覚してください。会社や組織の対外的な面子をたもつために、うちうちに"処理"しようとする姿勢も、相手につけ入る隙を与えることになります。

　差別表現事件を起こしたことは、別に恥ではなく、より人権問題、差別問題に理解の深い組織として飛躍するための契機ととらえるべきです。エセ人権団体は、あらゆる機会を狙って、人権や差別をネタに脅迫めいた言動で金品を求めてきます。しかし、本当の被差別マイノリティ団体は、決してそのようなことはおこないません。さまざまなネットワークを利用しながら、真贋(しんがん)を見極める必要があります。さらに、本当の被差別マイノリティ団体は、抗議内容を公開しておこなっています。公開して抗議をおこなわず、密室で隠密裏に抗議するような団体の要求は、ハネつけるべきです。

コラム50 "言葉狩り"をしたのは誰か?

　政策情報誌『毎日フォーラム』2013年3月号に、牧太郎氏（毎日新聞記者・元『サンデー毎日』編集長）が「『禁止用語』を考える」（サブタイトル／「故なき規制は『日本の文化』を失うおそれがある」）と題した一文を載せています。

そこで牧氏は、「『百姓』が『差別にあたる可能性が強い』ので、『農民』に置き換えるべき」と校閲から注文され、抗ったが直された例をあげ、「ともかくどこの誰かが勝手に決めた『差別用語』『放送禁止用語』が大手を振って歩いている」と憤懣をぶつけ、さらにつづけます。

「たとえば職業に関する差別用語。『魚屋』『八百屋』『肉屋』『米屋』『酒屋』『本屋』『花屋』『おもちゃ屋』『文房具屋』『床屋』……。全て『禁止用語』だ。『〇〇屋』という言い方は全て差別用語だ！というのだ。そのために『魚屋』は『鮮魚店』、『八百屋』は『青果店』、『肉屋』は『精肉店』、『米屋』は『精米店』、『酒屋』は『酒店』、『本屋』は『書店』、『花屋』は『生花店』、『おもちゃ屋』は『玩具店』、『文房具屋』は『文具店』、『床屋』は『理髪店』と言わなければならない。」

（牧太郎『毎日フォーラム』）

そして牧氏は、「実にばかげている。（あまり使いたくない言葉だが）『言葉狩り』である」と怒り、「ある言葉が『差別』を助長するかどうかの判断は『各々の主観』に基づく。あってはならないのは『差別の現実』である。『言葉』ではない」としめくくっています。

しかしながら、牧氏があげた例を「差別用語だ」と決め、自主規制（言葉狩り）したのは誰か、といえば、それはほかならぬ牧氏も属するマスコミ業界だということ。

1960年代後半から80年代にかけて、被差別マイノリティが、他者を貶め、傷つける差別語と差別表現に対して、追及をおこなってきました。とくに抗議の矛先が、その与える社会的影響の大きい新聞、テレビ、出版などマスメディアにむけられたのも当然のことでした。

しかし、多くのマスコミが、その抗議と怒りの声に対し、正面から向き合い、差別語と差別表現の問題を真摯に考えようとしなかったことは、各社が秘密裏に作成していた「禁句・いい換え集」などのマニュアル的な言葉のいい換え集をみれば、一目瞭然です。

「あってはならないのは『差別の現実』」だと牧氏は語りますが、差別語に塗りこめられた「歴史と差別の現実」をみようともせず、いい換えマニュアルによって、対処療法的かつ糊塗的に対応してきたのはマスメディアの側です。また、差別撤廃のためのメディアの社会的責任をはた

①抗議を受けたときにどう向きあうか(差別表現問題解決の基本)

そうともせず、「差別語」と言われる言葉を消すこと、隠すことに専念してきた結果が、牧氏が怒る現在の状況を生み出しているのです。

　牧さんは、校閲と断固闘って「百姓」と明記すべきでした。完遂できなかった憤りを、他者にぶつけるのではなく、妥協した自分自身と闘うべきでしょう。

3 具体的な対応策

2 「断り書き」について

　第二章実践篇でも「断り書き」や「注釈」について折にふれてのべていますが、ここでは、具体的に、テレビ等での映画放映、テレビ・ラジオでの落語上演（CDブック）、そして復刻版や翻訳本、古い文献の引用とか古い時代を扱った小説などを出版するさいの留意点について、考えてみたいと思います。

　はじめに、「断り書き」「解説」が、どのような場合に必要か、また、それを付ける場合の基本姿勢として、それぞれ4点のポイントをあげておきます。

■どのような場合に「断り書き」が必要か

ポイント①　差別を助長する記述があると判断した場合

　「北鮮」「鮮人」など今日の時代から見て、差別語・差別表現と判断できる記述があった場合。

ポイント②　記述内容の科学性（真実性）

　「被差別部落民は人種が違う」「北朝鮮籍」など、歴史的かつ客観的な事実とはいえない記述があった場合。

ポイント③　社会状況への配慮

　出版される時代の社会的状況を考慮すべきということ。とくに、復刻版の場合、初版時には問題にならなかったとしても、現在では抗議を受ける可能性があります。人権をめぐる社会状況がちがうからです。

ポイント④　社会的影響力（出版の形態）への配慮

　読者対象が限られる歴史的史料や学術研究書（専門書）か、幅広い読者を対象にした一般書か、という社会的影響を考慮する。

上記のように、考慮すべき内容が、大きく4つありますが、基本は①にあることはいうまでもありません。

■「解説」「断り書き」を付ける意味

ポイント①　社会的差別を助長しないためには何が要求されるか

出版・放送・上演する側は、まず、差別問題について基礎的な知識をもち、差別の現実を知る必要があります。でなければ、差別的な語句や表現に気づくことすらできません。

ポイント②　抽象的な言葉と表現による「断り書き」には意味がない

「本作品中には人権上許されない語句や表現が使用されていますが、作品の芸術性に鑑み、かつ制作者の意図を尊重し原文のままといたしました。」などが典型ですが、このような抗議をさけるための免罪符的、かつ抽象的な「断り書き」では意味がありません。なにが問題なのかが、読者や視聴者にはわからないからです。まず、具体的な言葉を表示したうえで、それらの言葉がもつ意味を呈示することによって、注意を喚起し、問題提起して、読者や視聴者に考えてもらうことが大切です。「断り書き」はそのためにこそあります。また、「断り書き」には、差別問題解決の一端を、発信する側が社会的ににないうという観点から記述する心構えが大切です。

ポイント③　差別語を抹消することは差別解消につながらない

今日から見て差別語であっても、言葉は、作品が書かれた時代の精神と文化を反映しています。第1章でふれた島崎藤村の『破戒』は原文のまま復刻し、「解説」がつけられました。いっぽう、映画化された『破戒』は、1980年代には部落民に向けられた侮蔑的セリフがすべて音声カットされていました。これでは作品の主題である部落差別が隠されてしまうことになります。

ポイント④　被差別当事者ないし専門家に意見を聞くべき

「断り書き」や「注釈」をつけるさいには、地図や地名、固有名詞、記述内容が歴史的事実かどうかをめぐって、いろいろ難しいケースもあります。当事者や専門家の意見を聞かず独断専行しないことが求められます。基本的な姿勢は、「Nothing about us without us（私たち抜きに、私たちのことを決めるな）」を尊重することです。

❸ 具体的な対応策

ポイントの①②③は、作品の価値（歴史資料としての価値、芸術性、文学性、独自性）を鑑みたうえで、作品に対する認識と理解を読者（視聴者）により深めてもらうために、「解説」「断り書き」を加えるということです。

■映画

最近、昔の映画作品、とくに邦画がテレビ放映されるとき、はじまる前のほんの数秒、つぎのような「断り書き」をよく目にします。

　　「本映画の中に人権上不適切と思われる言葉（表現）が使用されていますが、映画のオリジナリティを尊重し、そのまま放映していることをご了承ください」

ポイント②でのべたように、これでは観た後に「いったい、何がどう不適切なのか?」という疑問が残るだけです。それは書籍の場合も同じです。実践編にものべていますが、1970年代『座頭市』などの映画作品の中に、視覚障害者に対する差別的なセリフ（たとえば、「めくら」）などが、ひんぱんかつ無造作に使用されていることに対し、視覚障害者の団体が抗議をおこないました。当初は、音声カットなど、小手先の対応ですませていたのですが、「作品を勝手に変更するな」との日本映画監督協会の抗議をうけて、その後放映されなくなった、という歴史的経緯があります。「断り書き」を冒頭に表示して放映を再開したのは最近になってのことですが、**「断り書き」は、何が、なぜ、問題なのかを、目的意識をもって記述すること**が大事です。たんに抗議されないための免罪符として、抽象的な「断り書き」をとりあえずつけておくのでは意味がありません。映画『座頭市』の例では「どめくら」と侮る場面がありますが、具体的にその言葉を記して、その言葉の差別性と歴史的背景について、最低限の注釈を加えた「断り書き」を、最低30秒間は画面表示する必要があるでしょう。そうでない場合は、放映前に映画評論家ないしテレビ関係者が、解説なりをおこなう時間をとるべきでしょう。『座頭市』が描かれた時代の視覚障害者は、どのような社会的まなざしを受けていたのかを理解することは、より深く映画作品を鑑賞することにつながります。

■落語—古典落語

古典落語のなかには、とくに障害者に関する「差別語」や「差別表現」が多くふくまれています。現在古典落語は、そのような事情を考慮して、半数

近くが上演されないといわれています。しかし、上演されていない多くの演目が、直接障害者を侮蔑し、差別しているかといえば、必ずしもそうではありません。障害者（とくに精神障害者・知的障害者）を、保安処分的観点から隔離（かくり）、拘禁（こうきん）した明治以降の「狂病者」対策とはちがい、古典落語の舞台の多くは、江戸時代から明治初期にかけて、障害者が地域社会に根をおろして生活していたことを、生き生きと21世紀の私たちに教えてくれます。

　もともと落語は、庶民の間から生まれ、民衆に支えられて発展してきた芸能（話芸）であり、ほんらい的に自虐と諧謔（かいぎゃく）のなかに、批判精神をもつ大衆文化芸能です。ところが、1989年に開かれた「"超"放送禁止落語会」は、若手落語家によるものとはいえ、被差別部落、障害者への嘲りと嘲笑を旨とし、被差別者をおとしめる意図をもち、差別をネタにした、聞くに堪えない内容でした。古典落語のもつ大衆芸能精神とは相いれないものであり、被差別当事者から強い抗議を呼び起こしました。

　現在、古典落語を寄席やテレビ、ラジオで上演するための、さまざまなとりくみがおこなわれています。テレビ、ラジオで上演する場合は、映画の場合と基本は同じですが、画面上で、落語家本人かテレビ、ラジオの関係者が、具体的な差別語・差別表現の存在と時代背景の説明をおこなったうえで放送すべきでしょう。寄席の場合は、事前に配布する冊子や案内文のなかに、同様の主旨を明記するか、落語家本人が上演前に「断り」と時代背景の解説を行なうことが最良の方法と考えられます。また、書籍やCDで発売する場合は、後述の復刻版に準ずる「断り書き」や「注釈」が必要でしょう。

■復刻版─翻訳本を含む

　復刻版の出版にさいしての問題は、発行された当時の時代背景や歴史的制約のなかで、今日から見て差別的な言葉や表現が、躊躇なく使用されている点です。

　部落差別や障害者差別、アイヌ差別など、被差別マイノリティにかかわる差別表現が、60年代後半から80年代にかけて当事者から強い抗議を受け、そこでは、復刻版についての差別表記も数多くとりあげられています。復刻版を出版する場合の基本も、**今日の時点から見て差別的と思われる言葉や表現に対して、何が、どのように差別なのか、具体的で的確な注釈と解説を付記すること**です。抽象的であいまいな注釈や解説は、それじたいが批判され、抗議された例も少なくありません。

3 具体的な対応策

学術研究書（専門書）の場合は、限られた範囲の読者を想定しているわけですので、広く一般に読まれる本ほどくわしく記述する必要はないでしょうが、復刻にさいしての意図と目的を明確にしておく必要があるでしょう。

■翻訳本

翻訳本の出版にさいしての問題は、原著国の文化規範と日本文化との相異を考慮に入れて、日本社会にある被差別マイノリティに対する差別意識に配慮した翻訳を心がけることです。既刊の辞典に頼るのではなく、みずからふさわしい訳語を探し、表現や文脈に工夫を凝らすことが、表現者として求められます。原著を忠実に翻訳しただけとか、辞典に書いてあった、という言い訳は通用しません。しかし、だからといって、本書209頁のコラムにあるように、「ジプシー」を「ロマ」にいい換えればすむというものでもありません。文脈に相応しい訳語を選択するのも、翻訳者、編集者の重要な仕事だといえます。

「断り書き」の具体事例

以下に紹介する、映画作品やCDブック、書籍につけられた「断り書き」の①～⑥は、いずれも古い時代の作品であり、原作中の差別語・差別表現をカットしたりせず、制作された時代、作品が書かれた時代の社会意識がどのようなものであったかをしめして説明するなど、さまざまな工夫が凝らされた事例です。

①映画『しとやかな獣』（1962年 川島雄三監督）放映にあたっての断り書き
（1997年青森放送）

おことわり

これから放送する「しとやかな獣」の一部セリフの中には、「めくら」や、「カタチンバ」という「障害者」に対する差別的な表現があります。現代社会においても「障害者」への偏見や差別の壁が存在しています。「しとやかな獣」は、その芸術性の高さを評価されている作品ですが、製作された時代の障害者への社会的偏見が、進行性筋萎縮症という「障害」を自身も背負っていた川島監督のなかにも

マイナスイメージとしてあったことは否めないと考えます。

　今回は、劇場公開時のまま、ノーカットで放送致しますが、それは、「障害者」への社会的偏見を肯定・増幅させるためでなく、当時の時代背景を示す意味としてとらえて頂きたいと思います。青森放送では、障害や身体的不自由を持つ方が「不幸」と感じずに、地域で多くの人々と共に生きて行ける豊かな社会を目指して行きたいと考えています。

---

②映画『破戒』（1962年・市川崑監督、テレビ東京で1990年にノーカット放映。）

　テレビ局側は、放映の前後に映画評論家・白井佳夫さんによる作品解説をおこないました。このとき、部落問題以外にかかわる差別語も含めて全編ノーカットで放映しました。

---

③『私の遍歴時代』（三島由紀夫著・ちくま文庫・2003年）

　著者である三島由紀夫氏は、この文庫本刊行時には故人であり、本文の表現記述について著者と相談することはできません。したがって、編集部は、本文中にある「特殊部落」という差別表現については原文どおりとし、「読者のみなさんへ」と題した以下の文章を載せ、読者への喚起をうながすことにしました。

読者のみなさんへ

　本書には、130頁6行の「アウトサイダーばかりの特殊部落」というような今日の人権意識に照らして不当・不適切な表現があります。「特殊部落」という言葉が、しばしば被差別部落に対して差別的な意図をこめて用いられてきたことは疑問の余地のないことです。私たちは、「特殊部落」という言葉が、あくまで歴史的用語としてのみ存在し、今日においては世間一般から消え去ることを切望するものです。しかし三島由紀夫が執筆した当時（1963年）、そうした認識が広く行き届いていたとは言い難いものがあります。

　ひるがえって現在の出版界においては、あからさまな悪意に満ちた差別表現は稀となり、むしろ意識せざる差別的表現、例えば、ある特定の職業、集団、状況などを「士農工商エタ非人」といった封建的身分制度になぞらえるようなケースなどについての適切な認識

「断り書き」について

が求められています。

　私たちはそのような状況において、「特殊部落」ということばの歴史的社会的意味合いを知らない人々が、本書の中にある、三島自身が小説家になったときの心境を「アウトサイダーばかりの特殊部落におちつき、ほっと一息ついた」とするような比喩的表現を真似することによって、こうした表現が流布し、ふたたび差別をうみだすことを危惧せざるを得ません。もとより表現の解釈や作品の評価に絶対的なものはありません。差別の根源にかかわるテーマでもある「美と醜」「聖と俗」といったことを描いたものを含め、三島由紀夫の作品が今後も読みつがれ、さまざまな研究がなされるためにも、私たちは文章の削除などはおこなわないものです。

　また、読者の皆様とともに、差別の現状について認識し、その撤廃にむけて理解を深めていく所存です。

　　　　　　　　　　　　　　　　　　　　　ちくま文庫編集部

④『真珠夫人』（文藝春秋・菊池寛著、2002年）

　ストーリーは、男爵の娘が高利貸しの男にみそめられ結婚する。その男性の家には先妻の子どもがおり、その息子は「白痴」であるという設定です。この作品には、障害者差別だけでなく、職業差別にかかわる表現も散見され、編集部では、どのようなかたちで「断り書き」を書くかが検討されました。

注記

　本文庫に収録した菊池寛『真珠夫人』は、大正九年六月九日より十二月二十八日まで、「大阪毎日新聞」「東京日日新聞」に連載され、前編が大正九年、後編が大正十年に新潮社から刊行されたものです。したがって、当時の社会的・文化的雰囲気が多分に作品に反映されており、人権にかかわる表現においても、当時の社会一般がかかえていた人権意識の低さの影響を免れておりません。

　菊池寛自身は、『続半自叙伝』に「自分は個人主義、自由主義、人道主義を標榜してゐた作家で、凡ての作品は、さうした主張で貫かれてゐると思ふ」と述べていますが、人道主義を主題とした場合でも、作品の主題を明確にするための非人道的な人物造型として人間

②「断り書き」について

の醜さを描写したり、相手を侮蔑し、虐待するような語句や言葉がさまざまなかたちで使われています。このような表現の中には、現在の人権尊重の精神から考えると、公表に際して深い配慮の必要な言葉も散見されます。

ただし一方で、文学作品は固有の人格権を持ち、著作者以外の何人も著作者の許可を得ずして、みだりに改訂することは許されません。しかも、作者は半世紀以上前にこの世を去っていることをふまえて、熟慮の上、このような表現については、ほとんど原文のままにしました。読者諸賢が差別根絶の立場から、本作の背景となった時代がかかえていた差別意識や深刻な差別の事実について注意深い態度で読んでいただくよう、お願いする次第です。

なお、本文庫（解説も含めて）は、高松市菊池寛記念館刊「菊池寛全集」第五巻を底本としましたが、文庫版であることに配慮し、新仮名遣いにあらため、また現在の日本語としては読みづらい漢字については、ひらがなに開いたり、ルビを補いました。

文春文庫編集部

⑤『完訳 ファーブル昆虫記』（集英社・奥本大三郎訳・2006年刊）

10巻全20冊で刊行されているうちの1冊で、ファーブルの目を通して書かれた、100年前のフランスと南米の屠畜場の描写について、本文のすぐ下に掲載された「断り書き」。読者対象として、子どもから大人まで広く読んでもらうことを意図し、2006年に新しく訳し直して刊行するシリーズであることを考慮して、きちんとした「断り書き」をつけることに意義があると、出版社は判断しました。

おことわり

ここに紹介されている屠畜場の様子は、十九世紀のフランスにおけるファーブル自身の体験に基づく感想です。また、南米の食肉処理場サラデイロの様子は、同時期に雑誌に寄稿された報告を引用したものです。本書では原文を尊重し、そのまま訳出していますが、これらは百年以上前の描写です。

現代の日本における食肉処理施設（屠畜場）は、高度な技術と厳しく管理された衛生状態で維持され、ここに描かれたものとはまった

く事情が異なります。

　しかし、歴史的経緯のなかで、屠畜場が「恐ろしい所」や「人が行きたがらない場所」であるという、食肉処理の仕事に対する偏見と差別が存在します。そのため、現在でも多くの人がいわれなき差別に苦しめられているという、社会として見逃すことのできない大きな問題であることをご理解ください。
　　　　　　　　　　　　　　　　　　　　　　　　　（編集部）

⑥『八代目桂文楽 完全版CDブック』（小学館・暉峻康隆監修・1998年）

おことわり（CDをお聞きになられてからお読みください）
　この「八代目桂文楽落語全集」に収めた落語、その他対談などの音源は、一九五四年から一九六八年の間に、落語家桂文楽他がラジオ放送の目的で演じた口演を収録しております。この全集の音源の中に、めくら、つんぼ、など、障害者を表すことばや、こじき、女郎、あんま、犬殺しなど、当時の職業を表すことばが使用されている箇所があります。これらのことばは、現代では障害者や職業を侮蔑し、差別することばであり、人権上使用されてはならないものです。
　しかしながら、江戸時代から昭和初期という古典落語の時代背景上、この時代の中で登場人物たちの人間模様を描く上には、これらのことばの使用を、歴史的事実として認めざるを得ません。伝承芸能としての落語などの演芸には、それぞれの時代の観客を対象としながら、聞きやすくわかりやすく工夫されて演じられてきた経緯があります。それが様々な形態で継続され、受け継がれて、現代の演芸につながっております。このような観点から、この全集を刊行するに当たり、古典落語という演芸の性質や、口演当時の文化や時代背景を鑑み、また、今日まで脈々と生き続けている落語の文化としての役割も考慮し、当時の録音音源をそのまま使用いたしました。
　また、本書における解説等につきましても、落語の中で話されている前述の表現を、そのまま使用いたしております。
　もとより、本企画には、これら差別や侮蔑の助長や温存を意図するものではないことをご理解ください。
　　　　　　　　　　　　　　　「八代目桂文楽落語全集」編集部

⑦『生活の設計』(『虹を追いかける男』に収録　双葉社・佐川光晴著・2006年)

　2006年発売の双葉文庫の「断り書き」と「著者プロフィール」について、全芝浦屠場労働組合から問題提起がありました。これは、前記⑥までと違い、作品にではなく、出版社側がつけた「断り書き」そのものが問題とされた例です。

「著者プロフィール」

　「1965年東京都生まれ。北海道大学法学部卒業。出版社、食肉処理場勤務を経て、2000年に『生活の設計』で第32回新潮新人賞を受賞し、デビューする。『縮んだ愛』で第24回野間文芸新人賞を受賞。その他の著書に『灰色の瞳』『家族芝居』『銀色の翼』などがある。」

「断り書き」

　「本作品には差別表現がありますが、作品の内容、文学性、作者の体験に基づく必然性、問題提起のありかたなどから、差別を助長するものでないと編集部が判断し、表現は原稿通りとしました。」

　著者の佐川光晴さんは、10年間にわたって埼玉県内の屠畜場で働いた経験をもつ作家です。屠場労組からの問題提起は、本文中で著者は、自分の仕事として屠殺場という言葉を使っているのに、「著者プロフィール」では、なぜ「食肉処理場勤務」としたのか、食肉処理場と屠畜場は明らかに違う工程、という指摘がなされ、いい換えの背後に過剰な自主規制意識があったのではないか、というものでした。
　また、「断り書き」にある「差別表現」とは何かを問われ、編集者が「屠殺場」という言葉、と答えたことに対し、本作品中に出てくる「屠殺場」という言葉は、文脈上なんら差別表現ではないと指摘し、安直な言葉の置き換えによる不正確な記述は、逆に差別を隠そうとするもの、との認識が示されました。
　結論から言えば、この作品の場合、何の「断り書き」も「注釈」も必要なかったということです。

⑧映画『座頭市』放映にあたってのお断り(日本映画チャンネル／2012年)

　日本映画専門チャンネルは、CS、BSで観ることができる日本映画

の専門局です。

「座頭市」シリーズを放映する前に、作品の持つ時代的制約からくる差別性について言及した上で、きちんとした「お断り書き」をつけて放映しました。

しかも、そのお断りは、「座頭市」放映の前に約60秒間、大きな文字で掲示され、ナレーションが読みあげられていました。

「これからご覧いただく映画「座頭市」シリーズは、劇中、視覚障害を持つ方々に対して一部差別的な表現が含まれております。放送により、このような表現を不快に感じられる皆様には、お詫び申し上げます。「座頭市」シリーズは、目の不自由な主人公が、そのハンデを逆手に取り、晴眼者を凌ぐ活躍をする、というテーマに貫かれている作品です。しかし、映画制作当時の人権意識は、現代とは大きく異なり、差別的な表現に対する配慮に著しく欠けていました。私たちは、これらの表現を決して肯定するものではありませんが、製作者の意図を尊重し、また作品を改変することなく放送するというのが、当チャンネルのスタンスであり、それに則って本作をオリジナルのままお送りいたします。視聴者の皆様にはご理解のうえ、ご覧いただきますようお願い申し上げます。」

日本映画専門チャンネルのとりくみは、それだけにとどまりません。全作品に日本語字幕をつけているという点は出色です。超高齢化社会となった日本では、先天的な聴覚障害者に限らず、耳の不自由な人が増えています。そこで、邦画にあえて日本語の字幕スーパーをつけているのですが、これは、まさに2006年に国連総会で採択された「障害者の権利に関する条約」の精神に合致した社会的な「合理的配慮」のひとつでしょう。

⑨NHK『あさイチ』生放送中のお詫びと訂正

2015年5月22日、NHK『あさイチ』にゲスト出演した俳優・市原悦子さんが「日本昔ばなし」に登場する「やまんば（山婆）」の魅力を「私のやまんばの解釈は、世の中から外れた人。たとえば『かたわ』になった人、人減らしで棄てられた人、外国から来た『毛唐』でバケモ

ノだと言われた人」と語る。この場面で、「かたわ」「毛唐」という差別語を使う、社会的必要性と合理的理由はない。「障害をもつ人」「肌の色や目の色の違う外国の人」で十分。生番組でのことだったが、番組の終盤で、有働由美子アナが、「さきほどのコーナーで『かたわ』『毛唐』という発言がありました。身体の不自由な方、外国人の方を傷つける言い方でした。深くお詫びします」と、お詫びと訂正をした。

　ここで高く評価したいのは、「かたわ」「毛唐」という発言をきちんと指摘したうえで、その言葉の意味する差別性も含めて、メインキャスターの有働アナが、お詫び・訂正したこと。問題は"放送禁止用語"を発言したからではなく、差別語を不用意に使用したことにあるという点を踏まえてのもの。これまでは、テレビ各局とも「さきほど番組内で不適切な表現がありましたが、お詫びして訂正します」で済ませていた。何が、どう不適切だったかを、具体的に語ることで、問題の顕在化がなされ、そのことを通して啓発効果が期待できる。

おわりに
~成熟した人間関係とコミュニケーションをめざして

　本書の締めくくりに、注意すべき点を、2つあげておきたいと思います。
　差別語・不快語をめぐる問題のなかで、ほとんどの場合、筆者・話者は「差別するつもりはなかった」「ついうっかり筆（口）が滑ってしまった」といい訳し、悪意がなかったことを強調します。
　そこには、問題が2つあります。1つは、筆者・話者の主観的意図が問題にされているのではなく、発した言葉や表現が、いまの時代に、わたしたちの社会で、客観的にはどういう文脈として受けとられるかが問われるということです。「差別してやろう」と悪意をもって差別発言をする人は、ヘイトスピーチ（差別的憎悪煽動）をまき散らしているごく一部のレイシスト（人種差別主義者）を除けば、そんなに多くいません。つまり、筆者・話者の主観的意図とは関係なく、その表現内容において、差別性があると認められれば、21世紀の社会では人権侵害と指摘されるようになったわけです。
　2つめは、関係性が問われる問題だということです。差別語・不快語をめぐっては、その言葉を使用する人、向けられる人、受け止める人、使われる場所と状況によって、その意味あいがちがってきます。どのようなシチュエーションで、どのような関係性のもとで、発せられたのか、そのTPOが問題です。そうした関係性を理解せず、逸脱した場合に差別表現が起こります。
　非難された結果、筆者・話者がつぶやくのは、「相手がそんなに傷ついているとは知らなかった」ということです。しかし、自分が気づかないうちに相手を傷つけてしまっていることこそが問題なのです。
　あなたのなにげない言葉が社会的な暴力となっている可能性について、考えはじめてください。あなたが「普通」「あたりまえ」としていたことが、ほかの人にとってはそうではないかもしれない——そんな可能性に、あなた自身が気づきはじめたときから、豊かなコミュニケーション、人間関係がはじまるのではないでしょうか。

最後に、本書を執筆するにあたって、多くの方から貴重な意見をうかがい、また参考資料を提供していただきました。元産経新聞社の古澤雄一郎さんからは、新聞報道された差別表現記事の切り抜き集を、また元小学館の堀田貢得さんには、著書『実例・差別表現』の中から、多くの事例を引用かつ参考にさせていただきました。そして、元文教大学教授の遠藤織枝さんからは、著書『視覚障害者と差別語』にある貴重な聞き取りアンケートの分析結果を転載させていただきました。記して感謝を申し上げます。
　また、読者のみなさんには、忌憚ないご批評、ご指摘をいただければ著者として幸甚に耐えません。

差別語認識度テスト(回答)

問題1……「精神分裂病」
答え　D 統合失調症
2002年まで医学上も「精神分裂病」と差別的に呼ばれていた。「精神分裂病」という語には、「精神が分裂する病気」→「理性が崩壊する病気」と誤って理解されるおそれがあると、患者・家族団体から名称変更を求められた。

問題2……「文盲」
答え　B 非識字者
　　　　E 読み書きできない人
文字の読み書きができないことを「盲」という字で表わすのは、視覚障害者に対する偏見にもとづいている。視覚障害者には点字（文字）がある。同様に聴覚障害者には手話（言語）がある。

問題3……「不具者」
答え　A 障害者
完全でない、ふぞろいという意味を持つ「不具」という漢字をあて、身体障害者の肉体的欠損を差別してきた歴史がある。

問題4……「精神薄弱」
答え　C 知的障害
知的障害と精神障害の相異が明確でなかったころの差別的な言葉で医学用語でもない。「精神発達遅滞」は「精神遅滞」つまり「mental retardation」の訳語で、「知的な能力の遅れがある」という意味で、「知的障害」とは別に医学上の診断名（発達障害におけるDSM国際診断基準名）として使われている。

問題5……「きちがい」
答え　B 精神障害者
　　　　C 常軌を逸した人
　　　　D 正気を失った人
「きちがい」という言葉には、精神障害者に対する社会的偏見がぬりこめられている。「キ印」も同じ。日常的に使用頻度が高い。

問題6……「色盲」
答え　B 色覚障害

D 色覚特性

「盲」の字も問題だが、色彩の判別が他者と違う特性を持つ人のことで、赤や緑などに独自の色覚を持つ。多数者の色覚タイプを「正常」、少数者の色覚タイプを「異常」と判定したことに今日、問題性が指摘されている。「色盲」だけでなく「色覚異常」「色弱」という言葉にはマイナスイメージが含まれているだけでなく、「色の区別がつかない」「白と黒の世界に住む人」といった誤解を招く恐れがある。

問題7 ……「発狂する」
答え　A　常軌を逸する
　　　　B　正気を失う

「狂」の字については、文化的、宗教的、民俗学的に積極的な表現もあるが、「発狂」は「狂気」とは異なり、多くの場合マイナスイメージを表現するために使われている。

問題8 ……「サイコパス」
答え　D　パーソナリティ障害

ヒッチコックの映画『サイコ』、ハンニバルが登場する『羊たちの沈黙』や小説・日常会話のなかで「サイコパス」は、「変質者」「異常者」「快楽殺人者」の意味で使われている。一方、医学的用語として「Psychopath サイコパス」は、現在、用いられていない。アメリカ精神医学会（DSM）において、統合失調症などの精神障害とは別に、精神病質（通称サイコパス）として類型されてきた診断名（personality disorder）を、日本では「性格異常」「人格障害」という訳語をあててきた。しかし、そもそも人格を「異常」と呼称することに疑問が出され、2003年のDSM-IVの邦訳新訂版以降、パーソナリティ障害と呼ばれることになった。

問題9 ……「びっこ」
答え　A　身体障害者
　　　　B　肢体不自由者
　　　　C　足の不自由な人
　　　　D　足に障害をもつ人

漢字では「跛」と表記し、足が悪く、歩行が自由にならない人のことを言うが、差別的意志がこめられている。「シンショー（身障）」、「ガイジ（害児）」などの言葉は、**A**を短縮したここ10数年に現れた新しい差別的呼称。

問題10 ……「めくら（盲）」
答え　A　目の見えない人
　　　　C　視覚障害者

大和言葉の「めくら」に「盲」の字＝目が亡いという漢字をあてた、さまざまな視覚障害者に対する差別的な比喩の根にある言葉。もともとは「目が暗い人」の意。

問題11 ……「白子」

答え　**B 先天性白皮症**
　　　D アルビノ

「白子」はメラニン色素などの欠乏によって起こる、体毛や皮膚が白く変化する症状をもつ人に対する蔑視語。日本では古くから「白人（しらひと）」「白児（しらちご）」とも呼ばれてきた歴史がある。映画では、不気味な悪役として登場することのほうが際立って多い。米国映画『マトリックス・リローデッド』には、ツインズと呼ばれる、サングラスをかけた白い双子の殺人者が登場。「アルビノに対する偏見を助長する」として障害者団体より抗議されている。

問題12……「みつくち」
答え　**A 口唇・口蓋裂**

先天的な身体特性で、「みつくち」と呼ぶのは差別的。ユニークフェイスは、顔にアザがある人、顔面に疾患・外傷のある人の日本におけるセルフヘルプ・グループ名でもあり、今日ではその状態にある人を指す総称にもなっている。

問題13……「混血児」
答え　**C ダブル**
　　　E 国際児

「ハーフ」という言葉もあるが、両親の半分ずつという意味にもとづいているため、両方を受け継ぐという意味の「ダブル」が積極的に使用され始めている。

問題14……「ゴミ取り屋」
答え　**A リサイクル業者**
　　　D 清掃作業員

清掃労働は、街の生活環境のスムーズさを支える社会的に有用な循環労働であり、たんなる掃除ではない。この観点から、呼称も考えるべき。

問題15……「ニグロ」
答え　**A アフロアメリカン**
　　　B ブラック
　　　E 黒人

「ニグロ」「ニガー」は、黒人に対する差別語。ブラックはブラックメン、ブラックウィメン等、欧米では自称・他称として使われている。「有色人種」は「白色人種」の対語だが、優性思想的差別性がある。

問題16……「外人（ガイジン）」
答え　**C 外国人**

「外人」には仲間以外の敵対的な外の人という意味があり、外国人と呼ぶべき。ちなみに夷人の「夷」は「野蛮」の意味を持つ。渡来人は、歴史用語としては4～7世紀頃に中国大陸や朝鮮半島から日本列島に渡って来た人々のことで、かつては「帰化人」と呼ばれていた。（テキスト『最新差別語・不快語』185頁参照）

問題17……「保母」
答え　D 保育士

母親、父親の替わりという意味の保母、保父ではなく、職業として中立的な保育士に変更された。

問題18……「私生児」
答え　A 婚外子

子どもは一人では生まれてこない。社会的な子どもの権利を明確にするためにも、正確な表現が求められる。
（テキスト『最新　差別語・不快語』107頁参照）

問題19……「看護婦」
答え　D 看護師

女性だけの仕事ではないので、仕事内容を反映した表記に変更。「士」ではなく「師」なのは、すでに男性の「看護士」がいたため。

問題20……「みなしご」
答え　A 孤児

「みなしご」は「身無し子」であり、両親のいない幼児のこと。

問題21……「特殊部落」
答え　C 被差別部落

「特殊部落」→「細民部落」→「被圧迫部落」→「未解放部落」→「被差別部落」と呼称が変遷してきた歴史がある。「同和地区」は同和対策対象地区のことで、厳密には被差別部落とイコールではない。

問題22……「屠殺場」
答え　A 屠畜場

「屠殺場」は「屠（と）畜場」のことであり、殺すのではなく食用とするために屠る場所のこと。C, D, Eも屠畜場の意味で使用されるが、作業工程にちがいがある。

参考文献リスト

（本文中に紹介したものはここでは除く）

書名	著者・編者	出版社	刊行年
『インディアスの破壊についての簡潔な報告』	L・カサス／染田秀藤訳	岩波文庫	1976
『差別感情の哲学』	中島義道	講談社	2009
『差別語からはいる言語学入門』	田中克彦	明石書店	2001
『徹底追及「言葉狩り」と差別』	週刊文春編集部編	文藝春秋	1994
『障害者と差別表現』	生瀬克己	明石書店	1994
『障害者と差別語』	生瀬克己編	明石書店	1986
『障害者だから不幸なのか』	生瀬克己	三一書房	1988
『ケガレの民俗誌』	宮田登	人文書院	1996
『ケガレ』	波平恵美子	東京堂出版	1985
『差別語と近代差別の解明』	塩見鮮一郎	明石書店	1995
『差別表現と糾弾』	部落解放同盟中央本部編	解放出版社	1988
『言葉と差別』	塩見鮮一郎	せきた書房	1982
『差別と表現　画一から差異へ』	川元祥一	三一書房	1995
『差別語とはなにか』	塩見鮮一郎	河出書房新社	2009
『蔑視語』	今野俊彦	明石書店	1988
『日本語の歴史』	山口仲美	岩波新書	2006
『差別表現の社会学』	八木晃介	法政出版	1994
『排除と差別の社会学』	好井裕明編	有斐閣	2009
『改訂版 実例・差別表現』	堀田貢得	SBクリエイティブ	2008
『差別表現の検証』	西尾秀和	講談社	2001
『差別表現についてのシンポジウム報告集』	出版・人権差別問題懇談会編		2004
『マスコミと差別表現論』	田宮武	明石書店	1995
『障害者とスポーツ』	高橋明	岩波新書	2004
『国語辞典にみる女性差別』	ことばと女を考える会編	三一書房	1985
『きっと変えられる性差別語』	上野千鶴子＋メディアの中の性差別を考える会編	三省堂	1996
『おんなの思想』	上野千鶴子	集英社インターナショナル	2013
『バックラッシュ！ なぜジェンダーフリーは叩かれたのか？』	上野千鶴子・宮台真司・荻上チキ他	双風舎	2006
『いのちの女たちへ』	田中美津	パンドラ	2010
『アンチ・ヘテロセクシズム』	平野広朗	パンドラ	1994
『オカマは差別か』	伏見憲明・及川健二他	ポット出版	2002
『部落史に学ぶ』	外川正明	解放出版社	2001
『部落史に学ぶ2』	外川正明	解放出版社	2006
『部落差別の謎を解く』	川元祥一	にんげん出版	2009
『橋下現象と部落差別』	宮崎学・小林健治	にんげん出版	2013

書名	著者・編者	出版社	刊行年
『部落解放同盟「糾弾」史』	小林健治	ちくま新書	2015
『新・先住民族の「近代史」』	上村英明	法律文化社	2015
『先住民族の「近代史」』	上村英明	平凡社	2001
『先住民族』	上村英明	解放出版社	1992
『ジプシー 歴史・社会・文化』	水谷驍	平凡社新書	2006
『民族幻想論』	スチュアート ヘンリ	解放出版社	2002
『在日朝鮮人 歴史と現在』	水野直樹・文京洙	岩波新書	2015
『「三国人」発言と在日外国人』	内海愛子・佐藤信行・岡本雅享他	明石書店	2000
『石原都知事「三国人」発言の何が問題なのか』	内海愛子・高橋哲哉・徐京植編	影書房	2000
『朝鮮人差別とことば』	内海愛子・梶村秀樹・鈴木啓介編	明石書店	1986
『日本と朝鮮の歴史・近代編』	金井英樹	全朝教	1996
『親鸞思想に魅せられて』	小森龍邦	明石書店	2014
『第2回現代教学研究会シンポジウム 紀要ことばと差別』	曹洞宗宗務庁		1993
『人種とスポーツ』	川島浩平	中公新書	2012
『サッカーと人種差別』	陣野俊史	文春新書	2014
『九月、東京の路上で』	加藤直樹	ころから	2014
『#鶴橋安寧―アンチ・ヘイト・クロニクル』	李信恵	影書房	2015
『増補新版 ヘイト・クライム』	前田朗	三一書房	2013
『ヘイト・スピーチとは何か』	師岡康子	岩波新書	2013
『ルポ京都朝鮮学校襲撃事件』	中村一成	岩波書店	2014
『写真集ひきがね』	写真・島崎ろでぃー／文・ECD	ころから	2015
『ヘイトスピーチとたたかう!』	有田芳生	岩波書店	2013
『ヒューマン・ライツ』	香山リカ対談集	ころから	2015
『NOヘイト! カウンターで行こう!』	のりこえねっと編	七つ森書館	2015
『ネットと愛国 在特会の「闇」を追いかけて』	安田浩一	講談社	2012
『ヘイトスピーチ 「愛国者」たちの憎悪と暴力』	安田浩一	文春書房	2015
『リベラルですが、何か?』	香山リカ	イースト新書	2016
『アイヌ民族否定論に抗する』	岡和田晃／M・ウィンチェスター編	河出書房新社	2015
『「在日特権」の虚構 増補版: ネット空間が生み出したヘイト・スピーチ』	野間易通	河出書房新社	2015
『差別の視線』	ひろたまさき	吉川弘文館	1998

[一問一答 シリーズ]

書名	著者・編者	出版社	刊行年
『知っていますか? アイヌ民族 新版』	上村英明著	解放出版社	2008
『知っていますか? 沖縄 第2版』	金城実	解放出版社	2003
『知っていますか? 在日韓国・朝鮮人問題 第2版』	梁泰昊・川瀬俊治	解放出版社	2001
『知っていますか? AIDSと人権第3版』	屋鋪恭一・鮎川葉子	解放出版社	2005
『知っていますか? 障害者の人権』	楠敏雄・姜博久編著	解放出版社	2005
『知っていますか? 精神障害者問題 第3版』	編集委員会編	解放出版社	2004
『知っていますか? どもりと向きあう』	伊藤伸二著	解放出版社	2004
『知っていますか? 同性愛ってなに』	遠藤和士・ひびのまこと編著	解放出版社	2004
『知っていますか? 女性差別』	新しい女と男を考える会編	解放出版社	1994
『知っていますか? 視覚障害者とともに』	楠敏雄・三上洋・西尾元秀編著	解放出版社	2007
『知っていますか? 聴覚障害者とともに』	稲葉通太監修／デフサポートおおさか編著	解放出版社	2007
『知っていますか? 色覚問題と人権』	尾家宏昭・伊藤善規	解放出版社	2004
『知っていますか? ハンセン病と人権 第3版』	神美知宏・藤野豊・牧野正直	解放出版社	2005

キーワード索引

あ	
アイヌ	22, 35, 37, 40, 54, 57, 127, 134, 135, 184, 187, 188, 189, 190, 191, 192, 193, 194, 195, 196, 197, 198, 206, 215, 238, 263, 267, 278, 282, 285, 286, 301
あいの子	11, 96, 243, 244
明き盲	72
アスペルガー症候群	77, 78, 129
アセクシュアル	122, 129
唖然	51
アホ（あほう・阿呆）	24, 51, 52, 67, 73, 79, 281
アボリジニー（アボリジナル）	196, 197, 203, 205
アメラジアン	243, 244, 245
アリュート	199, 207
あんま	74, 306
い	
いざり	10, 72, 73
異常性欲	129
夷人	11, 189, 198, 315
異人	8, 11, 185
イスラム	184, 185, 204, 205, 212, 247, 248, 253, 254, 255, 256, 257, 258, 285
イスラム原理主義	254, 255
イスラムフォビア	185, 253
一億総白痴（化）	67, 89, 90, 91
田舎っぺ	178
イヌイト	199, 201, 206, 207
犬殺し	176, 306
インターセックス	122, 126
インディアン	64, 199, 200, 201, 202, 206, 235
インディオ	200, 201
インディヘナ	201, 202, 206
う	
牛殺し	139, 173
うすのろ	67, 84, 282
石女（うまずめ）	106, 108
産む機械	130
裏日本	178
え	
エイズ（AIDS）	97, 98, 99, 100, 130
HIV	97, 98, 99, 100, 102
エスキモー	199, 201, 206, 207
蝦夷	8, 188
穢多（エタ）	22, 23, 25, 33, 34, 36, 37, 45, 53, 61, 62, 63, 91, 136, 137, 138, 139, 140, 141, 143, 146, 148, 149, 151, 152, 155, 156, 157, 158, 160, 161, 164, 165, 191, 201, 210, 260, 261, 276, 277, 303
LGBT	107, 112, 118, 121, 122, 123, 128, 129, 287
お	
老いぼれ	289
OL	106
オカチメンコ	284, 287
オカマ（おかま）	122, 124, 128, 132, 133, 134
奥さん（奥様）	107

おし(啞／唖)	21, 25, 51, 72, 73, 82, 237, 259		屑屋(クズ拾い)	139, 169, 170
			熊襲	8, 189
お嬢ちゃん	120		車いす	68, 71, 82
男まさり	106, 107		狂う	10, 80
オナベ	122		クレージー	81
おばさん(オバサン)	287		クロンボ	181, 233, 236
女のクセに	106		**け**	
隠亡	91, 136, 139, 156, 158		ゲイ	97, 98, 99, 100, 122, 124, 125, 126, 127, 128, 130, 132, 134, 273, 287
か				
ガイジン(外人)	11, 181, 185, 186, 239, 315		軽愚	67, 73, 76
			京城	215, 217, 224, 225, 227
学習障害	77, 129			
かたわ	72, 73, 82, 84, 96, 308, 309		ケガレ(穢)	23, 31, 33, 34, 35, 137, 141, 142, 143, 155, 171, 277
かったい(乞丐)	97, 100			
カッペ	42, 56		血脈	152, 153, 154, 161
カラード	233, 235		毛唐	11, 181, 308, 309
ガラパゴス	178, 179		原住民	187, 205
かわた(皮多・皮田)	136, 139		現地(社員・人)	7, 178, 245
河原乞食	136, 155		**こ**	
看護婦	11, 64, 237, 316		後進国	285
き			後進部落	37
帰化	43, 139, 223, 224, 231, 245, 315		業病	97, 101, 259
			黒人	5, 11, 26, 27, 28, 40, 83, 131, 182, 183, 184, 185, 200, 202, 233, 234, 235, 236, 237, 238, 239, 240, 242, 248, 272, 283, 315
奇形	11, 30, 31, 72, 86, 105			
帰鮮	215			
北朝鮮籍	215, 217, 218, 298			
きちがい	10, 21, 44, 60, 66, 67, 81, 86, 87, 88, 281, 313			
			言葉狩り	36, 48, 95, 138, 295, 296
鬼畜米英	30			
狂気	67, 80, 81, 86, 314		ゴミ拾い	169
狂人	10, 67, 80, 96		混血	11, 243, 244, 245, 315
狂信的	67			
キヨメ(清め・浄め)	23, 33, 34, 143		**さ**	
旧土人	22, 37, 187, 191, 198, 199, 237		サイコパス	10, 67, 314
			在日コリアン	54, 162, 193, 221, 226, 227, 230, 264,
く				
クィア	134			

語句	ページ
在日コリアン	267, 269, 271, 275, 276
細民部落	11, 37, 136, 316
差別戒名	163, 164
三国人（第三国人）	43, 215, 216, 217, 223, 225, 227, 228
サンボ	233, 235, 236, 237
し	
ジジイ	289
私生児	11, 106, 109, 316
シナ（支那）	43, 51, 53, 181, 228, 229, 230, 274
士農工商	36, 136, 139, 147, 148, 149, 150, 151, 152, 303
ジプシー	64, 181, 184, 209, 210, 211, 212, 213, 214, 302
自閉症	77, 78, 91, 129
ジャップ	51, 181, 185, 264
JAPANESE ONLY	277, 278
酋長	187, 194, 195, 196
姑	111
主人	106, 107, 109
障害者	4, 5, 10, 21, 22, 27, 29, 30, 31, 32, 33, 34, 35, 38, 45, 47, 49, 55, 56, 57, 60, 64, 66, 68, 69, 70, 71, 72, 73, 74, 76, 77, 79, 80, 81, 82, 83, 84, 85, 86, 87, 88, 89, 90, 92, 93, 94, 96, 130, 135, 163, 196, 215, 220, 223, 259, 263, 267, 268, 272, 273, 281, 282, 300, 301, 302, 303, 304, 306, 308, 313, 314, 315
庶子	106, 109, 110
女史	287
処女	106, 288
しらこ（白子）	11, 314, 315
人種	24, 26, 28, 29, 30, 52, 55, 56, 57, 58, 109, 139, 140, 141, 172, 181, 182, 183, 184, 186, 191, 198, 200, 210, 234, 236, 239, 240, 242, 247, 258, 263, 265, 266, 268, 269, 272, 273, 284, 298
シンショー	10, 20, 22, 314
新平民	23, 25, 62, 136, 138, 140, 161, 191
す	
スィンティ	209, 212, 213
スチュワーデス	64, 237
スピック	181, 264
せ	
精神異常者	10, 67, 87
精神薄弱	10, 67, 73, 76, 86, 87, 313
精神病院	66, 67, 87
精神分裂	10, 64, 66, 88, 313
性同一性障害	121, 122, 127, 128, 129, 130
性倒錯	122
精薄	67, 86
征伐	187, 196, 215, 220, 226
セクシュアル・ハラスメント（セクハラ）	8, 49, 111, 112, 113, 114, 115
セクシュアル・マイノリティ（性的マイノリティ・性的少数者）	35, 54, 56, 107, 112, 113, 118, 121, 122, 123, 124, 128, 129, 132, 215, 263, 267, 268, 273, 279, 287, 288

321

せむし(傴僂)	72, 96, 237
先住民族	175, 180, 184, 187, 188, 189, 190, 191, 192, 193, 194, 196, 197, 198, 199, 200, 201, 202, 203, 204, 205, 206, 207, 208, 209, 211, 235, 237
鮮人	30, 43, 164, 181, 215, 216, 219, 223, 224, 225, 277, 298
栴陀羅	163
賤民	23, 25, 34, 36, 37, 137, 139, 140, 143, 148, 163

そ

掃除婦	169, 170

た

ダッコちゃん	233, 236, 237
他力本願	261, 262
ダリット	37, 260
単一民族	40, 127, 185, 187, 190, 191, 192, 193, 194, 238

ち

痴愚	67, 73, 76
血筋	136, 140, 160, 161, 194
チビ	42, 43, 52, 56, 84, 284
ちびくろサンボ	236
痴呆	64, 289
嫡出子(嫡子)	11, 106, 109, 110, 143
チャンコロ	30, 39, 43, 181, 228, 229
注意欠陥多動性障害(AD/HD)	77, 78, 129
朝鮮人	3, 20, 31, 35, 40, 43, 53, 54, 55, 56,

朝鮮人	57, 58, 104, 127, 134, 135, 163, 164, 166, 180, 184, 190, 191, 196, 215, 216, 217, 218, 220, 221, 222, 223, 224, 225, 228, 229, 263, 264, 265, 267, 268, 269, 271, 275, 276, 277, 278, 279, 282, 284
長吏	136, 139, 156
チョッパリ	228
チョン	20, 215, 220, 221, 227, 277
チンク	51, 181, 186
ちんば(跛)	10, 21, 72, 73, 96, 302, 314

つ

ツィゴイナー	210, 212
つんぼ(聾)	21, 25, 38, 53, 64, 72, 82, 83, 84, 259, 306

て

低能	67, 87, 90
デブ	42, 43, 52, 284
てんかん	93, 94, 95, 96, 223
天刑病	97

と

東鮮	84, 215, 219, 224
藤内	136, 139
同和	11, 38, 87, 136, 137, 151, 152, 153, 158, 161, 179, 316
同和地区	38, 63, 137, 141, 159, 162, 166, 167, 316
特殊(種)部落	11, 23, 25, 37, 38, 45, 46, 60, 61, 63, 136, 137, 138, 139, 145, 146, 147, 155, 201, 303, 304, 316

屠殺場	11, 172, 173, 174, 176, 177, 259, 307, 316
屠殺人	169, 172, 175
どさまわり	178
ドジ	281
屠所	169, 176
屠場	33, 35, 139, 155, 169, 170, 171, 172, 173, 174, 175, 176, 177, 307
土人	64, 187, 191, 195, 197, 198, 199, 236, 237
渡鮮	215, 216, 224
屠畜(屠畜場)	11, 169, 170, 171, 259, 305, 306, 307, 316
どめくら	47, 82, 300
トランスジェンダー	121, 122, 123, 126, 127, 128, 132, 287
トルコ風呂	212
な	
ナナクリ	180
南鮮	215, 216, 223, 224
に	
ニガー	11, 83, 181, 233, 235, 236, 240, 241, 264, 315
ニグロ	11, 37, 64, 181, 233, 235, 240, 283, 315
西成	180
日本のチベット	178, 179, 180
入籍	106, 108
ね	
熱狂的	67
の	
脳性マヒ	83, 86
能無し	175, 281
ノータリン	67, 76
ノッポ	284
のろま	281
は	
ハーフ	11, 242, 243, 244, 245, 315
廃疾	72
バイセクシュアル	122, 123, 126, 128, 287
バカ(馬鹿)	24, 42, 52, 56, 73, 79, 84, 87, 90, 92, 156, 174, 220, 227, 281
バカチョン	215, 220, 225
白人	11, 26, 27, 28, 182, 183, 185, 200, 233, 234, 235, 238, 240, 315
白痴	10, 64, 67, 73, 76, 90, 91, 92, 96, 304
ハゲ	42, 43, 52, 56, 84, 284
肌色	237
バタ屋	11, 169, 170
発狂	10, 67, 80, 314
発達障害	10, 42, 77, 78, 79, 91, 313
ババア	287
パワー・ハラスメント	8, 57, 114
半陰陽	126
パンセクシュアル	122, 123, 129
ハンセン病	37, 38, 64, 97, 99, 100, 101, 102, 103, 237, 259
番多	136
パン(半)チョッパリ	215, 226, 228
半島人	43, 146, 215, 216, 225, 226
反乱	33, 187, 196
ひ	
びっこ	10, 21, 72, 73, 82, 314

非人	22, 23, 25, 33, 34, 36, 53, 61, 62, 101, 136, 138, 139, 140, 141, 143, 148, 149, 151, 152, 155, 156, 157, 159, 160, 261, 276, 303
被爆(被曝)	97, 104, 105

ふ

不可触(賤)民	37, 210, 212, 260
不具	10, 34, 72, 260, 313
父兄	64
不浄	34, 142, 257
婦人	111, 288
ブス	42, 287
ブタ	42
ブッシュマン	206, 208, 239
部落	11, 20, 22, 23, 25, 31, 33, 34, 35, 36, 37, 38, 45, 46, 49, 54, 56, 57, 60, 61, 62, 63, 91, 92, 93, 134, 135, 136, 137, 138, 139, 140, 141, 142, 143, 144, 145, 146, 147, 148, 153, 154, 155, 156, 157, 158, 159, 160, 161, 162, 163, 164, 165, 166, 167, 168, 171, 179, 191, 193, 215, 222, 223, 226, 261, 263, 268, 282, 283, 284, 298, 299, 301, 303, 316
ブラック	11, 37, 200, 235, 315

へ

ヘイトクライム	3, 4, 5, 56, 132, 210, 215, 263, 272, 273
ヘイトスピーチ	3, 4, 5, 54, 55, 56, 57, 58, 59, 165, 166, 193, 215, 222, 231, 252, 263, 264, 265, 267, 268, 269, 270, 271, 272, 273, 275, 276, 277, 278, 279, 291, 311
へたれ	281, 282
ヘテロ(ヘテロセクシュアル)	133
べらぼう	24

ほ

呆然	51
北鮮	84, 215, 216, 218, 219, 223, 224, 225, 298
ボケ老人	164, 289
ホッテントット	208
保母(保父)	11, 64, 106, 316
ホモ(ホモセクシュアル)	99, 113, 118, 122, 124, 126, 134, 288

ま

マタニティハラスメント	116, 117

み

未開	187, 189, 190, 191, 195, 198, 200, 208, 236, 285
未解放部落	11, 37, 316
未婚の母	106
ミック	51
みつくち	11, 72, 83, 84, 315
未亡人	106
身元調査	141, 154, 159, 161, 163, 167
都落ち	178

む

ムスリム	185, 253, 254, 255, 256, 257, 258

め	
めくら（盲）	10, 20, 21, 25, 38, 53, 60, 72, 74, 75, 82, 83, 84, 85, 96, 237, 259, 300, 302, 306, 313, 314
メッカ	253, 257, 258
女々しい（めめしい）	106, 107
も	
盲人	74, 259
盲目的（盲目）	72, 76, 84, 85, 259
文盲	10, 64, 72, 313
や	
役立たず	175, 282, 283, 289
宿六	282, 283
野蛮	187, 189, 191, 195, 198, 208, 245, 253, 258, 285, 315
ヤンキー	181, 185
ゆ	
有色人種	11, 235, 315
ユダヤ	28, 29, 31, 55, 184, 210, 211, 242, 246, 247, 248, 249, 250, 251, 252, 254, 255, 268, 272, 279
よ	
寄せ場	179
四ツ	20, 45, 136, 156, 164, 165
ら	
癩（らい病）	37, 38, 64, 97, 99, 100, 101, 102, 103, 237, 259
り	
陸の孤島	178
琉球（民族）	54, 127, 184, 190, 193, 194, 195, 198, 217, 231, 232, 285, 286
良妻賢母	108
両刀使い	122
る	
ルンペン	41
れ	
レーム・ダック	81
レズ（レズビアン）	122, 124, 125, 126, 127, 128, 134, 287, 288
レパー	97, 100
レプラ	97, 100, 102, 103, 259
ろ	
老女	106
六曜	143, 144
ロスケ（露助）	181, 228, 229
魯鈍	67, 73, 76
ロマ	55, 64, 184, 209, 210, 211, 212, 213, 214, 302

著者

小林健治（こばやし けんじ）

1950年岡山県生まれ。1980年から、部落解放同盟糾弾闘争本部の一員として、出版・新聞・テレビにおける差別表現事件にとりくむ。現にんげん出版代表。主著：『差別語・不快語』『橋下徹現象と部落差別』（にんげん出版）、『部落解放同盟「糾弾」史──メディアと差別表現』（ちくま新書）ほか。「ウェブ連載差別表現」（http://rensai.ningenshuppan.com）を定期的に執筆中。

企画

辛淑玉（しん すご）

人材育成コンサルタント。1959年生まれ。人材育成、人権・男女共同参画に関わる研修・講演を行うかたわら、構造的弱者支援のための活動を実践。ヘイトスピーチとレイシズムを乗り越える国際ネットワーク・のりこえねっと共同代表。主著：『鬼哭啾啾』（解放出版社）、『差別と日本人』（野中広務共著・角川書店）ほか。

2011年度版監修

上村英明（うえむら ひであき）

1956年生まれ。恵泉女学園大学大学院平和学研究科教授。先住民族の権利に早い段階から着目し、日本国内のみならず国際機関を通してその回復運動に広い視野から取り組む。主著：『先住民族の「近代史」』（平凡社）、『世界と日本の先住民族』（岩波書店）、『新・先住民族の「近代史」』（法律文化社）ほか。

内海愛子（うつみ あいこ）

1941年生まれ。日本朝鮮研究所、インドネシア・パジャジャラン大学、恵泉女学園大学、早稲田大学大学院などを経て、現在、大阪経済法科大学アジア太平洋研究センター所長。主著：『キムはなぜ裁かれたのか』（朝日新聞出版選書）、『戦後補償から考える日本とアジア』（山川出版社）、『スガモプリズン』（吉川弘文館）ほか。

最新　差別語・不快語

2016年9月23日　初版第一刷発行

【著者】
小林健治

【企画】
辛淑玉

【発売】
株式会社にんげん出版
〒101-0051
東京都千代田区神田神保町2-12
綿徳ビル201
Tel 03-3222-2655　Fax 03-3222-2078
http://ningenshuppan.com/

【装幀】
ちどり組

【印刷・製本】
萩原印刷㈱

©Kenji Kobayashi 2016 Printed In Japan
ISBN978-4-931344-42-6 C0036

本書の無断複写・複製・転載は
法律によって禁じられています。
落丁・乱丁本はお取替えいたします。
価格はカバーに表示してあります。